JN153679

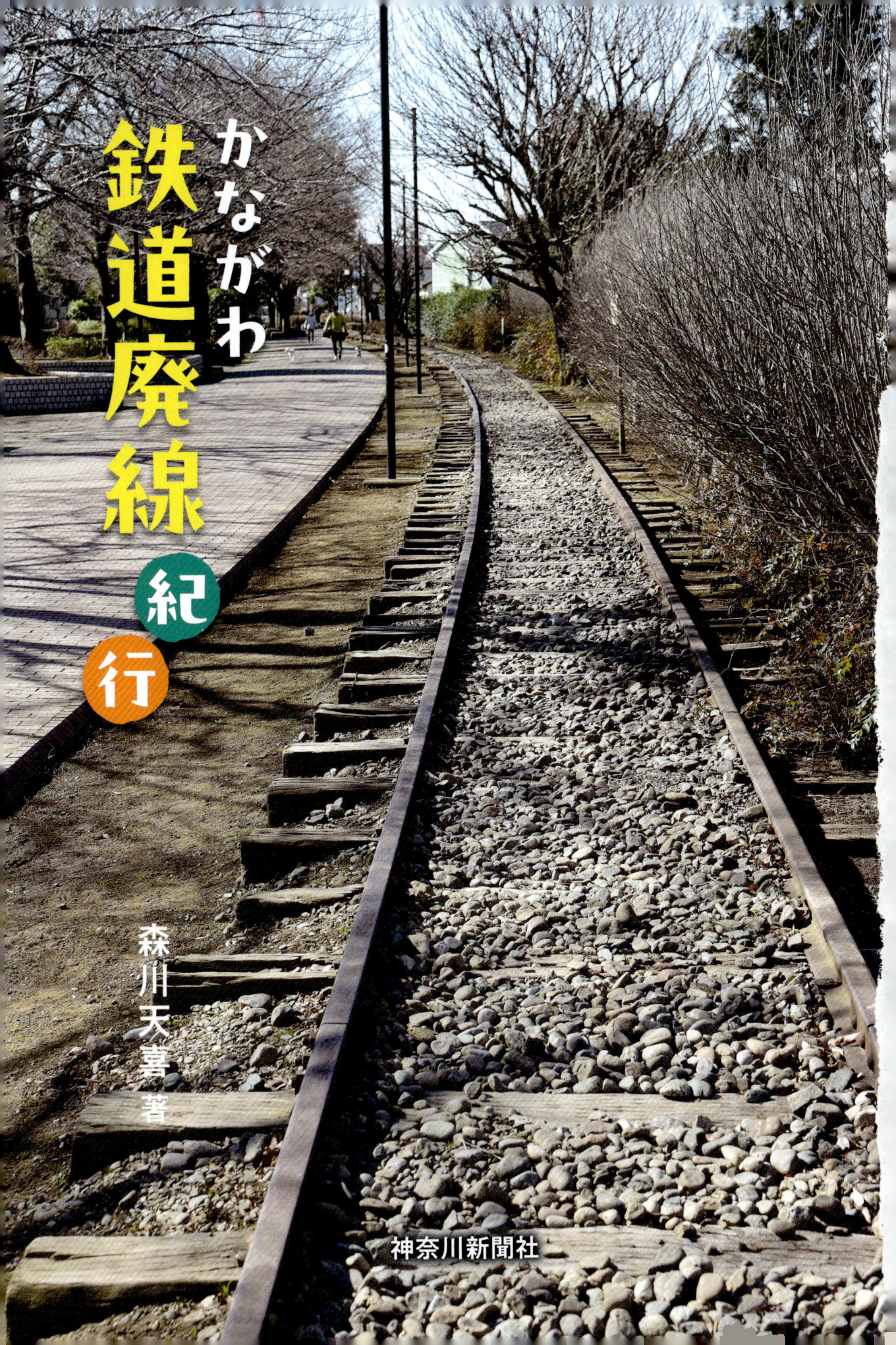

かながわ鉄道廃線紀行

森川天喜 著

神奈川新聞社

長者町五丁目交差点を渡る山元町行きの電車。背後のダンススクールの建物は、テナントは変わったものの今も健在だ（1971年１月30日　撮影：竹中洋一さん）

いつも市電が走っていた、あの頃の横浜

70年近い歳月、雨の日も雪の日も、横浜の街を縦横に走り続けた。野毛や山元町、久保山の急坂だって、へっちゃらだった。関東大震災や横浜大空襲では壊滅的な被害を受けながらも、「市民の足を止めてはならぬ」と、大勢の人々に支えられて不死鳥のように復活した。そんな古強者も、晩年は自動車の海を泳ぐのに疲れ、1972(昭和47)年3月、ついに力尽きた。市電が走っていた、あの頃の横浜の記憶を蘇らせてみたい。

最盛期を迎えた昭和30年代の「電車運転系統図」。現在の市バスと同様、市電にも運転系統があった（依田幸一さん所蔵　提供：横浜市史資料室）

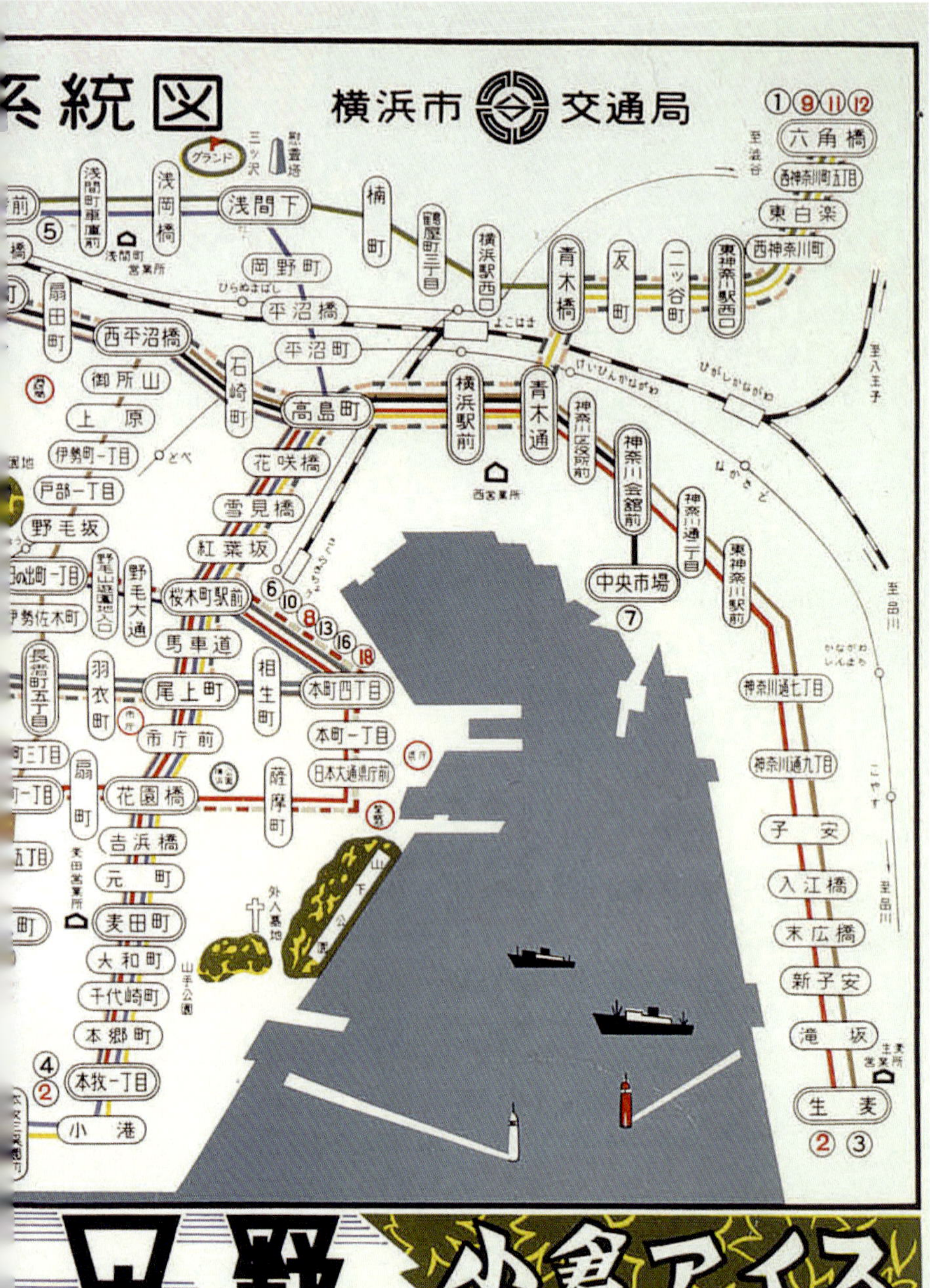

市電運転系統図

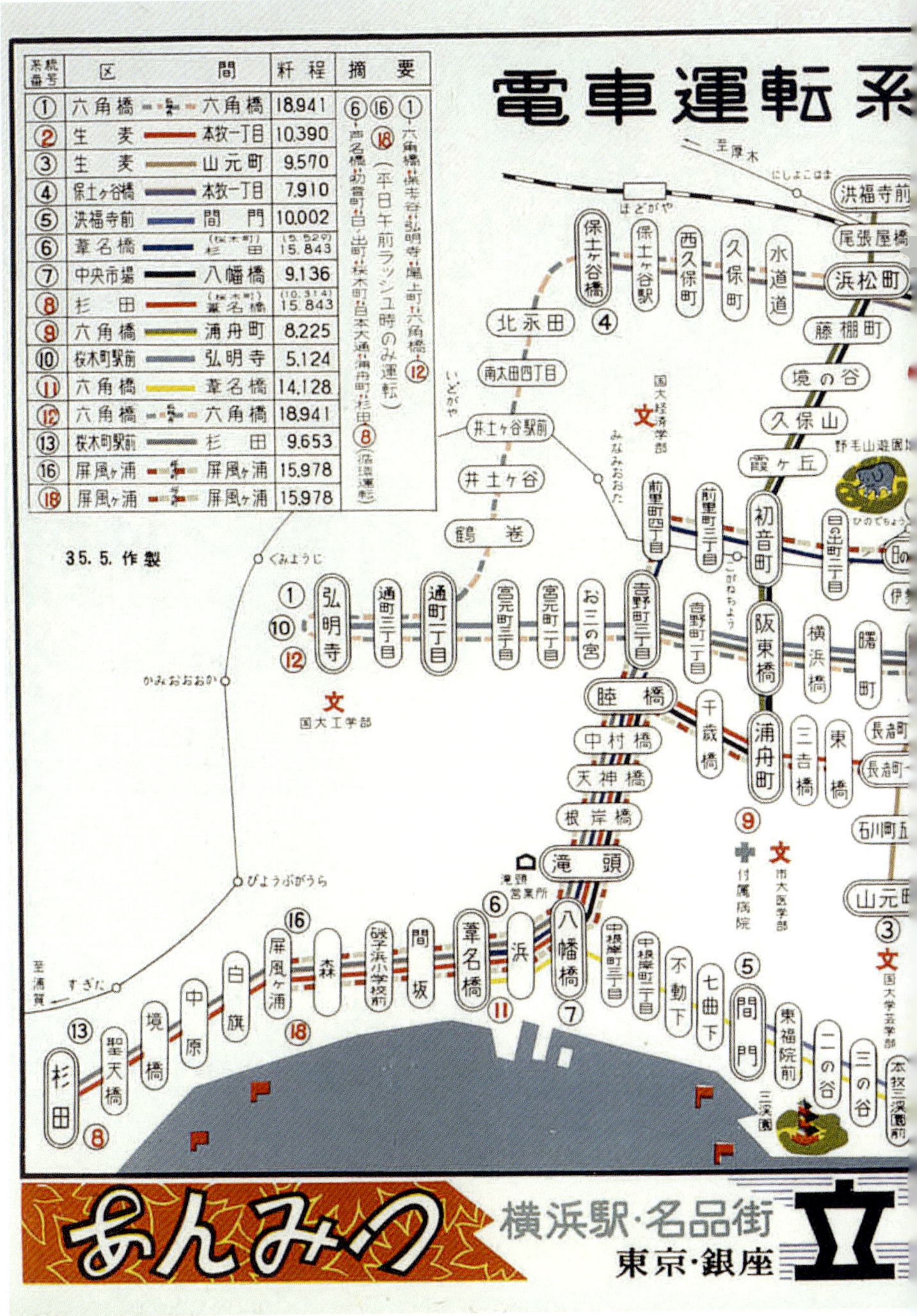

系統番号	区	間	粁程	摘要
①	六角橋	六角橋	18.941	①↓六角橋⇔保土谷⇔弘明寺⇔尾上町⇔六角橋↓⑫
②	生麦	本牧一丁目	10.390	
③	生麦	山元町	9.570	
④	保土ヶ谷橋	本牧一丁目	7.910	
⑤	洪福寺前	間門	10.002	
⑥	葦名橋	（桜木町）杉田	（5.529）15.843	⑥↓葦名橋⇔初音町⇔日ノ出町⇔桜木町⇔日本大通⇔浦舟町⇔杉田↓⑧（循環運転）
⑦	中央市場	八幡橋	9.136	
⑧	杉田	（桜木町）葦名橋	（10.314）15.843	
⑨	六角橋	浦舟町	8.225	
⑩	桜木町駅前	弘明寺	5.124	
⑪	六角橋	葦名橋	14.128	
⑫	六角橋	六角橋	18.941	
⑬	桜木町駅前	杉田	9.653	
⑯	屏風ヶ浦	屏風ヶ浦	15.978	⑯⑱（平日午前ラッシュ時のみ運転）
⑱	屏風ヶ浦	屏風ヶ浦	15.978	

桜木町駅前・関内周辺

横浜市電の前身、横浜電気鉄道が開業したのは1904（明治37）年7月、神奈川－大江橋（現・桜木町駅前）間2.6kmだった。桜木町駅前は横浜市電「発祥の地」であるとともに、1972（昭和47）年3月の全廃の日まで、市電が走り続けた場所でもある。時代とともに変わり続けた桜木町駅と周辺の街、そして市電の様子を見てみよう。

◎戦前の市電発展期

鉄道開業時の横浜駅として建てられた初代桜木町駅舎と横浜電鉄の車両。この駅舎は関東大震災で焼失した（大正時代　横浜都市発展記念館所蔵）

昭和戦前期の尾上町通り。左手に横浜指路教会、通りの奥に三角屋根が特徴の二代目桜木町駅舎が見える。関東大震災からの復興工事が完了した1930（昭和５）年時点の市電の路線は46.4㎞にまで延びた（横浜市史資料館所蔵）

◎戦後の市電最盛期

市電の営業距離が最長(51.79㎞)となったのは井土ヶ谷線（保土ヶ谷橋—井土ヶ谷駅—通町一丁目間）が開通した1956(昭和31)年４月。同年９月には長い間懸案となっていた東急東横線の高島町－桜木町間の複線化工事も完了した。写真は旧型国電、東横線、市電が並んだ、貴重な１枚(撮影：神奈川新聞社)

桜木町駅前で数珠つなぎになっている市電車両。1947(昭和22)年度から1963(昭和38)年度までの17年間、市電は年間乗車人員１億人以上をキープし続けた。背後の特徴的なドーム状の屋根の建物は旧・神奈川県農工銀行(1957年　撮影：神奈川新聞社)

1969年

1969(昭和44)年の桜木町駅前。市電の塗装は、自動車との接触を避けるために目立つ「警戒色」(1961年から導入)になった。軌道内の石畳はかなり傷んでいる。10年の変化は大きい(撮影：神奈川新聞社)

1959年

1959（昭和34）年の雨の桜木町駅前。オート三輪の姿も（撮影：神奈川新聞社）

横浜開港百年祭

1958（昭和33）年５月10日、「横浜開港百年祭」の記念式典会場となった横浜公園平和野球場（現・横浜スタジアム）に集まる人々と市電。式典には皇太子殿下（現在の上皇陛下）をお迎えし、約３万5000人が参列した（横浜市史資料室所蔵）

1972(昭和47)年３月15日の花園橋。市営バスと仲良く並ぶ。左手が現・横浜スタジアム。背後の電波塔は今も健在(撮影：竹中洋一さん)

◎街を見守る時計塔は昔も今も変わらず

ほぼ同位置から撮影した現在の様子。市電に代わって市バスが活躍している(2023年７月)

◎廃止直前の市電と懐かしい横浜の街並み

1972(昭和47)年３月15日の相生町。通りの奥に見えるのは横浜郵船ビル。第一勧銀の後ろに見えるのは、2022（令和４）年３月まで手形交換所としても使われていた横浜銀行協会＝旧・横浜銀行集会所（撮影：竹中洋一さん）

時計塔がシンボルの横浜市開港記念会館は、開港50周年を記念して建設が計画され、1917(大正６)年６月に竣工した開港記念横浜会館がその前身。関東大震災で焼失後、1927(昭和２)年に復元・再建された。横浜の街の変遷を１世紀以上にわたって見守り続けている

打越橋

　現在の市営地下鉄の伊勢佐木長者町駅から南へ進み、中村川に架かる車橋を渡ると、右へカーブしながら上り坂が始まる。坂の途中、存在感のあるアーチ橋「打越橋」が見えてくる。この橋の下をくぐり、坂の上の山元町に至る市電の路線が開通したのは、関東大震災からの復興期の1928(昭和3)年8月。震災後に定住した人々の交通の便を図るために道路とともに敷設された。その際、山の尾根を掘り下げ、「切り通し」にしたため、分断された山の上の生活道路を結ぶために架けられたのが打越橋だった。

◎石川町五丁目

上：山元町側から見た石川町五丁目停留場。すぐ向こうに架かるのが車橋。その先、京急電鉄の日ノ出町駅方面へと、道路が一直線に続く（1971年１月30日）
下：石川町五丁目停留場ですれ違う市電車両。遠方に打越橋が見える（1971年３月18日）
撮影：上下とも竹中洋一さん

◎山岳路線を行く

急坂を下る3系統の電車。山岳路線というにふさわしい（1971年3月19日　撮影：竹中洋一さん）

打越橋からの夜間高感度撮影。この角を曲がった先に山元町の停留場があった（1971年２月11日　撮影：竹中洋一さん）

市電の姿は消えたが、打越橋は今も健在（2024年１月）

山元町

山元町の停留場は、「横浜市電では唯一、道路中央ではなく道路端にあった本格的な終点だった。売店、屋根付き待合室、有人の定期券・乗車券売り場もあった」と語るのは、第5章でインタビューを受けていただいた竹中洋一さん。なお、戦前、山元町停留場から尾根伝いに800mほど行くと日本初の本格的な洋式競馬場として開設された根岸競馬場（=横浜競馬場。現・根岸森林公園）があった。市電は多くの競馬ファンも運んだ。

◎ストライキの朝

1966（昭和41）年３月、ストライキ実施の朝。一番電車はなかなかやって来ないが、思いのほか和やかムード。道路際に立つ人は、電車をあきらめてタクシー待ちか（撮影：神奈川新聞社）

ようやく来た一番電車。乗り場は大混雑（撮影：神奈川新聞社）

◎夕暮れの山元町

上：秋の夕暮れ迫る、山元町停留場。昭和生まれの人には、どこか懐かしさを感じる風景だろう（1970年11月4日）
下：夕闇が深まった山元町停留場を山手方面から（1970年11月4日）撮影：上下とも竹中洋一さん

山元町 最後の日

３系統最終電車のお別れ式。山元町にて。利用者が多く〝ドル箱〟と言われた路線だった（1971年３月20日　撮影：竹中洋一さん）

元町・麦田トンネル

元町の手前に架かる「西の橋」まで横浜電鉄の路線が延伸されたのは、開業翌年の1905(明治38)年7月。その後、横浜市電の代表的な景観の1つとなった麦田トンネルが開削され、1911(明治44)年12月には本牧まで延伸された。「開発が遅れていた本牧方面には関内の豪商たちの住居や別荘が次々と建設」(『横浜市営交通八十年史』)されるなど、電車の路線延長は都市の拡大・発展を牽引する役割を担った。なお、麦田には、市電の営業所・車庫が置かれていた。現在、その跡地に記念碑が立っている。

◎「西の橋」を行く

「西の橋」を渡り、本牧方面に向かう電車。背後の商店街のアーケードに「モトマチ」の文字が見える(1970年6月21日　撮影：竹中洋一さん)

◎元町の風景の変化

現在の同アングル。首都高が建設されるなど、周辺は様変わりした(2023年7月)

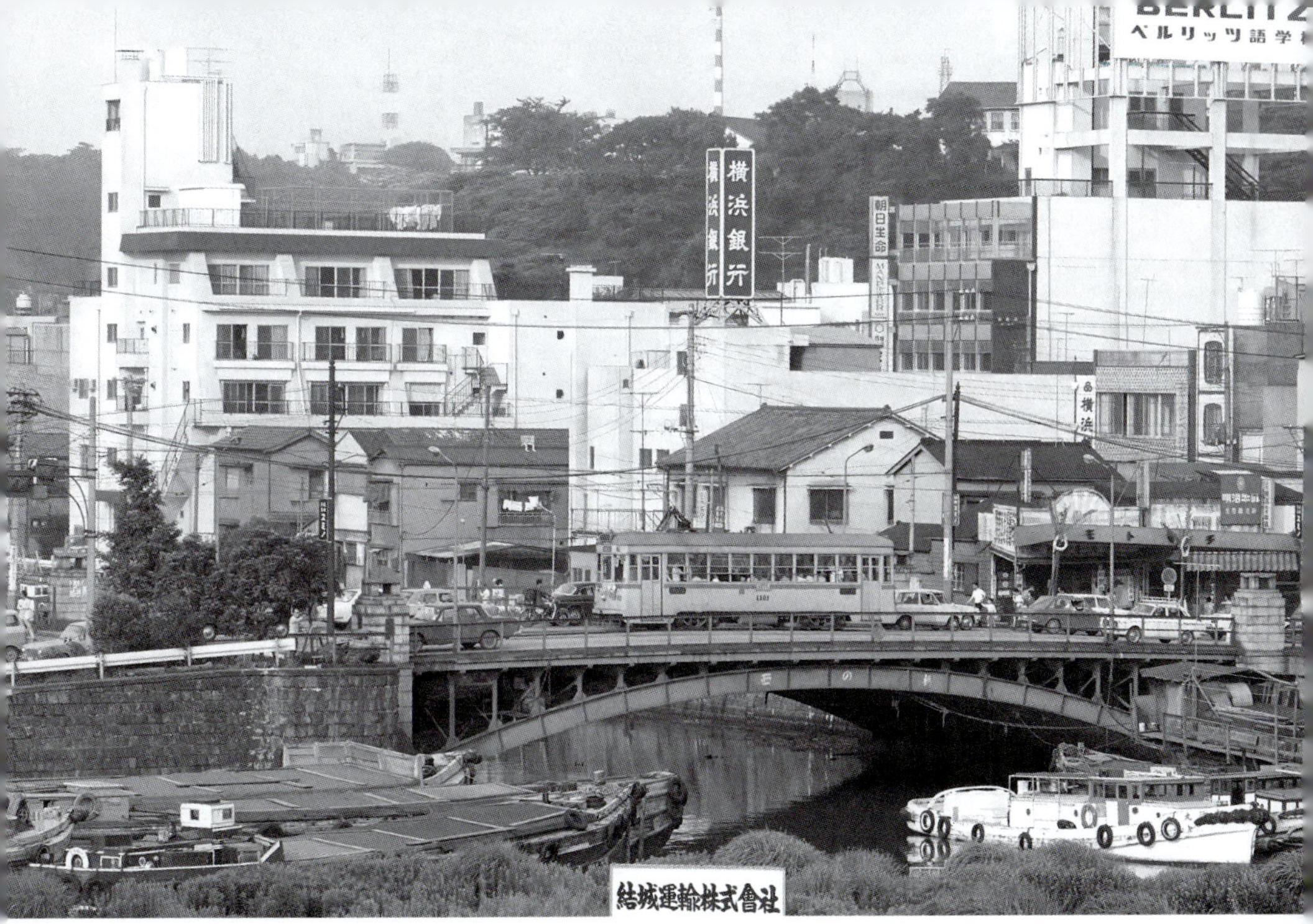

元町停留場に到着する電車。元町らしく、行き交う女性がどことなくオシャレに見える（1970年６月13日　撮影：竹中洋一さん）

「西の橋」側から夜間に、望遠レンズで撮影した元町停留場。右奥の麦田トンネル内には本牧方面行きの電車が見える（1970年２月21日　撮影：竹中洋一さん）

トンネルを抜けると、落ち着いた下町の風情が残る麦田に到着。ここに車庫があった。写真は麦田始発なのだろう、行き先が書かれた系統板を取り付けている（1970年４月12日　撮影：竹中洋一さん）

◎麦田トンネルを抜けて

雪の積もる麦田車庫。車両も雪化粧
（1969年３月12日　撮影：竹中洋一さん）

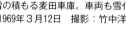

麦田車庫の全体像がよく分かる１枚。根岸線の線路際まで車庫の敷地だった
（1970年２月21日　撮影：竹中洋一さん）

◎麦田車庫

現在、麦田車庫跡地（老人福祉施設）の一角に、「市電車庫跡地」の記念碑が立っている

生麦・横浜駅周辺・高島町

大正末から昭和の初めにかけての震災復興期、横浜市域の拡大とともに、市電の路線網も大幅な広がりを見せ、北は鶴見手前の生麦にまで到達。戦時中は、さらに鶴見駅前まで延伸され、工員輸送に活躍した。だが、この生麦線は、市電廃止の第1号となり、早々に姿を消すことに。横浜駅周辺や高島町の景色の変化も著しい。

◎高島町

高島町停留場。奥の高架線上に東横線の高島町駅ホームが見える（1952年　撮影：神奈川新聞社）

上：青木通停留場付近。手前が横浜駅前、奥が生麦方面（1952年　撮影：神奈川新聞社）
左：高島台から見下ろした青木橋。生麦方面（左奥）、高島町方面（右奥）、六角橋方面(左手前)、浅間下方面（右手前）が分かれる市電の要衝だった（1952年　撮影：神奈川新聞社）

◎生麦

生麦線廃止前日の1966(昭和41)年７月30日。「さようなら生麦線」の装飾を付けて走る車両(撮影：神奈川新聞社)

電車を降り、安全島から道路を渡るのも一苦労。奥に見えるのは高島貨物線の高架橋(撮影：神奈川新聞社)

◎横浜駅周辺

横浜駅前で市電を待つ人々。かつてはこんなに遠くまで景色を見渡せたのだ(1965年10月　撮影：神奈川新聞社)

滝頭車庫・杉田

市電の心臓部ともいうべき、滝頭の営業所・車庫。併設されていた工場では、車両の修理だけでなく、ときには新車の製造も担った。滝頭の先、市電の路線の南端は杉田だった。横浜電鉄時代には、さらに逗子までの延伸が計画されていたが、市電の路線として実現することはなかった。

◎滝頭車庫

滝頭車庫に帰ってきた車両。営業所の玄関には「全国交通安全運動」の垂れ幕が(1970年４月　撮影:神奈川新聞社)

1966(昭和41)年３月、ストライキ実施の朝。日が昇っても車庫は車両がすし詰め状態（撮影：神奈川新聞社）

市電全廃後、横浜市電保存館オープン前の滝頭車庫。台車が外された車両はどうなるのか(1972年８月30日　撮影:竹中洋一さん)

◎杉田

市電路線の南端、杉田停留場。レールが突然途切れ、そっけない感じがする（1967年７月　撮影：神奈川新聞社）

杉田停留場での発車待ち。「出発進行！」かと思いきや、窓を開閉しているようだ。国道の先に見える緑地は「汐見台」（１９６７年７月　撮影：神奈川新聞社）

車内の1コマ

1967（昭和42）年４月、車内で切符を売る車掌。この年の暮れから４・５系統でワンマン化が開始される（撮影：神奈川新聞社）

その距離、およそ1.5km。1日の列車本数、わずか4往復という国鉄の小さな支線が、かつて相模川沿岸の寒川町に存在した。廃止3年半前の、1980(昭和55)年の夏、草生《む》す終点、西寒川駅の1日の様子を神奈川新聞の記者が撮影していた。

(写真は全て神奈川新聞社撮影)

枝豆畑を行く

小さな支線の終着駅
相模線西寒川駅

相模線の寒川―西寒川間支線の終点、西寒川駅

簡素な無人の駅舎。列車は１日４往復、朝１本と夕方の３本のみ

西寒川駅の朝

体操でもしながら待つかい

朝のホームには、この支線の大ファンで、毎日乗るというおばあちゃんの姿が。

「バスは時間通りに走らんし、道がちょっとでも混むともうダメ。決まった時間に合わせるときは、これが一番ですよ」

ほら、列車の音が聞こえてきた

にしさむかわ
西寒川
NISHI-SAMUKAWA
時間通りに来るから助かるよ

通勤利用者は意外と多かった

通勤列車以外は、乗客もまばら

ドアの開閉ボタン

一番列車（朝）と二番列車（夕方）の運転間隔は
およそ７時間。日中は住民の通路に

〝復活〟したSLの汽笛が港に響いた日

煙を吐きながら、現在の「汽車道」を力走するC58型（シゴハチ）蒸気機関車。期間中、東横浜駅と山下埠頭駅間を1日3往復した

1980（昭和55）年6月13日から15日までの3日間、横浜港に「横浜開港百二十周年記念事業」のSL（蒸気機関車）の汽笛が響いた。首都圏で最後までSLが走った高島貨物線でSLの通常運用が終了したのは1970（昭和45）年。1972（昭和47）年の「鉄道百年記念事業」でもSLが運転されたが、それ以来の横浜でのSL〝復活〟だった。

（写真は全て神奈川新聞社撮影）

横浜赤レンガ倉庫前を行く

氷川丸をバックに。山下公園内の高架は後に撤去された

テープカットに臨む当時の長洲一二神奈川県知事、細郷道一横浜市長、高木文雄国鉄総裁ほか招待客と関係者

沿道では多くのファンが見守った。最終日の15日の人出は期間中最高の13万余人

港をバックに山下臨港線の高架橋上を力走

横浜マリンタワーをバックに

1986(昭和61)年に廃止された税関線・山下臨港線の一部（日本丸駅—山下公園駅間）を利用して旅客輸送が行われた。大さん橋に停泊しているのは「クイーン・エリザベス２」

1989(平成元)年の横浜博覧会(YES'89)開催時には、廃止後も線路が残されていた貨物線を利用して旅客輸送が行われ、レトロ調気動車が走った。

桜木町駅付近に設置された、初代横浜駅(桜木町駅)の駅舎を模した日本丸駅

現在は、「山下臨港線プロムナード」になっている高架橋上を行くレトロ調気動車

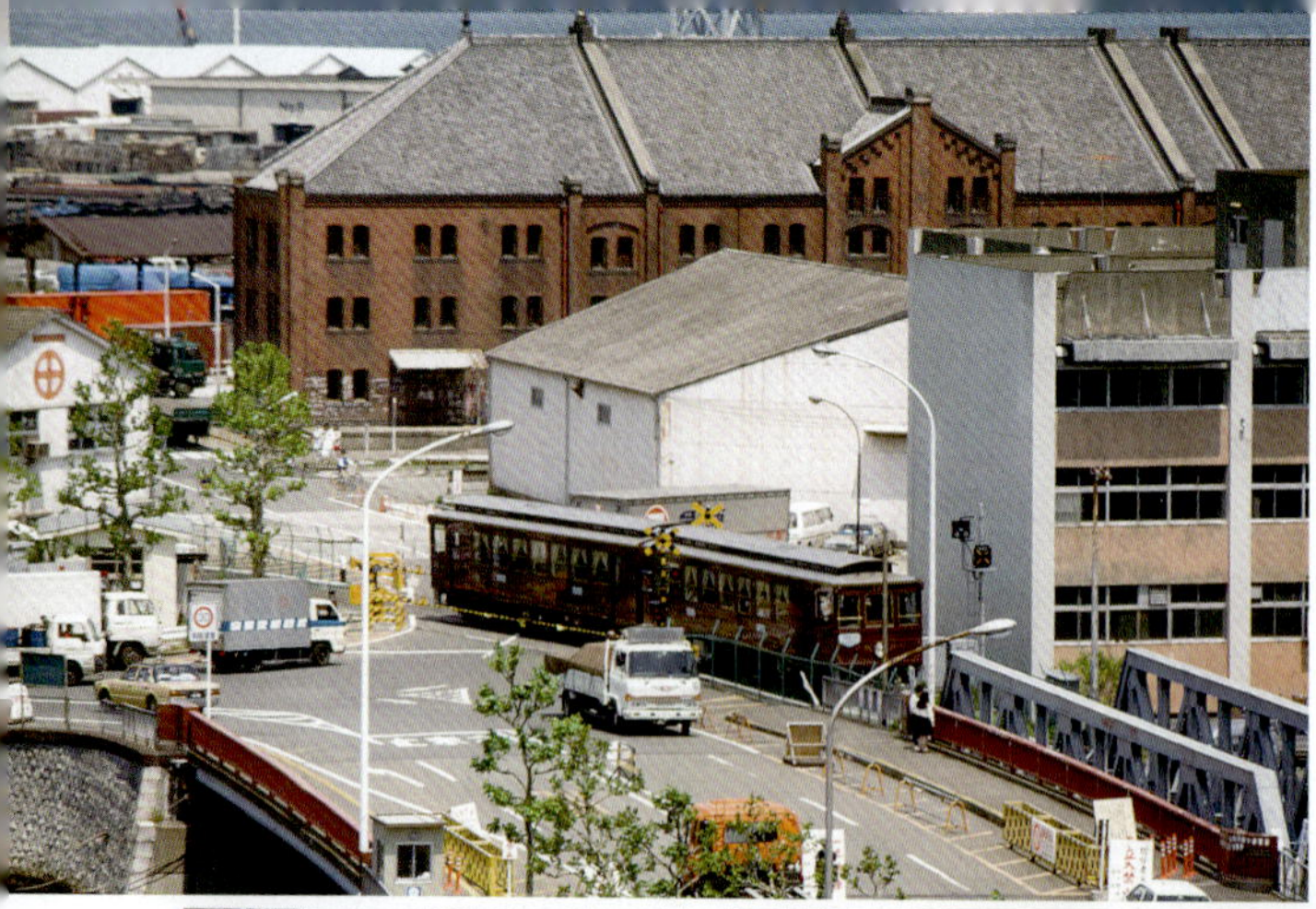

横浜赤レンガ倉庫をバックに走る「浜風号」。本来は蒸気機関車（D51）を走らせる予定だったが、詰めかけるファンの警備が大変なため、その代替としてこの気動車を新造したという

左：レトロ調気動車の外観。モスグリーンの「汐風号」（111+112号車）とワインレッドの「浜風号」（121+122号車）の2編成が運行された。右：レトロ調気動車の車内。ヨーロッパの豪華列車のように贅《ぜい》が凝らされていた

大観覧車「コスモクロック21」をバックに、現・汽車道を行く「汐風号」。この横浜博覧会臨港線は、存続を望む声もあったが、博覧会の閉幕とともに姿を消した

はじめに

「微妙な廃線跡のチェックで弓なりカーブを一部変更しています。たぶん、いま、日本で一番正確な『相模線西寒川支線路線図』です」。筆者の森川さん監修の下、ウェブ公開直前まで今はなき廃線を地図に落とす作業に当たった担当Tさんの言葉に自負がにじんでいた。

路線図だけでなく、何度も膨大な資料に基づくチェックが重ねられた原稿も、ギリギリまで細かい部分に修正が入ることがあった。正確に表記し、後世にきちんとした形で残そうという筆者の強い意気込みが行間から伝わってきた。

本書は、神奈川新聞のニュースサイト「カナロコ」で２０２３年秋から翌年初めまで約3カ月にわたり、10路線を5回ずつの連載で紹介した企画が大元となっている。当初から書籍化は視野にあったものの、ウェブでの反響を見てみたいとの思いで先行発信を試みた。

紹介した路線はもちろん全て神奈川にあり、有名なもの、あまり知られていないもの、明治期の古いものから平成の比較的新しいものまで多岐にわたる。いずれも歴史的背景や栄枯盛衰のドラマなどがあって興味深い。

特にウェブで反響が大きかったのが、「ドリームランドモノレール」と「相模線西寒川支線」「東急東横線と桜木町駅周辺の鉄道遺構」だった。ドリームランドモノレールの連載の一部は、カナロコで公開するだけでなく、Ｙａｈｏｏ！ニュースやスマートニュースなど外部のプラットフォームにも配信してみた。わずか1年半で運行休止となった、文字通り「夢の交通」の物語は、横浜市民、神奈川県民の多くの記憶に残っていたようで記事は1本だけでも十数万人に届き、当時を懐かしむコメントが多く見られた。各路線を紹介した神奈川新聞公式Ｘ（旧Ｔｗｉｔｔｅｒ）でも最も多くの共感を集めた。

「相模線西寒川支線」は、砂利採取の専用線として開通した1・5キロほどの支線で知る人ぞ知る渋い存在だろう。にもかかわず、Ｇｏｏｇｌｅのレコメンド機能で多くの県民や鉄道ファンのスマートフォンにおすすめ記事として表示されたようで、数万人の目に触れた。「東急東横線」は、地下化・廃線となったのが２００４年と割と近年である上、ＪＲ根岸線の横浜駅から桜木町駅まで並走している高架橋が日常的に見られる。身近さからも興味を引き、アクセスを集めたのだろう（個人的にはこの高架橋が遊歩道になれば横浜都心部のまちづくりの目玉になり得ると長年期待していたが、森川さんの取材によると、耐震性などの問題で利活用計画はひとまずリセットされ、整備が完了するのはまだまだ先になりそうだという。残念だ）。

言うまでもなく神奈川・横浜は、明治５（１８７２）年に日本で初めて汽車が新橋―横浜間を走った「鉄道発祥の地」である。交通の要衝だけあって、貨物線も含め東西南北、縦横無尽に鉄路が敷かれ、実に多様な鉄道網と個性的な駅舎が存在してきた。一方で、震災や戦災、都市化の進展もあって、貴重な鉄道施設の痕跡がわずかしか残っていない路線も少なくない。普段は忘れられがちな存在だけに、ウェブを通じて連載全体で数十万人が閲覧してくれたことは、過去の遺構にあらためて光が当たった感慨がある。

新聞社の大きな役割の一つは、日々の地域ニュースを正確に発信・記録し続けることだ。それは地域の歴史を刻んでいく営為と言ってもいい。本書は、神奈川新聞社が保管するアーカイブ写真も多く活用しており、保存活動などに関わる関係者の声も盛り込んでいる。地域の記憶を掘り起こし、過去の資産を活用し、今の読者の前によみがえらせる作業は、まさに地方紙の役割と共鳴するものだ。

本書自体も鉄道遺構同様、地域の貴重な遺産（レガシー）となることを願っている。

統合編集局次長兼編成部長《デジタル編集担当》
牧野昌智

目次

第1章

箱根登山鉄道軌道線（小田原電気鉄道）

東海道線が箱根迂回《うかい》…街の衰退危惧し開業
長崎から車両の「里帰り」も

1887（明治20）年に東海道線が横浜から国府津まで延伸されると、そこからさまざまな鉄道・軌道（路面電車）が延びていく。その先駆けとなったのが、1888（明治21）年に開業した小田原馬車鉄道（国府津―小田原―湯本間）だった。この馬車鉄道の開業には、東海道線のルート選定が関係している。同鉄道は後に電化され、小田原電気鉄道となる。さらに1928（昭和3）年に箱根登山鉄道が設立されると箱根登山鉄道軌道線となり、戦後まで小田原市民の足として活躍した。

酒匂の松林を行く小田原電気鉄道の電車（明治末期　提供：小田急箱根）

◉全国で４番目の電気鉄道

「汽笛一声新橋を　はや我汽車は離れたり」（鉄道唱歌）

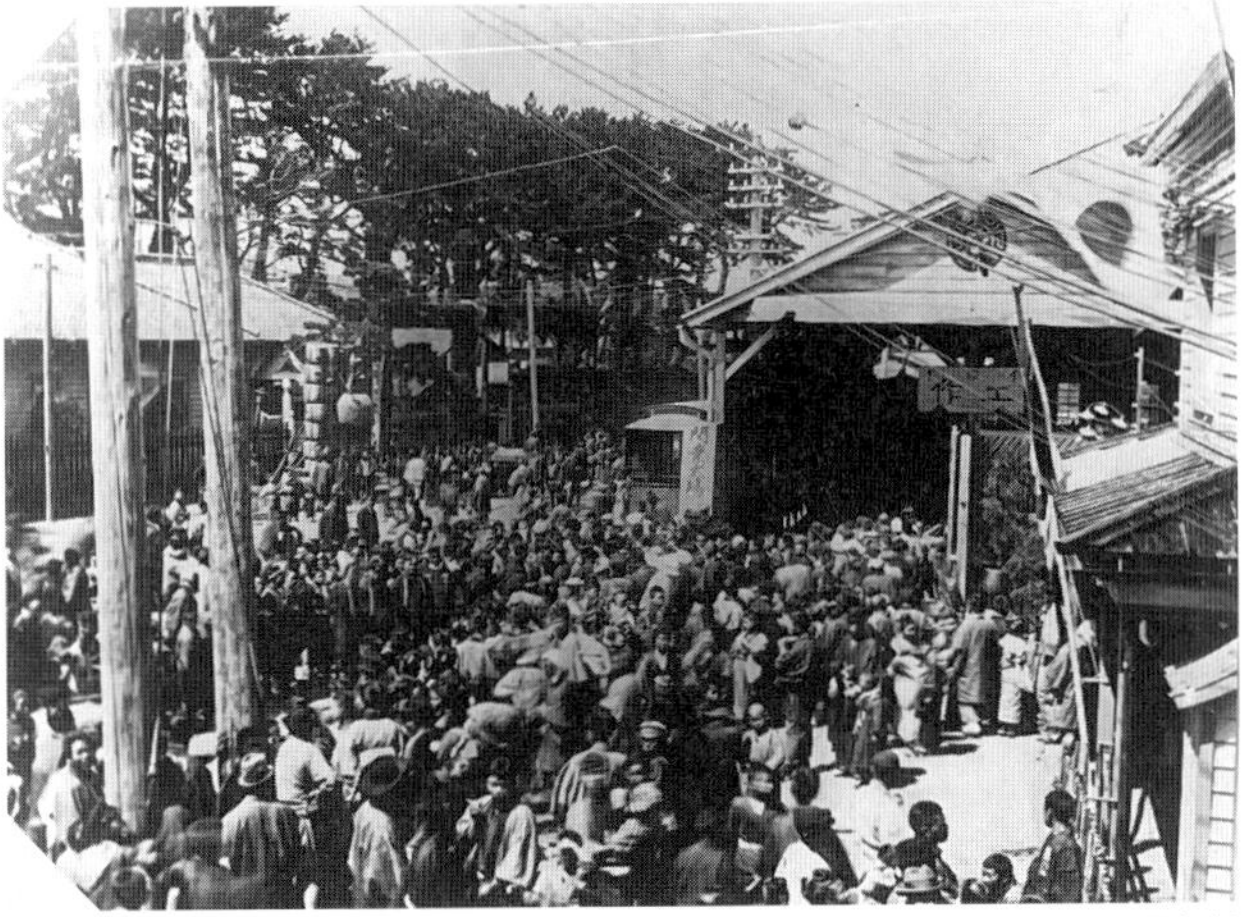

1900（明治33）年４月３日に本社車庫（現・小田原市本町２丁目）で挙行された電気鉄道開業式（提供：小田急箱根）

１８７２（明治５）年、新橋（現・汐留）―横浜（現・桜木町）間に我が国最初の鉄道が開通し、「陸蒸気《おかじょうき》」とも呼ばれた蒸気機関車の汽笛が響いた。神奈川県は東京府（当時）とともに、我が国ではじめて鉄道が走った鉄道揺籃《ようらん》の地である。その後、１８８７（明治20）年に東海道線が国府津まで延伸されると、そこから枝葉のようにさまざまな鉄道・軌道（路面電車）が延びていく。

その先駆けとなったのが、１８８８（明治21）年10月に開業した小田原馬車鉄道（国府津―小田原―湯本間12・９㎞）だった。この馬車鉄道の開業には、東海道線のルート選定が関係している。国府津以西の東海道線が、「天下の険」である箱根を迂回《うかい》するため、現在の御殿場線ルート（国府津―松田―御殿場―沼津間）で建設されることが決定すると、鉄道ルートから外れることで街が衰退することを危惧した小田原と箱根湯本の有力者が発起人となり、この馬車鉄道を開設したのである。

箱根登山鉄道軌道線路線図

・地形および他の鉄道、道路等は現在のもの
・箱根登山鉄道軌道線の停留場名は廃止時のもの
・主な停留場のみ記載

同鉄道はその後、自前で水力発電所を建設。１９００（明治33）年3月までに全線の電化を完了し、商号も小田原電気鉄道に変更。京都、名古屋、川崎（京浜急行電鉄の前身・大師電気鉄道）に次ぐ、我が国で4番目、神奈川県内で2番目の電気鉄道開業[※1]となった。

そして、電化からおよそ20年後の１９１９（大正８）年6月には、新たに箱根湯本―強羅《ごうら》間の登山鉄道を開業。早川橋梁（出山の鉄橋）の架橋をはじめ、7年にもおよぶ難工事の末に誕生したこの世界有数の登山鉄道は、「観光箱根の性格およびルートを一変」（『箱根登山鉄道のあゆみ』箱根登山鉄道刊）させた。

同じ頃、小田原の交通事情も大きく変わろうとしていた。元々、この地に馬車鉄道が敷設されたのは、小田原に東海道線が「来ない」ことが理由であったが、ついに東海道線が「来る」ことになったのである。これには、御殿場線ルートに関わる次のような事情があった。

御殿場線ルートは最急勾配《こうばい》25‰《パーミル》（１km走るごとに25ｍ上る）という急坂が連続していることから列車後部に強力な補助機関車を連結しなければならず、機関車の配置や乗務員の過酷な作業等が、急増する輸送需要に対応する上でのネックになっていた。こうした課題は早い段階から認識されていたが、この時期になると「御殿場経由の線路を建設した当時に比べれば、トンネル掘削の技術は格段に進歩」（『神奈川の鉄道　１８７２－１９９６』野田正穂ほか）していたことなどから、現在の東海道線ルート（国府津―小田原―熱海―沼津間）の建設が具体化したのである。[※2]

当時、「熱海線」と呼ばれたこの新ルートのうち、国府津―小田原間が１９２０（大正９）年10月に開業[※3]すると、同区間で熱海線と小田原電鉄の軌道が、ほぼ並行することになった。これを受けて小田原電鉄は再三の検討を重ねた結果、同年12月、国府津―小田原（現・市民会館前バス停付近）間の軌道を廃止し、同時に、鉄道省線の小田原駅（現・ＪＲ小田原駅）前までの軌道（０・８km）を新設した。

その後、１９２３（大正12）年9月に発生した関東大震災の被災などによる経営危機を経て経営資本が変わり、１９２８（昭和３）年８月に箱根登山鉄道（現・小田急箱根）が設立されると、小田原駅前―箱根湯本間の軌道は箱根登山鉄道軌道線[※4]（軌道線＝路面電車）となった。

それから7年後、軌道線は再び大きく路線変更されることになる。当時、京浜方面から強羅に向かう行楽客は、小田原駅で改札外に出て軌道線に乗り換え、さらに箱根湯本駅で登山電車に乗り換えなければならず、不便を強いられていた。これでは箱根に直接乗り入れてくる京浜方面からの遊覧バスに対抗するのは難しく、小田原―箱根湯本―強羅間の電車直通運転の実施が、同社にとっての宿願だったが、資金難などから実現できずにいた。

この夢がようやく果たされたのが、１９３５（昭和10）年10月。小田原―箱根湯本間に新たに鉄道線を開通させ、強羅までの直通運転を開始した。工事内容としては小田原―風祭間に新線を敷設するとともに、風祭―箱根湯本間は、軌道線の「既設線路を一部改修」（『箱根登山鉄道のあゆみ』）し、鉄道線に転用した。

これにより軌道線は、鉄道線と経路の異なる小田原駅前―箱根板橋間（２・４㎞）のみに短縮され、路線が小田原市内で完結することになったため、「市内線」とも呼ばれるようになった。[※5]

その後、戦時下での一時的な運転休止などがあったものの、軌道線は最後まで「収益は好調」（『箱根登山鉄道のあゆみ』）だった。しかし、戦後の自動車交通量の増大による道路改修を機に、１９５６（昭和31）年5月31日を最後に廃止された。

軌道線営業最終日の「電車まつり」。装飾電車の後方に国鉄小田原駅舎が見える（1956年5月31日　小田原市立中央図書館所蔵）

鉄道唱歌

鉄道唱歌には、小田原馬車鉄道が左記のように歌われている。

国府津おるれば馬車ありて
酒匂《さかわ》　小田原とおからず
箱根八里の山道も
あれ見よ雲の間より

なお、馬車から電車に代わった後は、次のように歌詞が変化した。

国府津おるれば電車あり

◉小田原駅前から廃線跡を歩く

それでは、小田原駅前から箱根板橋まで、箱根登山鉄道軌道線の廃線跡を歩いてみよう。

小田原駅前の乗り場がどこにあったのか、その痕跡を探してみると、駅東口の商業施設「トザンイースト」（旧・箱根登山デパート）１階の搬入車専用駐車場の脇に立っている「旧市内電車のりば」の案内板は、すぐに見つけることができた。しかし、当時を知る人によれば、この位置に乗り場があったのは、廃止直前のほんの１～２年間のことであり、それ以前はもっと国鉄（現・ＪＲ）駅寄りの場所、現在は箱根登山バス、伊豆箱根バスの案内所になっているビルの位置にあったという。１９５４（昭和29）～１９５５（昭和30）年度に行われた小田原駅前整備拡張工事（１９５５年10月13日竣工）に伴い、乗り場が移設されたのだ。

さて、駅前を出発した軌道線はバス通りを道なりに進み、最初の緑町停留場に停車した。現在、付近には同名のバス停が設置されている。緑町といえば、伊豆箱根鉄道大雄山線にも緑町駅があるが、直線距離で５００ｍほど離れている。調べてみると、１８８９（明治22）年に十字町・幸町・緑町・万年町・新玉町の旧・小田原駅５町[※6]が合同して小田原町が誕生。その後、１９６６（昭和41）年に市内の町名変更が行われるまで、どちらも所在地は緑町だったという経緯があった。現在の地名では、いずれも栄町となっている。

この先にある郵便局と書店は、軌道線が走っていた当時から場所が変わっていない。さらにその少し先では、２０２１（令和３）年7月までで閉館となった市民会館の解体工事が進められている。この辺りは小田原城の大手口に当たり、近くには今も大手門の石垣と、朝夕に時報を打つ「時の鐘」（現在の鐘は昭和28年製）が残されている。市民会館前で、国府津方面から来る国道1号線と合流するが、１９２０（大正９）年12月に国府津―小田原間が廃止される以前は、国府津駅前から酒匂川を越え、この国道上を路面電車が走ってきていた。

上：小田原駅前の市内電車乗り場（現・「トザンイースト」前）。営業最終日の「電車まつり」では、子どもは運賃無料になった（小田原市立中央図書館所蔵）
下：「トザンイースト」前に立つ「旧市内電車のりば」の案内板

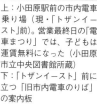

酒匂橋を渡る小田原電気鉄道の電車。2両連結で走行（小田原市立中央図書館所蔵）

「幸町」ですれ違う電車（小田原市立中央図書館所蔵）

市民会館の少し先に幸町バス停がある。ここには、かつて小田原電鉄の本社と車庫があった。また、単線だったため交換（すれ違い）場所も設けられていた。ちなみに、小田原駅前─箱根板橋間において、交換場所は幸町のほか、早川口にもあった。

本社前を過ぎ、本町交差点で直角に右折すると、箱根連山が正面の視界に入る。この付近には、わずか３００ｍほどの間に「小伊勢屋前」「御幸《みゆき》浜」「幸三丁目」「箱根口」と、４つもの停留場が存在した（時代によって停留場名・数は変化）。箱根口の道路右手には、まるで城のような建物が見える。神奈川県下で最古の商家とされ、製薬・製菓業を営む「ういろう」本店の八棟《やつむね》造りである。店内には路面電車のジオラマが展示されているので、立ち寄ってみてほしい。

◉路面電車の「里帰り」

箱根口の交差点を過ぎたら、左手に目を向けよう。「箱根口ガレージ報徳広場」（小田原市南町）という施設の敷地内に、路面電車の車両（箱根登山鉄道２０２号車＝長崎電気軌道１５１号車）が保存されている。

台車と車体（ボディ）を別トレーラーに積載し、長崎から全行程陸送した

この車両は、１９２５（大正14）年に王子電気軌道（後の都電荒川線）が新造した、齢１００歳に近い長寿車両だ。戦後、箱根登山鉄道に移籍し、２０２号車として軌道線で活躍。軌道線廃止後に、ほかの4両とともに計5両（２０１～２０５号車）が長崎電気軌道に譲渡された。[※7]その際、木造車両だったのを半鋼製化するとともに、車体寸法もやや短めに変更するなどした。

同車両が、長崎でのおよそ60年にわたる役目を終えて引退したのは、２０１９（平成31）年3月。長崎電気軌道が受け入れ先を探していたのに対し、小田原で結成された有志団体「小田原ゆかりの路面電車保存会」（現・小田原路面電車協会）が受け入れを表明。クラウドファンディングを実施するなどして、長崎からの移設・保存費用を捻出。２０２０（令和2）年12月、長崎から小田原まで全行程をトレーラーで陸送し、無事「里帰り」を果たした。

この里帰りプロジェクトの経緯について、小田原路面電車協会代表理事の平井丈夫さんは次のように話す。

「２０２号車が長崎にあるのは以前から知っていて、（長崎電気軌道の）浦上車庫を訪問した際、とてもきれいに手入れされているのを見て感激した。そのときは、いつか小田原に里帰りさせられないかと漠然と考えていたが、新聞記事で２０２号車が引退するのを知り、引退後の処置について長崎電気軌道へ問い合わせると、廃車・解体するとのことだった」

そこで、譲受の可能性について尋ねると、「古い車両なので、アスベスト（石綿）が使われている可能性があり、もし、使われていると移動は難しい」との回答だったという。

その後、長崎でアスベスト調査が行われ、２０２０（令和２）年3月初めに「アスベストは使われておらず、譲受希望者は3月末までに、その意思表示をしてほしい」との連絡が来た。「譲受の可能性は低いだろうと思っていたので、受け入れ場所など何も準備していなかった。しかも、コロナ禍の影響で、人を集めて相談することもままならなかった」と、平井さんは当時を振り返る。そのような状況ではあったが、近隣の鉄道愛好家を中心に声がけし、集まったメンバー10人で里帰りプロジェクトを立ち上げた。

クレーン吊り上げによる「箱根口ガレージ報徳広場」への設置作業

◉難航した保存場所の選定

里帰りプロジェクト立ち上げ後、最初の大きな課題は保存場所の確保だった。受け入れの意思表示はしたものの、保存場所が決まらなければ、車両は「難民」になってしまう。まずは、小田原市に相談を持ちかけたが、「時間的な制約があり、予算確保を含め、交渉の土台に乗せるのが難しかった」（平井さん）という。また、場所さえ確保できれば、どこでもいいというわけではなく、かつての軌道線の路線沿いで、ある程度の人通りがあり、人の目に触れる場所でなければ保存する意味が薄く、保存場所の選定は難航した。

そこへ救いの手を差し伸べたのが、小田原が生誕の地である二宮尊徳（金次郎）をまつる報徳二宮神社の宮司、草山明久さんだった。当時、同神社が運営するまちづくり会社が、新施設「箱根口ガレージ報徳広場」（以下、報徳広場）のオープンに向けた準備を進めており、その敷地内に車両を保存できそうなスペースがあった。

小田原を走っていた当時の202号車。木造車で、現在よりも車体が長かった（小田原市立中央図書館所蔵）

「箱根口ガレージ報徳広場」に保存されている現在の202号車

報徳広場は、昼間は観光客向けにカフェ・レストランを運営することで収入を得、夜はそれを原資として、子どもを中心に地元の3世代が交流する拠点としての「地域食堂」を開く（地域課題の解決）という2つの機能を担う。草山さんは、「地域課題の解決を図る事業は、どうしても補助金に頼るケースが多いが、少子高齢化が進めばそれでは財政を維持できない。経済性と地域への還元を両立するコミュニティづくりをして、はじめて持続可能になる。そのモデルケースにしたい」と、報徳広場に込めた思いを語る。

この報徳広場の立地は、かつて路面電車が走っていた国道1号線に面し、202号車の保存場所として申し分ない。長崎への回答期限が迫る中、里帰りプロジェクトにとっては最後の頼みの綱であり、市役所を介して草山さんへの相談が持ちかけられた。そのときのことを、草山さんは次のように振り返る。

「とにかく驚いた。電車の大きさの想像がつかず、そもそも敷地に入らないのではないかと思ったが、図面を見るとなんとか収まることが分かった。また、お話をいただいた時点で、1週間以内に設置場所が決まらなければ里帰りプロジェクト自体がご破算になるという切羽詰まった状況だった。じっくりと考える余裕はなかったが、地域の歴史を継承し、また賑わいを創出するシンボルとして電車を置くのは悪い話ではないと思い、受け入れを決断した」

現在、202号車は、普段は自由に見学できるよう開放しており、月に数回開催している地域食堂の日には、子どもたちが食事の時間までのレクリエーションを楽しむ場として活用している。今後は地域食堂の開催頻度を上げるとともに、幼稚園の遠足や小学校の課外授業、結婚式など、さまざまなニーズを掘り起こし、２０２号車をより有効活用できるようにしていきたいという。

202号車の車内で行われているレクリエーションの様子（提供：箱根口ガレージ報徳広場）

◉価値が見直される路面電車

さて、先へ進もう。箱根口から４００ｍほど、早川口バス停付近の歩道橋のたもとに「人車鉄道　軽便鉄道　小田原駅跡」と彫られた石柱が立っているのを見逃さないようにしたい。ここは小田原と熱海を結んだ人車・軽便鉄道の小田原側の始発駅跡であり、路面電車に揺られてきた乗客のうち、湯河原や熱海へ向かう湯治客は、この場所で乗り換えていた。この人車・軽便鉄道については、次章で取り上げる。

早川口交差点の先で東海道線と箱根登山鉄道のガード下をくぐると、右手に光円寺という寺院がある。お寺の方の話によると、廃寺となっていたこの寺院を再興したのは徳川第三代将軍家光の乳母・春日局《かすがのつぼね》。境内の大イチョウは、春日局お手植えと伝わり、樹齢およそ４００年という。ずっと変わらずこの辺りの景色を見守り続けてきたのだ。

昭和初期の板橋見附付近。光円寺の大イチョウがシンボル（提供：小田急箱根）

路面電車の代わりにバスが走り、交通量も増えたが、光円寺の大イチョウは今も昔も変わらず、この辺りの景色を見守り続けている

光円寺の少し先の板橋見附交差点で、東海道の旧道が右手へ分かれていく。軌道線は当初、この旧道に入り、板橋地蔵尊を過ぎ、風祭付近から専用軌道に入って箱根湯本方面へ向かっていた。その後、１９３５（昭和10）年10月、小田原―箱根湯本間に鉄道線が開通すると、軌道線は新道（現・国道）を経由し、新設された箱根板橋駅に至るよう経路変更・短縮された。この経路変更について、『箱根登山鉄道のあゆみ』には、「省線小田原駅前から（中略）光円寺前までの軌道線はそのまま残置し、新たに光円寺前から箱根板橋までの新国道上に連絡線を整備した」とある。

具体的な経路を１９５４（昭和29）年に測量された地形図で確認すると、新道上を進んだ軌道線は、現在のタクシー会社営業所の敷地を通り、箱根板橋駅構内に到達していた。軌道線廃止直前の時期に撮影されたと思われる箱根板橋駅の写真を見ると、簡素な屋根付きの軌道線乗降ホームが写っている。

さて、ここまで箱根登山鉄道軌道線の廃線跡を散策してきた。半世紀以上前に、モータリゼーションの進展とともに交通の邪魔者扱いされ、日本各地から姿を消した路面電車だが、今はまた、環境性（低公害・省エネ）の観点や少子高齢化社会を前提とするコンパクトシティ構想に適合する交通手段として、その価値が見直されつつある。２０２３（令和５）年夏に、新たに栃木県に誕生した芳賀《はが》・宇都宮ＬＲＴ（次世代型の路面電車システ

1954（昭29）年測量の「小田原市南部」地形図。幸町方面から来た軌道が、国鉄ガード下をくぐり、箱根板橋駅に至る軌道が描かれている（出典：国土地理院）

昭和初期、板橋見附の旧道上を行く電車（提供：小田急箱根）

ム）が一定の成功を収めれば、今後、路面電車復活の動きが広まる可能性もある。

小田原市観光協会会長の外郎《ういろう》藤右衛門《とうえもん》さんは、「地元の自然エネルギー事業者と連携したＬＲＴの敷設など、今後、小田原の二次交通整備に向けた計画が浮上すれば、そのシンボルとして２０２号車を活用することも考えられる」と話す。ＬＲＴという新たな形で復活した路面電車が走り、２０２号車が見守る。そんな光景がいつの日か見られることを楽しみに待ちたい。

※１　電化に先立ち、１８９６（明治29）年10月に小田原電気鉄道に商号変更。１９００（明治33）年３月21日に電気による運転を開始し、４月３日に現・小田原市幸町にあった本社車庫にて開業式を挙行した。

※２　トンネル掘削技術の進歩のほか、憲政会系の第二次大隈内閣の成立や、第一次世界大戦による大戦景気といった政治・経済的な背景もあった。当時は主に都市部を基盤とする憲政会系と地方を基盤とする政友会系が交代で政権を担うような状況だった。鉄道に関して憲政会は幹線の増強、政友会は「我田引水」をもじり、揶揄《やゆ》的に「我田引鉄」と言われたように地方未成線の整備を優先する「建主改従」政策をとった。１９１４（大正３）年４月に政友会系の第一次

箱根板橋駅。左端の建物が駅舎。軌道線ホームの奥に車両検収庫が見える（小田原市立中央図書館所蔵）

※３　山本内閣が総辞職した後に成立した憲政会系の第二次大隈内閣において、熱海線（東海道線新線）建設工事が開始された。熱海線の建設は、熱海駅―函南《かんなみ》駅間の丹那《たんな》トンネル開削という大変な難工事を伴ったために大幅に工期が遅れた。沼津駅までの開通を果たしたのは１９３４（昭和９）年12月。これをもって熱海線が東海道本線となり、御殿場経由の旧線は、御殿場線と改称された。

※４　地方鉄道法（現・鉄道事業法）に基づいて専用軌道（道路外）で運行する鉄道線に対して、軌道法に基づいて道路上の軌道で運行する路面電車のことを軌道線という。なお、２０２４（令和６）年４月１日付で、箱根登山鉄道は組織再編により小田急箱根グループ内他社と合併し、小田急箱根に社名変更。長い間親しまれてきた箱根登山鉄道という社名が消滅した。

※５　１９４０（昭和15）年12月の市制施行までは小田原町。従って、「町内線」だった。

※６　ここでいう「駅」は鉄道駅ではなく、明治初期に従来の小田原宿などの「宿」を再構成して設置された行政区画のこと。小田原駅を構成する新玉町・万年町・幸町・緑町・十字町は小田原駅５町と呼ばれた。１８８９（明治22）年４月の町村制施行により、小田原駅が廃され、小田原町となった。

※７　長崎に移籍した５両のうち、現存するのは２０２号車１両のみ。

コラム

鉄道省、二代目横浜駅……昔の鉄道の疑問あれこれ

1872（明治5）年、新橋（現・汐留）―横浜（現・桜木町）間に最初の汽車が走ったことに始まる我が国の鉄道史。この時代の鉄道について語ろうとすると、さまざまな疑問や問題にぶつかることになる。

その1つが太陰暦（旧暦）と太陽暦（新暦）の問題だ。我が国で太陰暦を廃し、太陽暦（グレゴリオ暦）を採用したのは1872（明治5）年11月9日のこと。旧暦の明治5年12月3日を新暦の明治6年1月1日とすることが定められた。

このように旧暦と新暦とでは、約1カ月のズレがあるので、ややこしいことになる。上述の新橋―横浜間の鉄道開業日は何月何日なのだろうか。新暦に従えば1872（明治5）年10月14日だが、旧暦に従うならば9月12日ということになり、新暦／旧暦を明記しないと間違いの元になる。

また、非常にややこしいのが、現在のJR線、すなわち旧・国鉄の明治～昭和戦前期の呼び名である。戦後の歴史はシンプルで、1949（昭和24）年6月に公共事業体としての日本国有鉄道が発足し、1987（昭和62）年4月に分割民営化され、JR各社が発足した。事業体の変更は、この1回のみであり、分かりやすい。

ところが戦前は、事業主体（国の主幹部局）が何度も変わり、きちんと整理しないと頭が混乱する。

まず、新橋―横浜間が開業した当時、鉄道は工部省の管轄だった。それが内閣制度の発足により内閣の直轄に移り、その後、逓信《ていしん》省に移管された。

大きな転機となったのが1906（明治39）年3月の「鉄道国有法」の公布である。産業および軍事上の必要性から甲武鉄道（現・中央線）、日本鉄道（現・東北線、高崎線、常磐線）など、民営鉄道17社の

■明治～昭和戦前期における官営鉄道事業主体の変遷

1870（明治３）年	7月	民部省鉄道掛		民部省に鉄道掛を設置
	10月	工部省鉄道掛		工部省設置に伴い、鉄道掛は同省の所管に
1871（明治４）年	8月	工部省鉄道寮		工部省内の部局決定による
1877（明治10）年	1月	工部省鉄道局		官制改革により寮を廃止して局を設置
1885（明治18）年	12月	内閣鉄道局		内閣制度の発足とともに工部省廃止。鉄道局は内閣直轄に
1890（明治23）年	9月	内務省鉄道庁		鉄道の重要性が増したことから権限強化
1892（明治25）年	7月	逓信省鉄道庁		6月の「鉄道敷設法」公布に伴い、鉄道庁を直接実行機関と位置づけ
1893（明治26）年	11月	逓信省鉄道局		逓信省の内局化。鉄道作業局独立後は、監督行政のみ受け持つ
1897（明治30）年	8月	鉄道局	鉄道作業局	現業部門（建設・保存・運輸）を独立させ、鉄道作業局発足
1907（明治40）年	4月	鉄道局	帝国鉄道庁	鉄道作業局の権限を強化し、帝国鉄道庁に
1908（明治41）年	12月	鉄道院（内閣所管）		1906（明治39）年3月公布の「鉄道国有法」により、大幅に営業キロが増加。この事態への対応のため、鉄道局と帝国鉄道庁を統合。内閣直属の機関として鉄道院発足
1920（大正９）年	5月	鉄道省		さらに増大した鉄道事業を統轄するため、独立した省庁として鉄道省発足

『「東工」90年のあゆみ』（東京第一工事局編）掲載内容より作成
1870年、1871年に関しては、旧暦を採用

４５４３・２㎞におよぶ路線を国有化。これにより１９０５（明治38）年度末に２４１３・６㎞だった官営鉄道の営業キロは、１９０７（明治40）年度末には７１５３・２㎞と、わずか2年で3倍近くにまで延びた。これを管理するために、内閣直属の執行機関として鉄道院が発足。さらに、その後の鉄道事業の著しい発展に伴い、１９２０（大正９）年５月には独立した省庁としての鉄道省

が設置されるに至る。

表記としては、鉄道院時代は「鉄道院線」（略して「院線」）、鉄道省時代は「鉄道省線」（略して「省線」）とすればいいわけだが、それ以前に関しては、本書では「官営鉄道」と統一して記すことにする。

さらに、神奈川県の鉄道史を記そうとするときにやっかいなのが、横浜駅の移転の問題である。ここでは、横浜駅の2度の移転の経緯について説明する。

まず、1887（明治20）年7月に東海道線が国府津まで延伸されると、初代横浜駅（桜木町駅）では、困った問題が発生した。線形上、同駅でスイッチバックせざるを得なくなったのだが、当時の列車は蒸気機関車牽引だったので毎回機関車の付け替えが発生し、非常に効率が悪かった。

そこで、鉄道当局（当時は逓信省鉄道局）はやや強引な手を打つ。東海道線の列車中、神戸行きなどの遠距離列車を、元々は日清戦争（1894年7月~1895年4月）時に軍用として敷設した、神奈川駅[※1]と程ヶ谷駅（現・保土ケ谷駅）間を直接結ぶバイパス線経由で運転する方針としたのだ。これが実現すれば、横浜駅は東海道線の支線上に置かれることとなり、神戸行き急行などの優等列車が横浜駅には停車しなくなる。現代の感覚で言うならば、新幹線の停車駅から横浜が外されるというのに近い。

こうした不便を強いられる施策に対して猛反発したのが、横浜商業会議所（現・横浜商工会議所）である。1896（明治29）年6月に農商務大臣、逓信大臣、県知事に宛て、次のような建議書を提出している（以下は、その抜粋）。

「横浜市民ハ関西ト陸路ノ交通ヲナスニ、殊ニ程ヶ谷駅マテ走ラサルヘカラス。横浜ニ輻集《ふくしゅう》セル貨物ハ如何《いか》ニシテ配散セラレテ需要者ノ望ニ応セラルヘキ乎《や》。線路ノ変更ニ由ツテ商業ハ遠ク横浜ヲ離レテ往来シ人衆ノ交通従ツテ相滅シテ横浜ハ孤立トナリ、俄《にわか》ニ其繁盛ヲ亡失スヘシ」

だが、こうした声も虚しく、1898（明治31）年8月より一部列車のバイパス線経由での運転が開始され

た。(※2)

その後、1901（明治34）年10月、横浜市からの不満の声を受けての措置として、バイパス線上に平沼駅が新設された（現・相鉄線の平沼橋駅付近）。だが、平沼駅の場所は横浜市内とはいえ、当時の中心市街地からは遠く離れており、駅までの道路も「狭隘《きょうあい》にして紆余曲折、大車互に交過するに難く、小車猶《なお》相併行する能《あた》わず」（1901年12月　横浜商業会議所建議書）という状況だった。しかも、平沼駅開設と同時に、従来、神戸行き列車の発着に合わせて横浜―程ケ谷間で運転されていた接続列車が廃止されたため、かえって不便に

初代から三代目の横浜駅変遷図

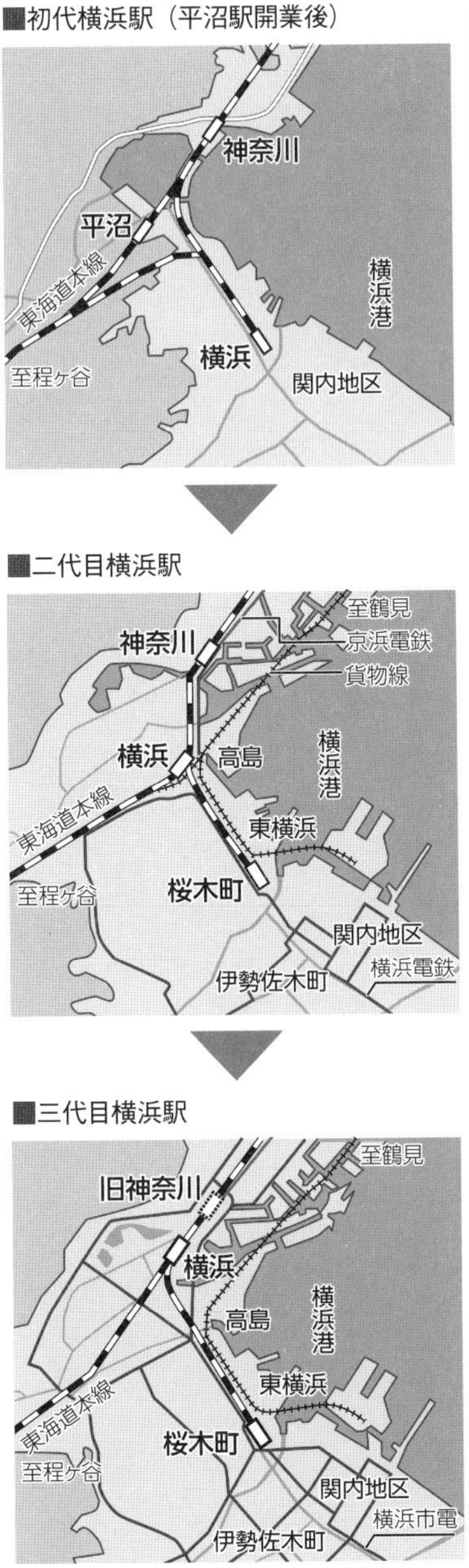

※東横電鉄は省略

なった。

　こうしたことから横浜駅の移転が検討されることとなり、1915（大正4）年8月に二代目横浜駅（高島町）が開設された（初代横浜駅は桜木町駅に改称）。これで横浜駅が再び東海道線の本線上に戻り、同時に平沼駅は廃止された。

　さて、新たに開設された二代目横浜駅の駅舎は鉄骨2階建てレンガ造りで、前年の1914（大正3）年に開業した東京駅丸の内駅舎とよく似た瀟洒《しょうしゃ》なデザインだった。ところが、この駅舎は開業からわずか8年後に関東大震災で焼失(※3)してしまう。

　横浜駅の再建に当たっては、再度の移転が検討された。二代目横浜駅は東海道線の急曲線上に位置し使いづらいこと、敷地が東海道線、京浜線（現・京浜東北根岸線）、貨物線に囲まれた三角形の土地で手狭なこと、駅舎の目の前を貨物線が高架で通過していて美観も良くないことなどが、その理由だった。

　こうして1928（昭和3）年10月、現在の横

「焼失横浜駅ノ残骸」と題されたこの写真に写るのは、関東大震災で焼け落ちた二代目横浜駅舎。地震後の火災の凄まじさを物語る（横浜開港資料館所蔵）

浜駅（三代目横浜駅）が開業。以後、日本を代表するターミナル駅として発展していくことになる。

※1　神奈川駅は現・横浜駅と青木橋の間に存在。1928（昭和3）年10月、三代目横浜駅開設に伴い、駅間距離が近すぎたため廃止。

※2　1898（明治31）年8月改正の時刻表を見ると、神戸行き急行2本を含む遠距離列車5本がバイパス線経由で運転されており、それ以外の短距離・中距離列車は横浜駅経由で運転されている。横浜駅（桜木町駅）に停車しないことで、15分程度の時間短縮となった。

※3　鉄道省がまとめた「大正十二年　鉄道震害調査書」には、横浜駅の被害状況につき「（駅舎）本屋は内外木造部全焼し建物全体として4呎《フィート》乃至6呎沈下し」とある（1呎＝約30㎝）。

〈主要参考文献〉
・「箱根登山鉄道のあゆみ」（箱根登山鉄道＝現・小田急箱根　1978年）
・「神奈川の鉄道　1872－1996」（野田正穂、原田勝正、青木栄一、老川慶喜　日本経済評論社　1996年）
・「鉄道唱歌　増訂版」（野ばら社　2000年）

第2章

豆相人車鉄道（熱海軽便鉄道）

明治の文豪の作品にも登場
小田原から熱海まで、人力で動かす鉄道

1896（明治29）年に小田原から熱海までの全線約25㎞が開通した豆相《ずそう》人車鉄道。明治の文豪の作品にも描かれたこの鉄道は、レール上の箱状の客車を車夫が押すという、きわめて原始的な乗り物だった。坂道の難所に差し掛かると、３等車の客は車夫とともに客車を押すのを手伝わされたという。後に蒸気機関車牽引の軽便鉄道に生まれ変わるが、関東大震災で壊滅的な被害を受けると復旧されることなく、歴史の波の彼方へと消え去った。

車夫に押され連なって進む豆相人車鉄道の車両（提供：今井写真館）

◉人が押す鉄道があった？

熱海駅前のロータリー広場の一角、アーケード商店街の入口近くに、小さな蒸気機関車が保存・展示されている。機関車の前に設置された説明板には、「車両の長さ３・36m、高さ２・14m、幅１・39m、重さ３・６t、時速９・７㎞」と書かれている。日本の蒸気機関車の王様・D51《デゴイチ》の全長が19・73mであるのと比較すれば、その小ささがよく分かる。この「熱海軽便鉄道７機関車」は、明治の終わりから大正にかけて、熱海と小田原を結んでいた軽便鉄道で実際に使われていたものだ。

熱海駅前広場の「熱海軽便鉄道７機関車」

説明板には「熱海・小田原の所要時間　軽便鉄道＝１６０分　東海道本線＝25分　新幹線＝10分」という興味深い数字も書かれている。軽便鉄道の旅は、現代の旅と比較すればずいぶんとのんびりしたものだったのが分かる。だが、軽便鉄道が登場する以前、熱海—小田原間には「人車鉄道」と呼ばれる、さらに原始的な鉄道が走っていた。これは文字どおり、レール上の箱状の客車を車夫が押すという乗り物であった。

熱海軽便鉄道[※1]の前身である、この豆相《ずそう》人車鉄道の開業にも、前章で紹介した小田原馬車鉄道（箱根登山鉄道軌道線の前身）と同様、東海道線のルート選定（現・御殿場線ルートでの建設）が関係している。江戸時代に東海道五十三次の江戸から９番目の宿場町として栄えた小田原や、古くから温泉地として知られていた箱根・熱海では、鉄道ルー

豆相人車鉄道路線図①（小田原から真鶴付近まで）

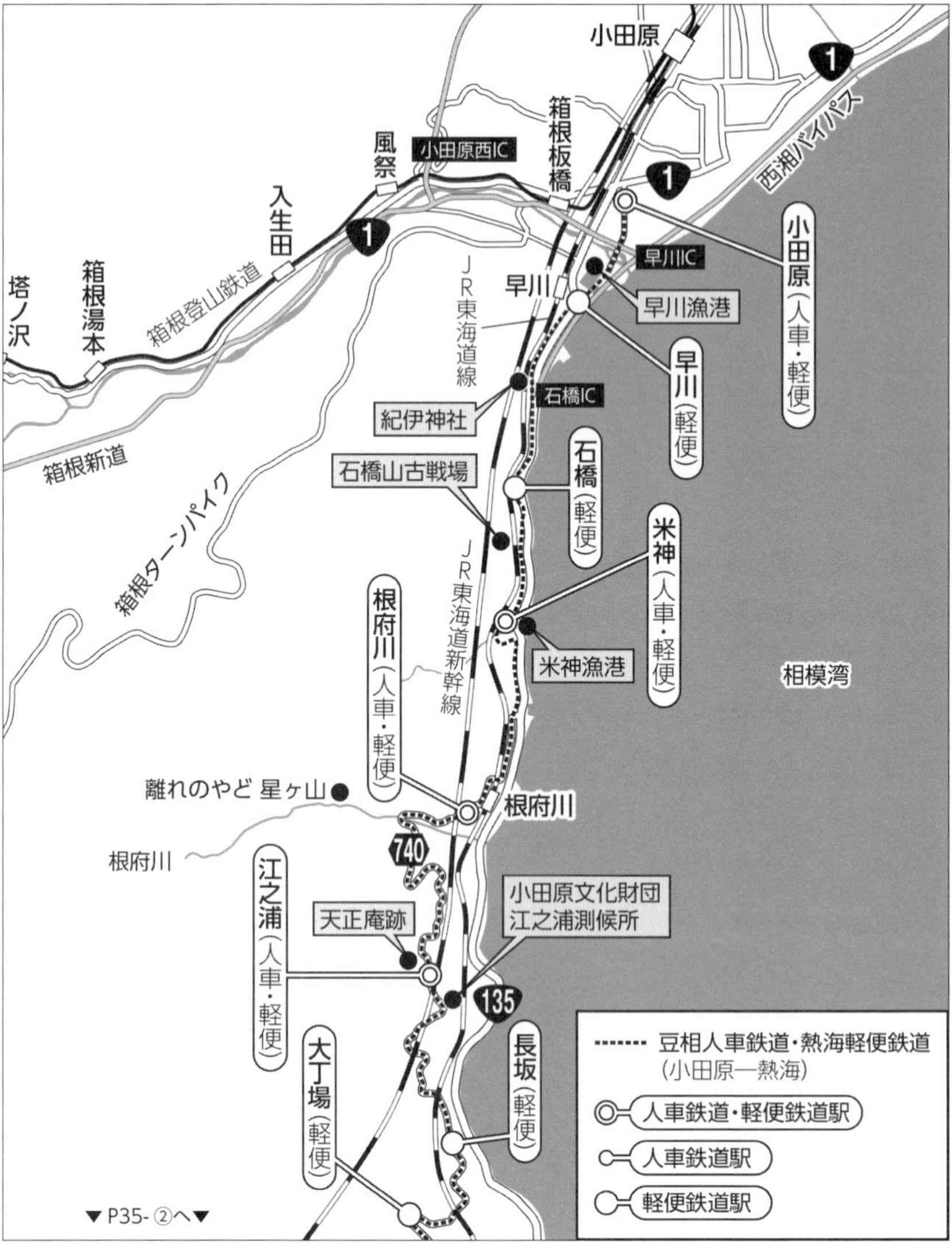

豆相人車鉄道路線図②（真鶴付近から熱海まで）

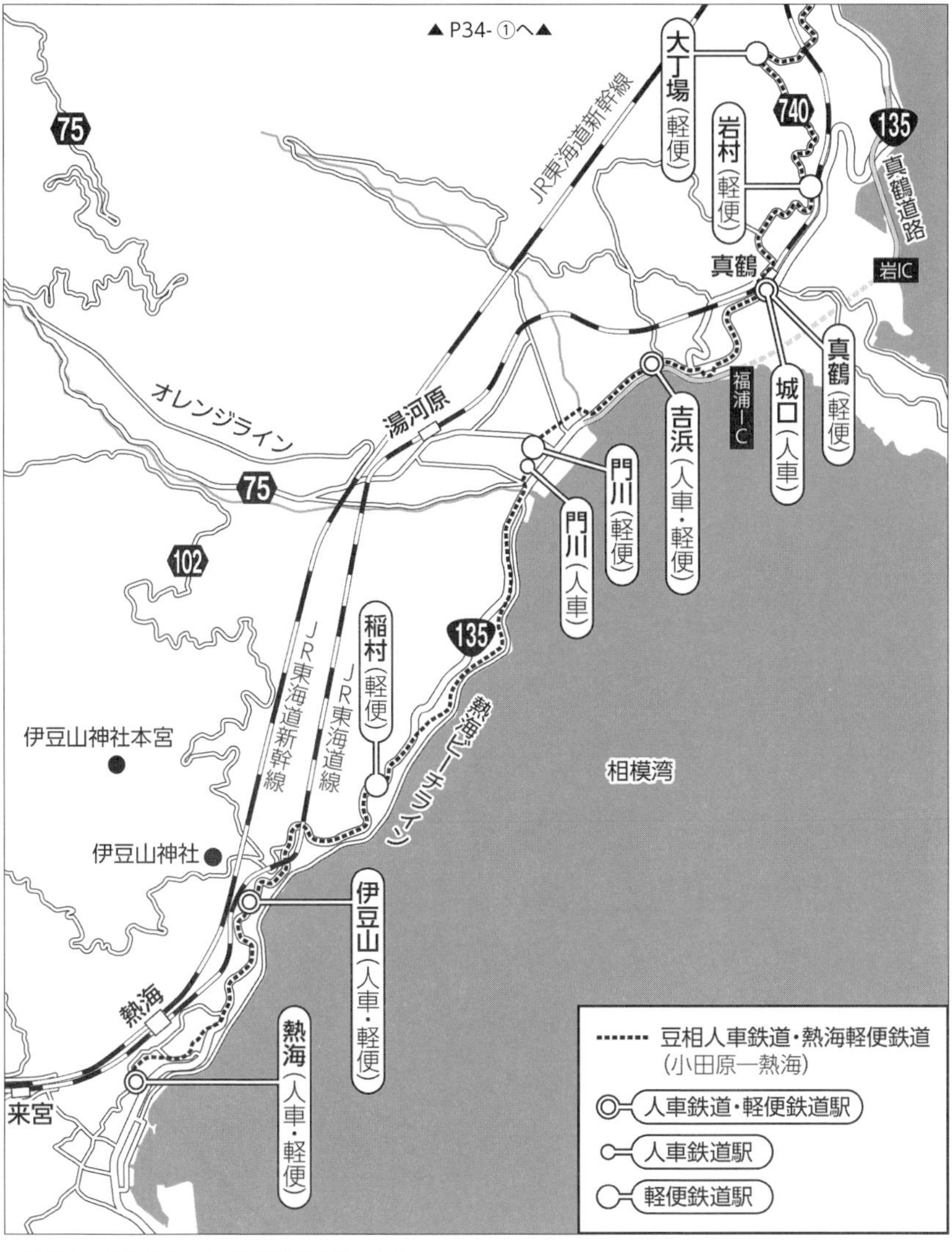

・地形および他の鉄道、道路等は現在のもの
・軌道の経路および駅位置は一部推測による

豆相人車鉄道の熱海駅。右手には温泉宿の看板が見える（提供：今井写真館）

トから外れたことによる街の衰退、陸の孤島化が危惧され、鉄道誘引の機運が高まった。

１８８８（明治21）年に、国府津—小田原—湯本間を結ぶ小田原馬車鉄道が一足先に開業すると、熱海では「軽便鉄道王」として知られた雨宮敬次郎が中心となって人車鉄道の建設が進められた。[※2] 当時、熱海温泉は名湯として知られていたものの、30軒ほどの旅館が軒を連ねるにすぎず、採算を考慮した結果、人車が採用されたのだという。

こうして１８９５（明治28）年7月に熱海—吉浜間、翌１８９６（明治29）年3月に小田原（現在の早川口）までの全線約25㎞が開通した豆相人車鉄道であったが、実際に営業してみると、車夫の人件費がかさんで思うように利益が上がらず、１９０７（明治40）年12月には動力変更（蒸気）し、前述の軽便鉄道になった。この人車鉄道から軽便鉄道への切り替え工事の様子を8歳の少年の視点で描いたのが、芥川龍之介の短編『トロッコ』[※3]である。人車時代に熱海—小田原間はおよそ3時間半かかっていたが、軽便になると約2時間半に短縮された。

その後は１９２２（大正11）年12月に熱海線（現在の東海道線）の小田原—真鶴間が開業すると並行区間が廃止され、真鶴—熱海間のみの運行となった。そして、１９２３（大正12）年9月の関東大震災で壊滅的な被害を受けると、すでに将来性を失っていたことから復旧されることなく、翌１９２４（大正13）年3月に全線廃止された。

◉明治の文豪も人車を利用

ここで人車時代の東京から湯河原・熱海への旅が、どのようなものだったのかを見ていくことにしよう。その様子は、明治の文豪・国木田独歩の短編『湯ヶ原ゆき』によく描かれている。同作は主人公（独歩）が「親類の義母《おっかさん》」とともに、結核療養のために湯河原へ向かった道中の体験を元にした紀行文的な作品である。

その旅程を追いかけてみると、午前中に新宿の停車場で国府津までの切符を購入し、品川へ移動。品川駅のプラットホームで1時間以上待ち、ようやく新橋から来た神戸行きの列車に乗り込んでいる。(※4)

興味深いのが、列車内で登場人物が交わす会話だ。蒲田を過ぎる辺りでは、「田植が盛んですね」という会話が見られ、東京市近郊（当時は荏原郡蒲田村）であっても、車窓にはまだのどかな風景が広がっていたのが分かる。

また、「横濱に寄らないだけ未だ可《よ》う御座いますね」という主人公の一言にも注目すべきだ。従来、東京方面からの列車は必ず横浜駅（現・桜木町駅）に入線後、スイッチバックして国府津方面に向かっていたのだが、それでは効率が悪かった。そこで、元々軍用に敷かれた神奈川駅（廃駅）―程ヶ谷駅（現・保土ケ谷駅）間を結ぶ新線経由（現在の東海道線ルート）の旅客列車も運行されるようになっていたのである（第1章コラム参照）。

川崎を過ぎた辺りで独歩はうたた寝を始め、平沼駅（新線上に設置された横浜市内の駅。後に廃止）で目を覚ますが、再び眠りに落ちる。次に気がつくと列車は大船に近づいていた。川崎から大船など今ではあっという間だが、当時は1時間弱を要した。大船駅に到着するや、腹が減っていた独歩は、「押ずし」と弁当を買い込んだ。だが、「先《ま》ず押ずしなるものを一つ摘《つま》んで見たが酢が利き過ぎてとても喰へぬのでお止《や》めにして更に

豆相人車鉄道時刻表　明治39年7月改正

熱海行						
小田原　発	6:05	7:40	10:05	11:20	13:35	16:10
米神　発	6:35	8:10	10:35	11:50	14:05	16:40
江ノ浦　発	7:35	9:10	11:35	12:50	15:05	17:40
真鶴　発	8:10	9:40	12:05	13:25	15:40	18:15
吉浜　発	8:20	9:50	12:15	13:35	15:50	18:25
門川　発	8:35	10:05	12:30	13:50	16:05	18:40
伊豆山　発	9:20	10:55	13:20	14:45	16:55	19:30
熱海　着	9:35	11:15	13:35	15:00	17:10	19:45

小田原行						
熱海　発	5:00	6:30	9:00	10:55	12:20	15:05
伊豆山　発	5:20	6:50	9:20	11:20	12:40	15:25
門川　発	6:05	7:40	10:05	12:05	13:25	16:05
吉浜　発	6:15	7:50	10:15	12:15	13:35	16:15
真鶴　発	6:35	8:10	10:35	12:35	13:55	16:35
江ノ浦　発	7:35	9:10	11:35	13:35	15:00	17:40
米神　発	7:50	9:29	11:50	13:45	15:15	17:55
小田原　着	8:20	9:55	12:20	14:15	15:45	18:25

※網掛けの箇所は時刻表原本では16:20となっているが、他の列車の所要時間と比較すると16:05が正しいと思われるので訂正して掲載した

弁当の一隅《ぐう》に箸《はし》を着けて見たがボロボロ飯で病人に大毒と悟り、これも御免を被り」といずれも口に合わず、「酒を買へば可《よ》かった。惜しいことを為《し》た」と後悔している。

国府津駅に到着すると、ここで小田原に遊びに来ていた友人の「M君」にばったり出会う。このM君は独歩の親友だった田山花袋《かたい》がモデルらしい。湯河原へ一緒に行こうと誘うが、「御免、御免、最早飽き飽きした」と断られる。

帰京する花袋と別れた独歩は、湯本行きの電車へと乗り込む。小田原馬車鉄道は１９００（明治33）年に電化され、独歩の旅行の時点では、すでに小田原電気鉄道になっていた。電車は、国府津駅を発つと酒匂《さかわ》川を渡って小田原の市街地へ入り、現在の国道1号線上を小田原城の南西に位置する早川口へと進む。この早川口こそが、人車・軽便鉄道の小田原駅があった場所であり、湯河原・熱海方面に向かう湯治客は、ここで人車に乗り換えた。

人車の時刻表を見ると、熱海―小田原間は1日6往復。独歩が乗車したのは、小田原16時10分発の最終便だ。

◉再現された客車はどんなもの？

『湯ヶ原ゆき』の中で独歩は、小田原駅を発車した人車の様子を「先ず二台の三等車、次に二等車が一台、此三台が一列になってゴロゴロと停車場を出て、暫時《しばら》くは小田原の場末の家並の間を上には人が押し下には車が走り、走る時は喇叭《らっぱ》を吹いて進んだ」と描写している。車夫は豆腐屋が吹くようなラッパをプープー吹きながら人車を走らせたのだ。

「離れのやど 星ヶ山」に再現・展示されている人車鉄道の車両

では、この人車鉄道の車両とは、いったいどのようなものだったのだろうか。手がかりを探すために、実寸大で人車鉄道の客車を再現・展示している「離れのやど 星ヶ山」（小田原市根府川）のオーナー、内田昭光さんを訪ねた。

内田さんによると、「人車鉄道のレール幅は61㎝。これを基準に、写真などを参考にして車両の長さや高さを割り出して再現した」といい、敷地内に敷設されているレール上で実際に車両を動かすこともできる。押してみると、乗客が乗っていない状態にもかかわらず木造の車両はずっしりと重く、当時の写真を見ると客車1両を2～3人の車夫が押していたようである。それにしても平地ならともかく、乗客が乗ったこの車両を上り坂で押し上げるのは、大変な重労働だったはずである。

一方で、下り坂に差し掛かると車夫は、車両の前後に付いたス

早川口に立つ「人車鉄道 軽便鉄道 小田原駅跡」の碑

テップに飛び乗り、ブレーキをかけながら駆け下った。貧弱なレール上で、車幅の割に背が高くてバランスの悪いこの乗り物をスピードが出た状態で操車するのは難しく、後述するような脱線・転覆事故も起きた。

興味を引かれたのは、内田さんに見せてもらった1等車（上等車）の写真である。車体側面には、「上等」の文字とともに「FIRST」という英字も併記されている。1等車は外国人の利用が多かったためであろう。また、車内をよく見ると、「西陣織ではないか」（内田さん）という豪華な織物で壁が飾られている。建設費が安上がりという理由から採用された人車であったが、さすがに1等車にはお金をかけていたようだ。

さて、小田原から熱海まで人車・軽便鉄道はどのようなルートを走っていたのか、実際に歩きながら見ていこう。前述した通り、人車・軽便鉄道の小田原駅は早川口にあった。現在、その場所には「人車鉄道 軽便鉄道 小田原駅跡」と彫られた石柱が立っている。

小田原駅を出た人車・軽便は、まずは南へと海を目指す。現在、早川の流れを渡った先には、魚市場や食堂を併設した早川漁港がある。早川漁港が、いわゆる掘込式港湾（陸地を掘り込んで造った港）として整備されたのは昭和30年代であり、人車・軽便の線路は、現在の漁港の敷地

早川橋付近を行く軽便鉄道（小田原市立中央図書館所蔵）

を突っきっていた。

港を過ぎると、線路は現在の国道１３５号線と併走する旧道上に進路を取り、早川の集落の中を進んでいた。人車ならばともかく、軽便の蒸気機関車がこの細道を行けば、煤煙がさぞかし大変だっただろう。『幻の人車鉄道』（伊佐九三四郎著）によると、実際、ボヤ騒ぎもあったようだ。早川の集落には人車時代は駅がなく、軽便時代に早川駅が設置された。

◉脱線・転覆は、しばしば発生

箱根細工の祖とされる惟喬《これたか》親王を祭る紀伊神社の先で、廃線跡はいったん新道と合流。７００ｍほど新道を歩いて再び旧道に入り、今度は石橋の集落の中を進む（石橋にも人車時代は駅がなく、軽便時代になって石橋駅が設置された）。この先、打倒平家の旗揚げをした源頼朝と坂東平氏の将・大庭《おおば》景親《かげちか》が対陣した古戦場・石橋山のふもとをかすめるように進む。独歩はこの辺りの車窓風景を「どんより曇つて折り折り小雨さへ降る天気ではあるが、風が全く無いので、相模湾の波静に太平洋の煙波《えんぱ》夢のやうである。噴煙こそ見えないが大島の影も朦朧《もうろう》と浮かんで居る」と夢と現《うつつ》の境にいるような淡く美しい文章で表現している。

道は、やがて米神《こめかみ》漁港を見下ろす場所に出る。この米神漁港のブリ定置網漁は全国的に有名で、昭和30年代には日本一と称され

1921（大正10）年前後に撮影されたと思われる小田原市石橋付近。中央では省線熱海線の建設が進んでおり、左端に石橋駅に停車中の軽便の機関車が見える（提供：大浜保彦さん）

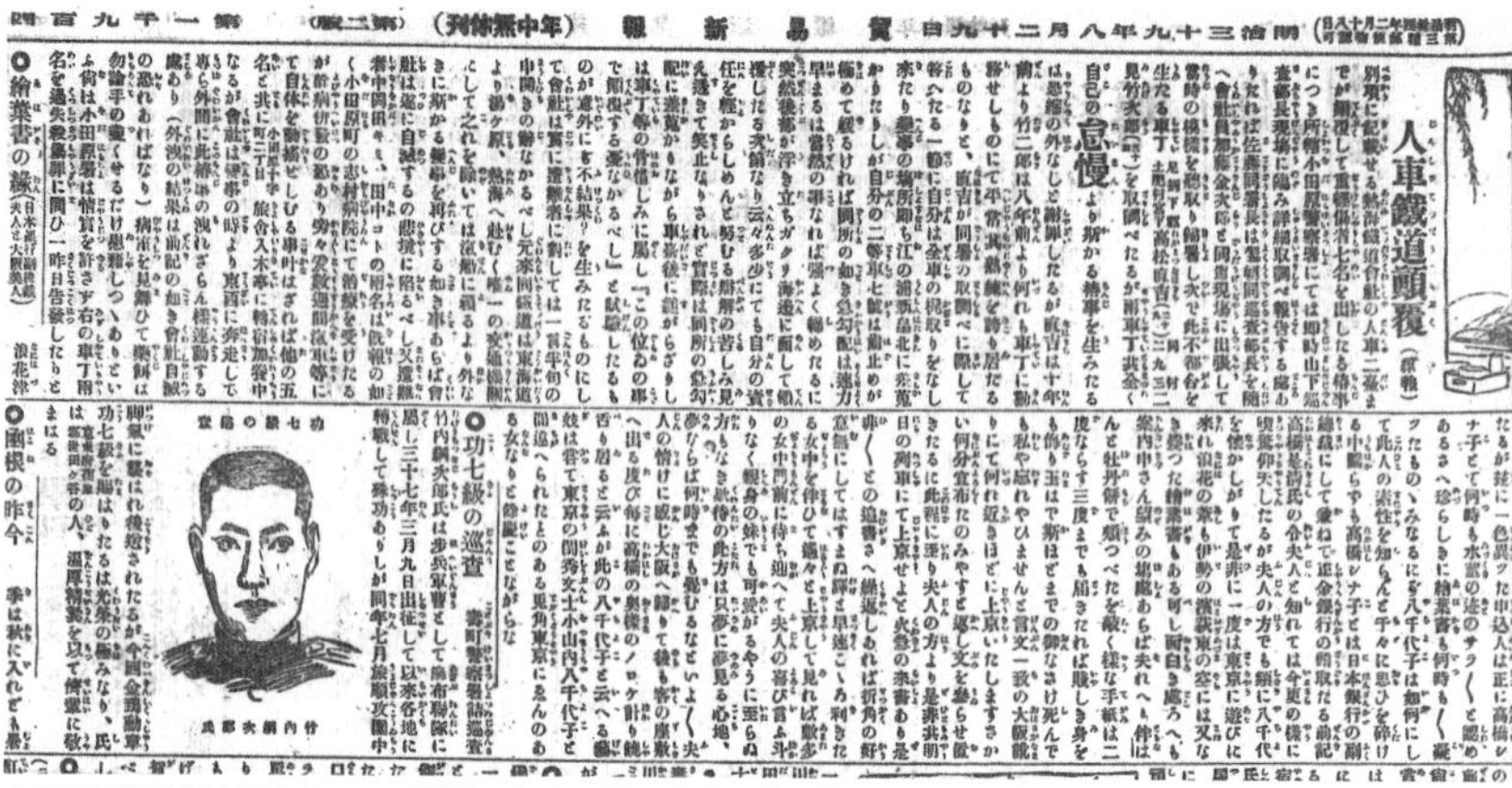

人車鐵道顛覆

自己の怠慢

功七級の巡査

人車の転覆事故を伝える1906（明治39）年8月29日付の横浜貿易新報記事「人車鉄道転覆」

たという。軌道は高低差のある米神の集落の上端の山際を縁取るように半円を描きながら進み、その途中の正寿院という寺院の裏手に米神駅があった。

人車時代、小田原から約4kmに位置するこの米神駅が最初の停車駅だった。熱海から来る人車との最初の交換（すれ違い）場所でもあり、こうした交換場所を当時は「すりかえ」と呼んだ。[※5]

米神までは上り坂が続くが、ここからは一転して下り坂を駆け下りる。昔の写真を見ると、この辺りの海岸線には松林があった。地元の人に話を聞くと、「下り坂で脱線した人車が海まで転げ落ちないよう、落下防止のために松が植えられた」と伝え聞いているという。信じられないような話だが、人車鉄道の転覆事故を伝える1906（明治39）年8月29日付の横浜貿易新報（神奈川新聞の前身）の記事を読めば、納得がいく。

「熱海鉄道会社の人車二台までが転覆して重軽傷者七名を出したる椿事につき（中略）、変事の場所即ち江の浦新畠北に差掛かりたりしが自分（筆者注：事故車を操車していた車夫）の二等車七号は歯止めが極めて緩るければ同所の如き急勾配《こうばい》は速力早まるは当然の事なれば強よく締めたるに突然後部が浮き立ちガクリ海辺に面して転覆したる次第なり（後略）」

このような大事故には至らないまでも、人車の脱線・転覆は、し

人車・軽便の根府川駅跡付近には白糸川橋梁を渡る東海道線や東海道新幹線を見渡せるスポットがある

人車・軽便の根府川駅跡付近に設置されている案内パネル

ばしば起きたという。

坂を下りきったところにある根府川の交差点からＪＲ根府川駅前までは、再び上り坂になる。人車・軽便鉄道は、この辺りでは現在の道路より内陸側を通っていたので、正確に廃線跡を辿るのは難しい。歩道が狭く、交通量の多い上り坂の県道を、少し怖い思いをしながら駅まで上っていく。

海の見える駅として知られ、「関東の駅百選」にも選ばれているＪＲ根府川駅は、タレントのタモリさんが「ＪＲ全駅の中で１駅だけ選ぶなら？」と問われ、同駅を選んだことから脚光を浴びた。ＪＲ根府川駅前から県道を２００ｍほど進んだ関所跡入口バス停付近に、人車・軽便の根府川駅があった。

皇太子時代の大正天皇が、人車に乗られた？

『静岡県鉄道物語』（静岡新聞社編）に、早川に住む古老の思い出話として、大正天皇が人車に乗られたという、次のようなエピソードが掲載されている。

「わしが一〇歳くらいのころ、大正天皇が皇太子のころだろう、熱海に出かけられ人車に乗られた。早川の駐在や多くの巡査が出て大さわぎだった。先頭の客車に警察官が乗り、三台目の客車に皇太子が乗られた」

　多くの人々が沿道に詰めかけて旗を振る様子が思い浮かぶようである。だが、しばしば脱線・転覆するような危険な人車に、本当に皇太子が乗られたのだろうかという疑問も感じる。そこで、宮内省（当時）図書寮が編纂した大正天皇のご生涯の記録『大正天皇実録』をひもといてみた。

　ご病弱だった大正天皇は、ほぼ毎年、冬になると避寒のため東京を離れられた。その最初は学習院初等科に在学中の1889（明治22）年1月で、この年から1892（明治25）年まで、毎年1月から2月の数十日間を熱海村加茂第一御料地で過ごされている。しかし、1893（明治26）年7月に沼津、翌年1月に葉山の御用邸が竣工すると、以後は沼津・葉山が冬季の主な転地先となった（避暑先は日光、塩原、沼津、葉山など）。人車鉄道が全通した1896（明治29）年の暮れからは沼津、翌年は葉山で冬を越されており、以後、人車が軽便に変わる1907（明治40）年までの間で、人車に乗られた記録を見つけることはできなかった（そもそも熱海に赴かれた記録がない）。古老の話が具体的なだけに、まったくの記憶違いとは考えづらく、謎である。


『大正天皇実録』の、1889（明治22）年1月の項に記された東京―熱海間のご旅程

午前八時　御出門（御馬車）
　御小休　新橋停車場
午前八時三十五分　同所御発車（汽車）
同　十時五十五分　国府津御著
　御小休　同停車場
午前十一時五分　同所御立（鉄道馬車）
御昼休　小田原駅片岡永左衛門
午後零時三十分　同所御立（人力車）
御小休　江ノ浦村富士屋増太郎
御小休　吉浜村橋本三平
午後四時二十五分　熱海村加茂第一御料地御安著
（筆者注：御「著」、御安「著」は原文ママ）

◉人車の乗り心地は？

根府川駅跡からは、次の江之浦駅跡に向かってグイグイと坂を上っていく。人車にとって、最大の難所である。こうした難所に差し掛かると、１等車の客はそのまま、２等車の客は降りて歩き、３等車の客は車夫とともに客車を押すのを手伝わされたという。

坂をほぼ上りきったところには、太閤秀吉が１５９０（天正18）年の小田原攻めの際、諸将を慰労するために茶室を設けたという史跡「天正庵」がある。ここから江の浦の集落に入り、現在の江の浦バス停の少し先に人車・軽便の江之浦駅があった。

さらにその先には、現代美術作家・杉本博司氏が設計した壮大なランドスケープ「江之浦測候所」がある。この付近が路線の最高点（標高１３０・99ｍ）で、ここから真鶴に向かって一気に坂を下っていく。真鶴までの間に、軽便時代は３つの駅があったが、人車時代はノンストップだった。独歩の小説では、この下り坂に差し掛かるところで、主人公が同乗している義母に「随分乱暴だから用心せんと頭を打觸《ぶつけ》ますよ」と言っている。人車の乗り心地がどのようなものだったか、この発言から推して知るべしだ。

人車・軽便の江之浦駅跡のパネルは、バス停付近の歩道に埋め込まれている

人車時代の真鶴駅は城口駅という名前で現在のＪＲ真鶴駅前にあった。ここから海岸線に出て吉浜駅を経由し、湯河原温泉への玄関口である門川駅まではさほどの距離ではない。時刻表を見ると、独歩が乗った人車が門川駅に到着するのは18時40分で、ちょうど夏の日暮れの時刻である。『湯ヶ原ゆき』の最後は、「日は暮れかかつて雨は益々強くなつた。山々は悉《ことごと》く雲に埋れて僅かに其麓を

人車の門川駅跡付近。バイク店前の路上に駅跡を示すパネルが埋め込まれている

現すばかり。我々が門川で下りて、更に人力車《くるま》に乗りかへ、湯ヶ原の渓谷に向つた時は、さながら雲深く分け入る思があつた。」という一文で締めくくられている。

独歩の旅は湯河原で終わるが、このまま熱海まで歩を進めることにしよう。門川の先で千歳川を渡ると、静岡県熱海市に入る。相模国から伊豆国に入ったわけだ。豆相人車鉄道という社名は、もちろんこの旧国名に由来する。

ここから伊豆山《いずさん》の手前までの約2・5㎞は、関東大震災で線路が「山崩れのため隣接せる県道と共に海中に滑落」（「大正十二年　鉄道震害調査書」鉄道省）するなど最も大きな被害を受け、この区間の復旧が困難だったことが軽便鉄道廃止の直接の原因となった。線路は現在の国道135号線と、海岸沿いを走る熱海ビーチラインの間の崖の中腹を通り、かつては、線路跡に地元で「軽便道」と呼ばれる道があったそうだが、今となってはその痕跡を辿るのは難しい（本章コラム参照）。

この先、廃線跡は伊豆山手前の稲村付近で再び国道と合流（この辺りに軽便時代の稲村駅があった）。途中、2021（令和3）年7月に土石流被害を受けた伊豆山エリアにあった伊豆山駅[※6]に停車した後、一路、熱海駅方面へと向かう。伊豆山から人車・軽便の熱海駅までの経路は、熱海における人車鉄道を調べる会が

人車・軽便の熱海駅跡（現・「大江戸温泉物語 あたみ」前）に設置されている記念碑

作成した「人車鉄道に関する熱海地区調査報告書」に掲載された図（資料編２９４頁参照）の信頼性が高い。

人車・軽便の熱海駅はＪＲ熱海駅前から南西に３００ｍほどの、現在は「大江戸温泉物語 あたみ」（かつての「南明ホテル」跡地）になっている場所にあった。建物前には、人車鉄道の記念碑が立っている。

文学作品と豆相人車・熱海軽便鉄道

国木田独歩の『湯ヶ原ゆき』のほか、この鉄道は明治・大正期のいくつかの文学作品に登場する。代表的なものとして、人車から軽便への軌道切り替え工事の様子を８歳の少年の視点で描いた芥川龍之介の短編『トロッコ』がある。沿線の村に住む良平は好奇心から、２人の土工とともに土砂運搬用のトロッコを押し始め、下り坂では勢いよく疾走するトロッコの上で羽織に風を孕《はら》ませながら、その爽快さを楽しんだ。だが、知らぬ間にあまりに遠くまで来すぎたことを悟り、日暮れ時になると、もはや不安しかなくなる。そんな少年に土工たちは、「われはもう帰んな。おれたちは今日は向う泊りだから。」と無造作に告げる。今まで来たこともない遠い夜道を１人で帰らなければならない。そう分かったときの少年の心に広がった恐ろしさは想像に難くない。だが、誰しもがこうした経験を重ねながら自分の世界を広げ、やがて独り立ちしていくのだ。

ほかに、志賀直哉は短編『真鶴』の中で軽便の蒸気機関車を「どうだ、このボイラーの小せえこと、まるでへっついだな」と表現。「へっつい」とは、かまどのことである。また、夏目漱石は未完の大作『明暗』の中で「途中で汽缶《かま》へ穴が開いて動《いご》けなくなる汽車なんだから」と登場人物に言わせている。今ならば「漱石先生、営業妨害ですぞ！」と鉄道会社からクレームが入りそうな記述である。

※1　正式名称は「熱海鉄道」。蒸気への動力変更に先立ち、１９０６（明治39）年6月、豆相人車鉄道から社名変更された。その後、１９０８（明治41）年7月には雨宮敬次郎が各地に展開していた軽便鉄道事業を合同した「大日本軌道株式会社」の「小田原支社」となる。１９２０（大正9）年7月には熱海線の国府津―小田原間開業により事業の将来性がなくなったことから国へ軌道を売却（補償買収）し、新設された「熱海軌道組合」が国から軌道を借り受けて列車を運行する形態となった。

※2　人車鉄道開業以前、駕籠《かご》や人力車での小田原から熱海までの行程は、多くの旅人にとって楽なものではなかった。雨宮敬次郎も、苦しい思いをした1人で、敬次郎が結核を患い熱海へ療養に出かけた際、人力車に揺られたせいで喀血《かっけつ》。このとき、少しでも移動が楽になるよう、小田原から熱海まで鉄道を敷くことを考えたという逸話がある。

※3　軌間（レール間の幅）を人車鉄道の６１０㎜から軽便鉄道の７６２㎜に変更した。なお、蒸気への動力変更の時期について『日本鉄道史 下編』（鉄道省）は、動力変更後の小田原―熱海間全線の「開通」を明治41年12月22日としているが明治40年の誤りである。１９０８（明治41）年1月16日付「朝野新聞」は「熱海、田原間（筆者注：原文ママ。小田原の脱字）人車鉄道も其動力変更後は二時間半にして往復する事を得べければ避寒に探梅を兼ね一日の清遊を試むるも妙なる可し」と同時点で動力変更済みであることを裏付ける記事を掲載している。

※4　独歩は１９０１（明治34）年8月、１９０６（明治39）年8月末から9月初旬、１９０７（明治40）年6月中旬から7月の計3回、湯河原を訪れている。一般に『湯ヶ原ゆき』はこのうちの最後の訪問を題材にした短編小説と見られている。同年7月から新聞『日本』紙上で発表された作品であること、肺結核を煩ったのは晩年のこの時期であること、作中に「六月二十日」との記述があることなどからすれば、そのように考えるのが自然である。しかし、１９０７（明治40）年6月1日発行の時刻表を見ると、日中の神戸行き列車は品川11時12分発しかないが、作中で独歩は11時頃から発熱し、あれやこれやの後、「其中漸《そのうちようや》く神戸行が新橋から来た」とあり辻褄が合わない。そこで、１９０６（明治39）年8月1日発行の時刻表（人車鉄道の時刻表は7月改正）を見ると概ね旅程と合致する。この時刻表に従うなら、独歩が乗車したのは品川12時42分発、国府津14時59分着の神戸行きと思われる。ただし、小説なので3回の旅行の記憶をミックスして創作している部分もあるのだろう。

※5　米神駅に停車中、独歩が「いつも此処《ここ》で待たされるのですか」と同乗の巡査に問うと、「さうとも限りませんが熱海（から来る人車）が遅くなると五分や十分此処で待たされるのです」と応じている。この原始的な乗り物が、わずか5分や10分の遅れで運行されていたのであれば、むしろ驚くべきことだ。

※6　伊豆山駅の位置に関して、『幻の人車鉄道』（伊佐九三四郎著）は、蓬莱《ほうらい》旅館（現在の星野リゾート「界 熱海」敷地）の北側の道が大きくカーブする場所にあったガソリンスタンド（現在は駐車場）を駅跡としているが、その後の研究で別な場所だった可

能性が高くなった。２００２（平成14）年３月に熱海における人車鉄道を調べる会が作成した「人車鉄道に関する熱海地区調査報告書」は、現地での聞き込み等により、市役所伊豆山出張所（現在は伊豆山地区防災コミュニティセンター）の位置であるとしている。

コラム

海にのみ込まれた軽便鉄道

1923(大正12)年9月1日の午前11時58分、南関東を中心に未曾有の被害をもたらした関東大震災(大正関東地震)が発生した。この震災に関しては、多数の死者を出した東京市内(当時)の火災による被害にフォーカスされることが多いが、地震の揺れそのものによる鉄道被害は、震源地に近い神奈川県南西部の小田原市付近が最も甚大だった。そのことは、鉄道省が取りまとめた「大正十二年　鉄道震害調査書」の東海道本線の被害に関するレポートにも表現されている。

「東京横浜地方に於けるが如き火災に因る被害を除き、直接震災に因るものは東京より西下するに従ひ漸次《ぜんじ》その度を増し、清水谷戸隧道《ずいどう》を越え戸塚駅付近より一層甚しく、国府津下曽我付近最も劇《はげ》しく、これより西するに従ひ被害の度を減少し、足柄信号所付近に於《お》いて再びその度を増し、御殿場駅に至りて減少せり」

関東大震災で発生した最も大きな列車事故は、震源地に近い熱海線(現・東海道線)の根府川駅で起きた列車転落事故だ。東京発・真鶴行きの下り第109列車が根府川駅ホームに入線しかけたところ、地震によって引き起こされた地滑り(土石流)に遭遇し、脱線転覆。最後部の客車2両を残して駅舎やホームなどの構造物もろとも、約45m下の海面へと転落し、112名が犠牲になった(死者数は資料によって差異あり)。

第2章本編で紹介した豆相人車鉄道を前身とする軽便鉄道(震災時は熱海軌道組合が運行。以下、熱海軌道)

熱海市立図書館で保管されている熱海軌道のわん曲したレール

も、路線が震源地に近かったことから、甚大な被害を受けた。震災時は熱海線の真鶴延伸に伴い、並行する小田原―真鶴間が廃止され、残る真鶴―熱海間のみを運行していた。

「鉄道震害調査書」の「熱海軌道」の項を読むと、その被害の凄まじさが伝わってくる。

「中央区間たる門川、伊豆山間3 1／3哩《マイル》（筆者注：3と3分の1マイル）の如きは山崩れのため隣接せる県道と共に海中に滑落し、その前後3哩2分の区間亦線路建造物の大半を破壊せられたり」

　この報告書に記載されている被災場所は、湯河原町門川から千歳川を渡って熱海市に入る辺りから伊豆山までの約5㎞の区間である。どのような地形か現地を見に行くと、国道（震災時は県道）の海側は急峻な崖になっており、崖下の海沿いを熱海ビーチライン（有料道路）が走っている。人車鉄道時代の1898（明治31）年に発行された地形図を見ると、軌道は当時の県道よりも海側に描かれているから、崖の中腹を巻くようにして走っていたのだろう。[※1]

　トンネル掘削技術の未発達と建設費節減のため、路線の大半が、このように海沿いの県道に沿って敷設された軌道は、山崩れと早いところでは本震の5分後に押し寄せたという津波（熱海市では最大波高12ｍ）によって、ひとたまりもなく海へとのみ込まれたのだ。

　熱海軌道は熱海線の建設資材を運ぶのにも有用なことから、熱海線建設事務所が復旧[※2]を鉄道省に上申したが、震災被害の甚大さと、すでに熱海線の熱海方面への延伸が進められていたことから将来性がなく、結局そのまま全線廃止された。ちなみに熱海線が熱海駅までの開業を果したのは1925（大正14）年3月であり、仮に関東大震災がなくても、熱海軌道の命運はまもなく尽きていたものと思われる。

なお、熱海市立図書館の倉庫には、熱海軌道の錆《さ》び付いたレール3本が保管されている。1990（平成2）年6月に熱海市伊豆山稲村の国道で水道の工事中に発見されたものであり、大きくわん曲しているのは、震災時に加わった圧力によるものと推定される。人車時代のものか軽便時代のものか特定できていないが（おそらく軽便のものであろう）、いずれにせよ歴史を伝える貴重な遺物である。

熱海市立図書館館長の小林啓一さんは、「このレールは熱海の交通史を伝えていくための格好の材料だが、残念ながら予算の都合もあり、きちんとした展示場所を確保できずにいる。別の場所で保管されている枕木などもあるので、今後、資料室のようなものを作ることができれば」と話す。

※1　さらに、熱海軌道廃止後の1932（昭和7）年に発行された「各字明細 最近熱海町全図」（熱海市立図書館所蔵。資料編296頁参照）を見ると、軌道跡と思しき道路が描かれている。地元のみかん農家の人に尋ねると、昔はその道を「軽便道」と呼んでいたというから、軽便の軌道跡とみてほぼ間違いない。ただし、現在、その軽便道は宅地開発などにより、すでに消滅している。

※2　比較的被害の少なかった真鶴―門川間、伊豆山―熱海間を復旧しようとした。

〈主要参考文献〉

・「大正十二年　鉄道震害調査書」（鉄道省大臣官房研究所　1927年）
・「国木田独歩全集 第4巻」（学習研究社　1966年）
・「国鉄狭軌軽便線7」（臼井茂信著　「鉄道ファン」1983年8月）
・「幻の人車鉄道」（伊佐九三四郎著　河出書房新社　2000年）

・「人車鉄道に関する熱海地区調査報告書」（熱海における人車鉄道を調べる会　２００２年）
・「大正天皇実録　補訂版　第一」（ゆまに書房　２０１６年）
・「大正天皇実録　補訂版　第二」（ゆまに書房　２０１７年）
・「鉄道航路旅行案内」「汽車汽船旅行案内」掲載時刻表（鉄道博物館所蔵）

第3章

湘南軌道（湘南軽便鉄道）

たばこ産業の隆盛支えた鉄道
小田急の開業により旅客激減し、衰退

明治の終わりから昭和の初めにかけて、現在の秦野市と二宮町を結び、葉煙草《たばこ》をはじめとする秦野地方の特産物を運んだ湘南軌道（湘南軽便鉄道）。廃線から80年以上が経過し、遺構はほとんど残っていないものの、地元では今なお「けいべん」と呼ばれ親しまれている。廃線跡の沿道には、素戔嗚尊《スサノオノミコト》の伝説が残る簑笠《みのかさ》神社、自然豊かな厳島《いつくしま》湿生公園、冬季に6万株の菜の花が咲く吾妻山などがあり、気持ちよく歩くことができる。

湘南軌道の機関車。沿線の民家へ火の粉が飛散するのを防ぐためのラッキョウ型の煙突が特徴（安達克さん所蔵　提供：秦野市）

◉葉煙草を運んだ軽便鉄道

鉄道の歴史を調べていると、さまざまなことが見えてくるが、その１つが鉄道と産業の関わりである。県内を見渡すと、横浜港の代表的な輸出品であった生糸を八王子方面から運んだ横浜線、相模川の砂利を運搬した相模線、多摩川の砂利を運搬した南武線、臨海工業地帯の物流を担った鶴見線など、沿線の産業の伸長とともに萌芽した路線が数多く見られる。

その先駆けともいうべきなのが、明治の終わりから昭和の初めにかけて、現在の秦野市と二宮町を結び、葉煙草《たばこ》をはじめとする秦野地方の特産物を運んだ湘南軌道（湘南軽便鉄道）である。のどかな田園風景を背景にのんびりと走ったこの軽便鉄道は、すでに廃線から80年以上が経過し、遺構はほとんど残っていないものの、地元では今なお「けいべん」と呼ばれ親しまれている。路線が敷設された経緯は以下の通りである。

１８８７（明治20）年、東海道線が国府津まで延伸され、１９０２（明治35）年には二宮駅が開設された。当時、二宮の後背地である秦野は、県西北部の生産物の集積地として繁栄し、特に江戸時代以来の葉煙草の名産地として知られていた。葉煙草とはキセルで吸う刻みたばこの原料である。秦野の耕作地は江戸時代の宝永年間の富士山大噴火によって火山灰を被ったために痩せた土地になり、これに適した作物として葉煙草が盛んに栽培されるようになった。

だが、馬車や荷車では、こうした物産品を運搬する能力に限界がある。また、輸送路も秦野から二宮（約９㎞）よりも距離の長い、秦野から東海道線平塚駅（約14㎞）への道が主に使われていたため、秦野─二宮を結ぶ交通手段ができれば、利便性が高まる。そこで、地元の有志が中心となり、秦野から二宮駅までを結ぶ馬車鉄道の敷設が計画されたのである。

こうして、1906（明治39）年8月に開業した湘南馬車鉄道(※1)であったが、予想外に利用者が少ない上に、日露戦争後の物価騰貴の影響で馬糧等の経費がかさむなど、経営は苦しかった。

しかし、その後「時代の進展にともない秦野地方の産業が目覚ましく発展」（『二宮町史』）し、馬車鉄道では輸送が追いつかない状況となり、1913（大正2）年2月に動力を馬力から蒸気に変更。社名も湘南軽便鉄道となった。横浜貿易新報の同年11月16日付の記事は、当時の秦野のたばこ産業が盛んな様子を伝えている。要約すると次の通りだ。

「秦野専売支局製造課では、他県より仕入れた葉煙草と秦野煙草を調合した製品を年間三十万貫（約1125トン）製造し、大阪、静岡、神奈川、愛知、東京、北海道等へ移出し、残る秦野煙草、約五十八万貫（約2175トン）は葉煙草のままで東京などの製造所に運送するので、秦野―二宮間の日々の運搬もかなりの量に上る」

●路線の延伸など積極策展開した湘南軌道

こうして馬に代わって登場した「けいべん」の小さな蒸気

1906（明治39）年8月7日付横浜貿易新報に掲載された湘南馬車鉄道の開通広告。運賃「片道八銭往復十五銭」とある

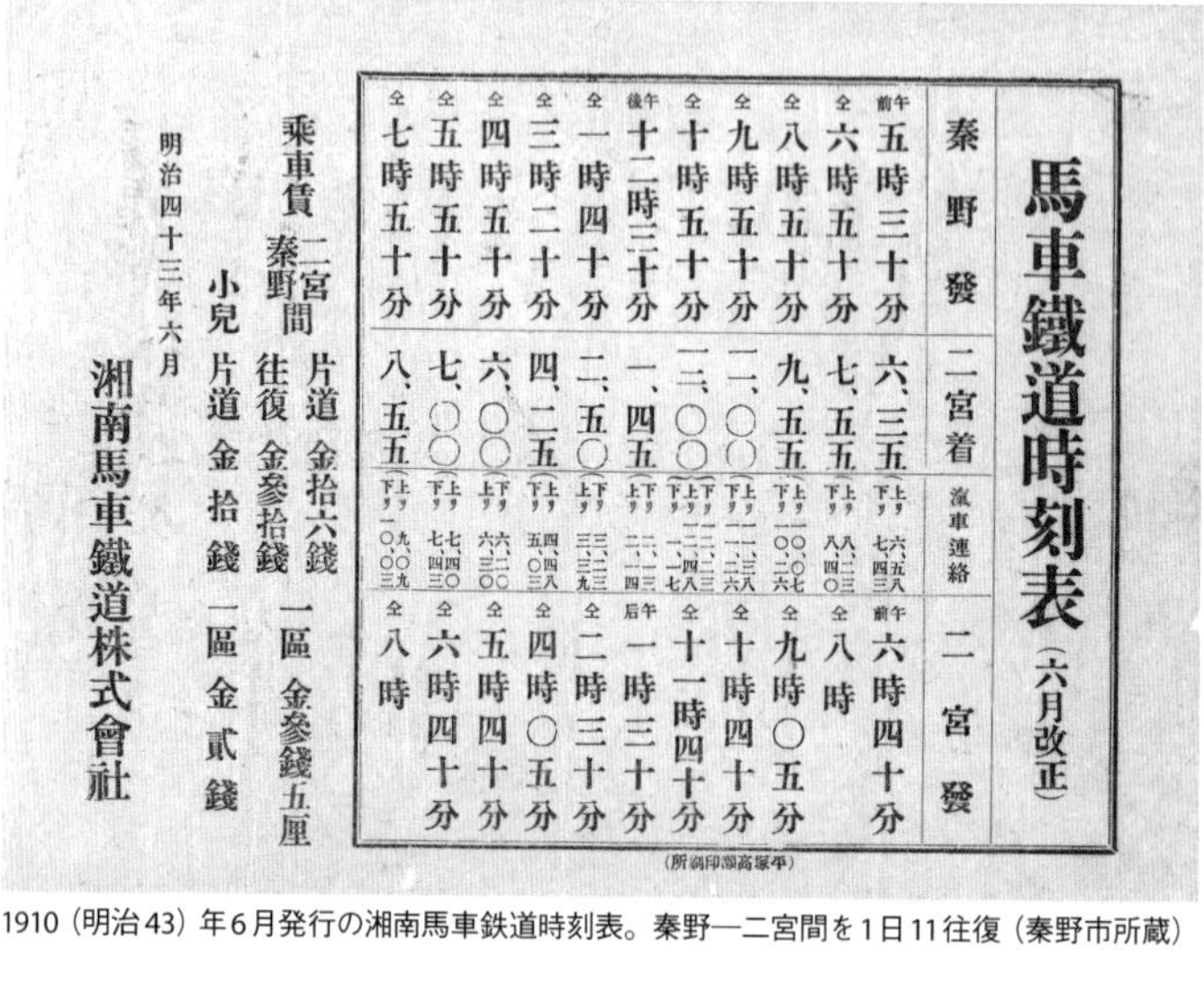

馬車鐵道時刻表（六月改正）

秦野發	二宮着	汽車連絡	二宮發
午前五時三十分	六、三五	上リ六、五八 下リ七、四三	午前六時四十分
仝六時五十分	七、五五	上リ八、二三 下リ八、四〇	仝八時
仝八時五十分	九、五五	上リ一〇、〇七 下リ一〇、二六	仝九時〇五分
仝九時五十分	一一、〇〇	上リ一一、三八 下リ一一、二六	仝十時四十分
仝十時五十分	一二、〇〇	下リ一二、二三 上リ一二、四八 下リ一、一七	仝十一時四十分
午後十二時三十分	一、四五	下リ二、一三 上リ二、一四	午后一時三十分
仝一時四十分	二、五〇	下リ三、三三 上リ三、三九	仝二時三十分
仝三時二十分	四、二五	上リ四、四八 下リ五、〇三	仝四時〇五分
仝四時五十分	六、〇〇	下リ六、二〇 上リ六、三〇	仝五時四十分
仝五時五十分	七、〇〇	上リ七、四〇 下リ七、四三	仝六時四十分
仝七時五十分	八、五五	上リ九、〇九 下リ一〇、〇三	仝八時

（平塚高瀬印刷所）

乗車賃 二宮秦野間 片道 金拾六錢 往復 金參拾錢 一區 金參錢五厘
小兒 片道 金拾錢 一區 金貳錢

明治四十三年六月

湘南馬車鐵道株式會社

1910（明治43）年6月発行の湘南馬車鉄道時刻表。秦野―二宮間を1日11往復（秦野市所蔵）

機関車が、ポコスコポコスコと煙を吐きながら、煙草をはじめ、落花生、木材、肥料、木綿織物などを運んだ。また、旅客営業も、夏季の大山登山シーズンや、東京上野で１９１４（大正３）年に開かれた東京大正博覧会などのイベント・祭事のときには多くの利用者があったと、当時の新聞が伝えている。

だが、その後、第一次世界大戦による石炭価格の暴騰が経営を圧迫し、１９１８（大正７）年には「極度の窮地に陥いり列車は殆ど運転休止の状態」（『湘南軌道株式会社の沿革と現状』）となり、旅客の不便はもちろん、本鉄道を唯一の輸送手段としていた秦野専売局の工場の作業にも重大な支障が生じた。

こうした事態を受けて、当時、専売局のたばこ類の輸送を全般的に引き受けていた内国通運（現・日本通運）に対し、沿線の各町村長・議員・有志ら各方面から軽便鉄道の救済方が打診された。

内国通運では重役会が開かれ、協議がなされたが、会社の事業として軽便鉄道事業を引き受けることは「至難の事情ありて決定に至らず」（『沿革と現状』）、結局、社長の西澤善七ほか役員らが、輸送責任を果たすために個人出資によって新たに湘南軌道という会社を１９１８（大正７）年12月に設立。湘南軽便鉄道の事業を引き継ぐことになった（買収価格８万８千円）。

しかし、継承した軽便鉄道は「永く修繕修築を加へず全然荒廃に任せ鉄軌は旧馬車鉄道の時代に敷設したる『十二ポンド』の腐朽したるものを其儘《まま》使用し其他機関車、車両、一つも用をなすものなく全部新たに起工する程度の改築をなすを必要とする」（『沿革と現状』）ようなありさまだった。

このような状況にもかかわらず、新会社となった湘南軌道は積極策に出る。まず、１９１９（大正８）年12月、終点駅である秦野駅の移設と、それに伴う路線の延長を内閣総理大臣・原敬、内務大臣・床次竹二郎宛てに出願している。

それまでの秦野駅は、専売局工場（現・イオン秦野ショッピングセンター敷地）から８００mほど南へ離れた低地に位置しており（次頁掲載の路線図の台町駅）、駅から工場までの大半が急な上り坂で、荷物の輸送に

湘南軌道（湘南軽便鉄道）路線図①（秦野から中井まで）

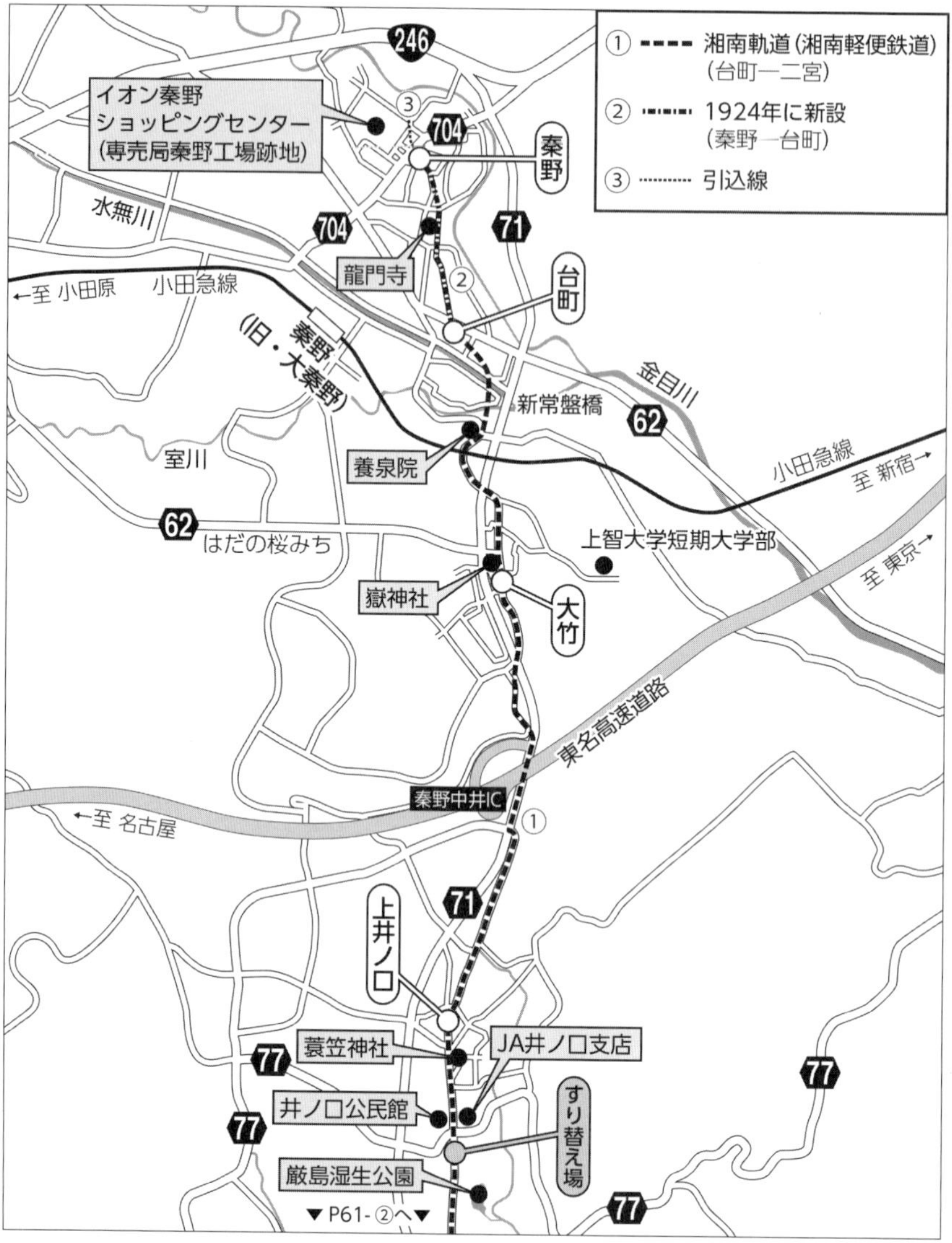

湘南軌道（湘南軽便鉄道）路線図②（中井から二宮まで）

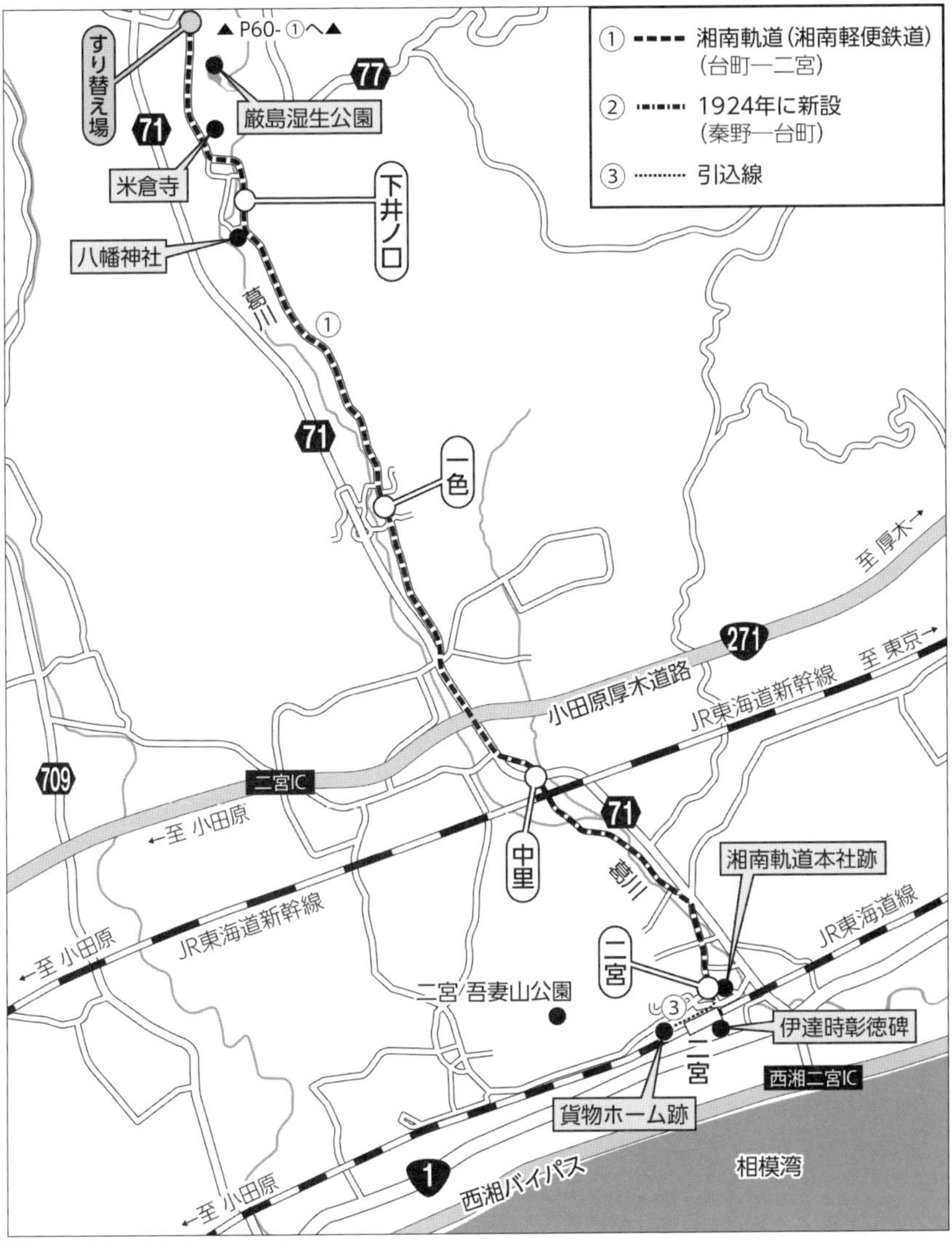

・地形および他の鉄道、道路等は現在のもの
・軌道の経路および駅位置は一部推測による
・1924年までは、台町駅が秦野駅だった
・省線二宮駅への乗り入れは、貨物線が1907年、旅客線が1929年

専売局秦野工場手前に移設・開業した湘南軌道の新しい秦野駅（二宮町教育委員会所蔵）

は多くの馬車、手車、人夫を必要とした。しかも、当時の秦野地方の労働者はほとんどが農業に従事していたため、「農繁季ニ於テハ賃金ノ如何《いかん》ニ拘《かか》ハラズ運搬ニ従事スルモノ少ナク」（『沿革と現状』）、貨物輸送に支障を来していた（※2）。

そこで、工場のすぐ手前（県道を挟んで向かい側）まで線路を延長し、秦野駅を移設するとともに、駅から県道を横断して工場内に引込線を敷き、たばこ類の積み降し専用ホームに接続して、輸送力の増強を図ることとした。この延長線工事は１９２１（大正10）年１月14日に施行の許可が下り、２月24日に着工している（延長線が開通し、新しい秦野駅が開業したのは、着工から３年後の１９２４年３月（※3））。

また、これとほぼ同時期に、いずれも未成に終わったが、松田から秦野を経由し、厚木・八王子までを結ぶ遠大な新路線の計画や、二宮から大磯までの延長線計画も検討されていたことは、注目に値する（本章コラム参照）。

◉関東大震災とライバルの登場

ところが、このように事業拡大を図ろうとしていた矢先の１９２３（大正12）年９月に関東大震災が発生。全線区にわたり甚大な被害が生じ、その復旧に莫大な費用を要した。また、１９２１（大正10）年９月にはバス事業を展開する秦野乗合自動車、１９２７（昭和２）年４月には小田原急行鉄道（現・小田急電鉄）というライバルが相次いで出現し、旅客事業に打撃を与えた。

特に小田急開業の影響は大きく、「本春四月一日から小田原急行電車が開通し秦野町には大秦野駅が開設され京浜間の客を全部奪はれ（中略）昨今は三十二人乗りの軽便列車に僅か二、三人の乗客があるのみ」（１９２７年10月27日付横浜貿易新報）と、目に見えて乗客が減っていった。しかも皮肉なことに、小田急のレールなど資材を運んだのは湘南軌道だった。

さらに貨物輸送は世界恐慌の余波による財界不況の影響に加え、小口・近距離輸送はトラック輸送の台頭によって競争が激化し、運賃が低減。専売局の煙草類輸送によって、なんとか一定の輸送量を確保できている状況だった。

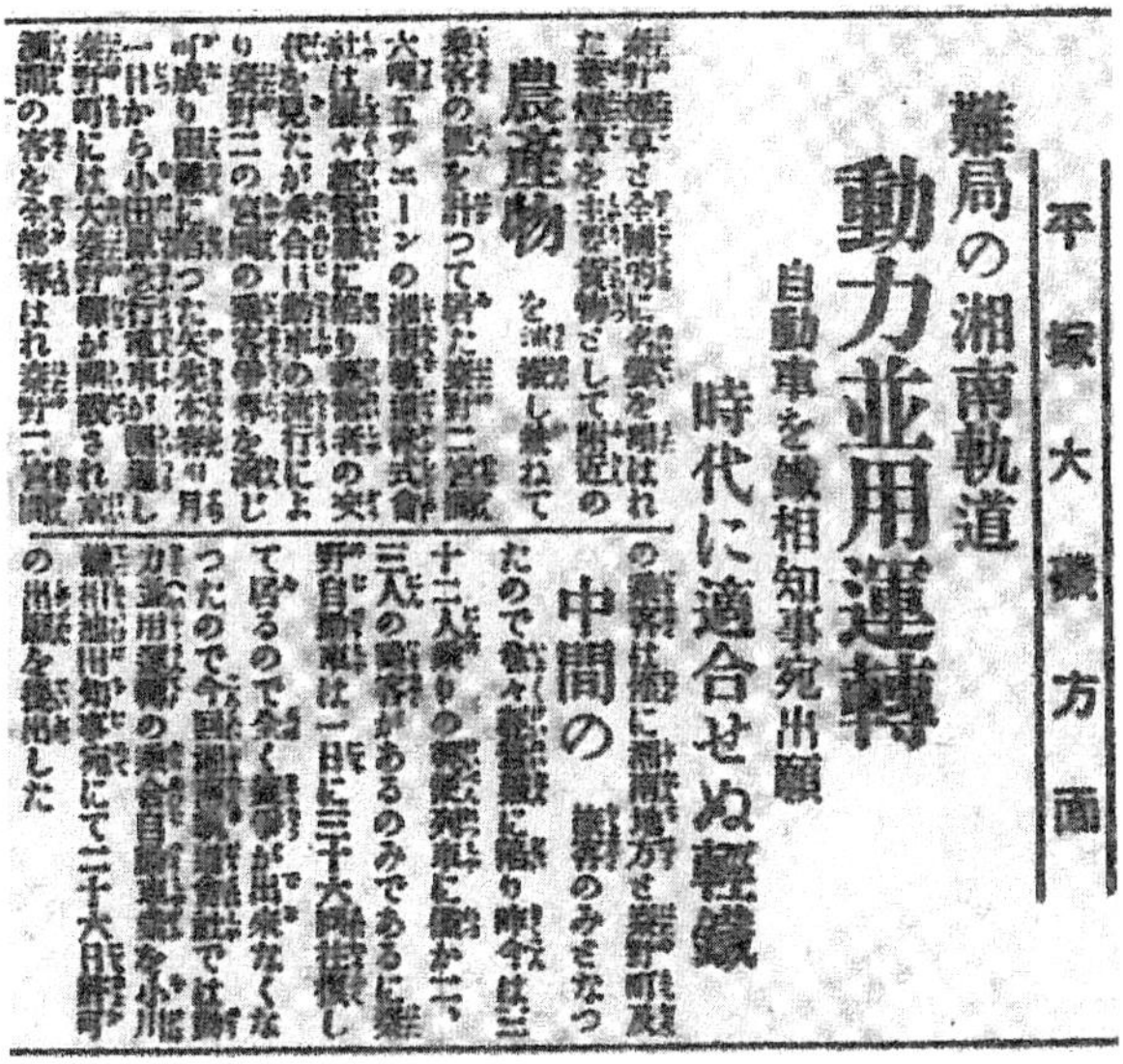

平塚大磯方面

難局の湘南軌道

動力並用運轉

自動車を鐵相知事宛出願

時代に適合せぬ輕鐵

農産物

中間の

1927（昭和2）年10月27日付横浜貿易新報記事「難局の湘南軌道　動力並用運転」

湘南軌道は巻き返し策として、省線の二宮駅改良工事に伴う北口新設（１９２９年７月）に際して、省線との共用駅舎を自社負担で建設し、旅客の乗り換えの利便性を図った[※4]ほか、乗合自動車（バス）事業への進出（同年８月）、瓦斯倫《ガソリン》動力車（気動車）の導入（１９３２年２月。ただし、営業報告には「試運転施工」としか記されていない）などを行っている。

だが、こうした企業努力も効果は薄く、旅客減少による経営悪化の流れは変えることができなかった。小田急との間では「非公式ニ併合ノ話合ヲナシタル事アルモ要項ヲ協議スル迄ニ到ラズ」（『沿革と現状』）と合併の話

■湘南軌道の乗車人員と旅客収入の推移

決算期	年　月　日	乗車人員(人)	旅客収入(円)	収入-支出(円)
第１回	1919(大正８)年６月30日	43,974	10,874．55	856．60
第２回	1919(大正８)年12月31日	65,601	15,377．90	775．39
第３回	1920(大正９)年６月30日	65,773	24,755．80	3,863．00
第４回	1920(大正９)年12月31日	68,967	28,820．36	4,751．61
第５回	1921(大正10)年６月30日	67,374	27,992．94	4,934．86
第６回	1921(大正10)年12月31日	64,096	26,784．71	4,834．65
第７回	1922(大正11)年６月30日	61,879	24,379．82	6,514．25
第８回	1922(大正11)年12月31日	62,347	25,897．93	9,558．95
第９回	1923(大正12)年６月30日	60,189	23,402．18	12,352．20
第10回	1923(大正12)年12月31日	34,007	10,776．45	9,139．62
第11回	1924(大正13)年６月30日	58,763	18,984．37	3,016．25
第12回	1924(大正13)年12月31日	59,071	19,702．69	15,377．65
第13回	1925(大正14)年６月30日	56,954	18,106．76	3,514．08
第14回	1925(大正14)年12月31日	54,886	17,682．92	2,434．48
第15回	1926(大正15)年６月30日	55,202	16,094．06	1,779．00
第16回	1926(昭和元)年12月31日	55,141	16,578．19	384．89
第17回	1927(昭和２)年６月30日	38,003	10,725．74	△2,311．79
第18回	1927(昭和２)年12月31日	28,750	5,162．80	△1,418．52
第19回	1928(昭和３)年６月30日	30,774	5,554．49	115．84
第20回	1928(昭和３)年12月31日	23,475	3,939．30	△287．22
第21回	1929(昭和４)年６月30日	25,365	3,914．95	66．84
第22回	1929(昭和４)年12月31日	25,058	3,558．97	△83．05
第23回	1930(昭和５)年６月30日	15,298	2,015．50	99．14
第24回	1930(昭和５)年12月31日	15,963	2,090．70	75．28
第25回	1931(昭和６)年６月30日	14,307	1,987．96	97．98
第26回	1931(昭和６)年12月31日	11,992	1,589．74	794．44

※『湘南軌道株式会社の沿革と現状』掲載数値を基に集計

し合いを進めようとしたが、これも進展することはなかった。

結局、１９３３（昭和８）年４月以降は旅客営業を休止、１９３５（昭和10）年10月以降は貨物営業も休止した後、１９３７（昭和12）年８月に湘南軌道は廃止となり、馬車鉄道以来の31年間の歴史に幕を下ろした。

なお、湘南軌道が衰退した原因について「産業の影響も考慮すべき」と指摘するのが、二宮町教育委員会の中山史奈子さんだ。中山さんは「昭和に入る頃から、世の中のたばこの嗜好が高級な刻みたばこから、米国産のヴァージニア種を主原料とする紙巻きたばこに移るなどして、主要貨物である秦野の葉煙草の耕作面積が減少していった。このことが、湘南軌道の営業不振に拍車をかけた」と話す。

関東大震災の被害と復旧

湘南軌道㈱の営業報告の関東大震災による被害について記された部分は、文字がかすれ、読み取りづらくなっている（鉄道博物館所蔵マイクロフィルム）が、次の記述が確認できる（一部抜粋）
「第八列車一色停留所付近、脱線転覆、第七列車ハ上井ノ口停留所付近、脱線、貨物第四列車ハ二宮停車中ノ為メ事故ナシ、旅客、乗務員全部無事」[※5]
その他、建物の傾斜・倒壊、橋梁の陥落・破壊等、全線区にわたる被害が記されている。震災後、直ちに復旧作業に着手し、2週間後の9月15日に区間運転開始、1カ月半後の10月20日に全線復旧した。9月中は旅客・貨物とも無償輸送を行い、救恤品《きゅうじゅつ》、食糧品、医療品などを運んだ。復旧に要した費用は３万円余。大正末期の大卒サラリーマンの初任給（月給）が、50～60円だったというから、地方の零細私鉄にとっては莫大な金額である。

◉「軽便みち」の記憶を辿る

さて、筆者はこれまでに何度か、この路線の廃線跡を歩いた。各駅の跡には簡単な説明が書かれた案内板が設置されており、廃線跡を容易に辿ることができる。また、沿道にはさまざまな公園や里山、田園風景が広がっており、とても気持ちよく歩くことができる。以下、秦野から二宮まで、およそ10㎞の道のりを案内しよう。

まずは、専売局工場の跡地であるイオン秦野ショッピングセンターに向かう。湘南軌道の秦野駅は、県道を挟んで向かい側の現在はＮＴＴの施設になっている辺りにあったが、秦野駅跡を示す案内板は、ショッピングセンター側に設置されている。

ここから最初の停車駅である台町駅跡を目指して歩き始めるが、この辺りは地図を見ただけではどこが「軽便みち」なのか判然としない[※6]。そこで、もうだいぶ前になるが、最初に歩いたときに近くの山口屋酒店（秦野市本町３丁目）のご主人、山口秀夫さんに尋ねると、「私は戦後の生まれで実際に軽便が走るところは見ていないものの、店の前の道（龍門寺脇の道）は昔から『軽便みち』と呼ばれていた」と教えてくださった。

湘南軌道各駅跡に設置されている案内板

酒屋の前の道を南下すると、間もなく県道に突き当たる。台町駅跡を示す案内板は、県道を渡った先の石材店の店先にある。専売局工場手前まで線路が延伸される以前は、この台町駅が「秦野駅」だった。

台町駅跡を過ぎると、軌道はそのすぐ南で、金目川の1支流である水無川を渡っていた。橋はどの辺りに架かっていたのだろうか。ここでも山口さんから、記憶を頼りに「対岸にガス会社のタンクが２つ見えるが、あれよりも左側。新常盤橋との間に、昭和の終わり頃まで（湘南軌道の）橋脚が残っていたのを記憶している」と教えていただいた。川を渡り、上大槻入口と示された交差点を右へ、旧道に入るとすぐに養泉院という寺院がある。その門前に「軽便みち」と刻まれた石柱が立っている。この辺りから道は、緩やかな上りになる。

養泉院のすぐ先で小田急電鉄のガード下をくぐり抜ける。湘南軌道が廃止になった大きな原因は、１９２７（昭和２）年の小田原急行鉄道（現・小田急電鉄）の開業だったことは前述した。ちなみに、湘南軌道の秦野駅がすでに存在していたため、新たに開業した小田急線の駅は「大秦野駅」と名づけられた。湘南軌道の廃線後もこの駅名のまま営業が続けられ、小田急線の駅が秦野駅に改称されたのは、１９８７（昭和62）年になってからの

秦野の水無川橋梁を渡る湘南軌道の列車（二宮町教育委員会所蔵）

養泉院前の「軽便みち」の石柱と、その先の高架を通過する小田急ロマンスカー

ことである。
ガードの先で新道と交差し、旧道をさらに行くと、やがて、右手に嶽《たけ》神社の森が見えてくる。神社の鳥居を少し通り過ぎたところに大竹駅跡を示す案内板があり、その説明によれば、この付近には「蒸気機関車に水を供給する水槽や待避線の施設」が設けられていたそうだ。神社の前からは、大山をはじめとする丹沢の峰々が、想像以上に大きく見える。

◉乗客も列車を押した？

大竹駅跡の先で再び新道と交わる。探索を続けるには、この先を横切る東名高速の秦野中井インターの南側に出なければならず、少しの間、「軽便みち」とお別れして、新道を進まなければならない。なお、秦野から続いた長い上りはインター付近で頂点に達し、この先は下りに転じる。

東名高速の下をくぐったすぐ先に秦野市と中井町の境界がある。湘南軌道の廃止後、中井町には鉄道駅がなくなったこともあり、普段、この地を訪れる機会は少ないだろう。

東名高速をくぐって2つ目の信号から左手に分かれる旧道を進み、800mほど歩いた先の三差路付近に上井ノ口駅跡がある。駅跡の案内板の説明を見ると、この辺りは坂が多いため「客が降りて登りきれない列車を後押しするのどかな光景」も見られたと記されている。

素戔嗚尊の伝説が残る蓑笠神社の社殿と御神木の大ケヤキ

上井ノ口駅跡の１００ｍほど南にある蓑笠《みのかさ》神社は、ぜひとも立ち寄りたい場所だ。境内には「かながわの名木１００選」に選ばれている御神木の大ケヤキをはじめ多くの緑があり、瑞々しい雰囲気に包まれている。参道に立つ案内板には中井町に伝わる、この神社の一風変わった名前の由来とされる次のような昔話が記されている。

　その昔、天照大神《アマテラスオオミカミ》の怒りに触れ、天上界を追放された素戔嗚尊《スサノオノミコト》が天降った場所が大山であったといわれている。「雨降《あふり》山」の別名を持つ大山はその日も雨が降っており、蓑と笠をつけた素戔嗚尊は山から南に向かって歩き、一夜をこの地で過ごした。次の朝、出立するときには雨も止み、素晴らしい天気になっていたので、尊はうっかりして蓑と笠を置いていってしまった。

井ノ口公民館に展示されている「けいべん」の蒸気機関車の模型。静岡県小山町の内藤清英さん製作

豊かな自然が残る厳島湿生公園

　蓑笠神社を後に先へ進むと、やがて、角にＪＡ井ノ口支店がある井ノ口交差点に辿り着く。この交差点付近には、上下の列車がすれ違う「すり替え場」があったという。また、近くの井ノ口公民館には、「けいべん」の蒸気機関車の模型が展示されており、見学可能なので、立ち寄りをおすすめしたい。
　さて、井ノ口交差点を通り過ぎた先の東側一帯に広がるのが厳島《いつくしま》湿生公園だ。地元の人々から「弁天さん」として親しまれる厳島神社がまつられている島を中心に、清水が湧き出る湿地が広がっている。シュレーゲルアオガエル、ホトケドジョウといった希少な生き物の生息も確認されており、5月中旬から7月上旬にかけての夜にはゲンジボタルやヘイケボタルの幻想的な舞を見ることもできるという。

厳島湿生公園の少し先で米倉寺という寺院の門前を通過し、葛川に架かる橋を渡る。橋を渡ってすぐの酒屋の少し先に下井ノ口駅跡の案内板がある。

◉田園風景と6万株の菜の花

吾妻山の菜の花とその向こうに広がる海

下井ノ口駅跡を過ぎると、田園風景がいよいよ色濃くなり、今回の散策路の中で最も気持ちよく歩けるエリアに入る。昔懐かしい火の見櫓《やぐら》や、田園風景の中に溶け込むようにたたずむ森に囲まれた八幡神社などに立ち寄りながら歩を進める。午後の日が差し、水の張られた田んぼが白く輝く様子がことのほか美しい。

深呼吸しながら散歩を続けると、やがて道は二宮町へ。今回の散策もどうやら終盤に差しかかったようだ。二宮町に入ると、少しずつ道の両側に家が増え始め、まもなく石材店の店先にある一色駅跡に辿り着く。

一色駅跡を過ぎると県道と合流し、一気に街中の風景に入り込む。しばらく県道を歩き、西友の手前から旧道に入ると、ほんの100mほど先の中里交差点の角に、最後の途中駅である中里駅跡の案内板がある。信号を渡り、そのまま新幹線の高架下をくぐって歩いて行こう。

途中の路肩に吾妻山の登山口（中里口）を示す道しるべが立っているのが目に入る。もし、12月下旬から3月にかけて、この地を訪れたなら、ぜひとも吾妻山への登山をおすすめしたい。山頂（標高136m）付近には、およそ6万株の菜の花が植えられ、菜の花畑越しにキラキラ輝く相模灘や、冠雪した富士山を望む絶景が楽しめる。

吾妻山に立ち寄らず、そのまま道なりに歩けば、1㎞ほどでJR二宮駅の北口に辿り着く。駅の少し手前にある薬局などが入居している建物は、かつて湘南軌道の本社兼二宮駅だったもの。現在は平屋になっているが、元々は2階建てだった。惜しいことに近年、老朽化のため2階部分が取り壊されてしまったのだ。

湘南軌道本社。現在は平屋になり、商店として利用されている（二宮町教育委員会所蔵）

最後にJR二宮駅南口側にも足を運んでみよう。駅前ロータリーに二宮町（当時は吾妻村）出身の医師・自由民権運動家で衆議院議員も務めた伊達時《だてとき》（1849〜1916年）を顕彰する「伊達時彰徳碑」という石碑がある。伊達時は二宮駅開設に尽力し、その後、湘南馬車鉄道の初代社長にも就任した人物である。

二宮駅南口のロータリーに立つ「伊達時彰徳碑」

前出の二宮町教育委員会の中山さんは、伊達時について、次のように話す。

「伊達時が記した計8年間にわたる日記が残されている。これを見ると、伊達時は二宮駅開設に向けて奔走していた頃、すでに二宮駅開設と馬車鉄道敷設をセットで考えていたことが分かる。秦野の産業との結びつき抜きでは、その後の二宮の発展があり得ないことを見通した大きな計画を、早い段階から思い描いていた」
すでに先行開業していた小田原馬車鉄道のことなども意識しての構想だったと思われるが、それにしても卓越した先見の明のある人物だったといえよう。

ガラスのうさぎ

二宮駅前ロータリーに、「伊達時彰徳碑」と背中合わせで立っているのが、「ガラスのうさぎ」像。

『ガラスのうさぎ』は高木敏子さん（1932年〜）作の児童文学。終戦間際の1945（昭和20）年8月5日、二宮駅近くで米艦載機P51の機銃掃射を受け、父親を目の前で亡くした12歳の少女（高木さん）が、その悲しみを乗り越え、けなげに生き抜く姿を綴った作品。

1981（昭和56）年に建立され、町の平和のシンボルとなっているブロンズ像の少女が胸に抱くのは、父の形見となった「ガラスのうさぎ」。およそ80年が経過した今、世界を見渡すと、いまだに戦争はなくなっていない。

「ガラスのうさぎ」像

※1　58頁掲載の時刻表の通り、1910（明治43）年6月時点で湘南馬車鉄道は1日11往復の列車を運行していたが、その後の湘南軽便鉄道、湘南軌道時代はどれくらいの本数の列車を運行していたのか。これについて、手がかりとなる資料がいくつかある。まず、湘南軽便時代の1915（大正4）年1月13日付横浜貿易新報に「軽便鉄道時間割変更」という小さな記事が載っている。

これによれば秦野発、二宮発ともに午前／午後それぞれ5本ずつ、すなわち1日10往復の列車を運行していた。馬車鉄道時代よりも本数が減っているが、前年の第一次世界大戦開戦による石炭価格の上昇などにより、業績が悪化し始めたことを示しているのかもしれない。また、湘南軌道時代については、同社の１９２６（大正15）年の営業報告に「8月15日より在来の二十回定時列車を毎一時間に二宮、秦野相互に各々発車せしめ三十ヶ列車の運転となし、その回数を増やしたると」（筆者が旧字を新字に変更）とあり、それまで1日10往復だったのを一気に15往復へと増やしている。後述するように同社は、１９２７（昭和２）年4月の小田原急行鉄道（現・小田急電鉄）開業により急激に業績が悪化するが、それまでは大戦後の反動不況の影響を受けつつも、それなりに余力があったことがうかがえる。

※2　『沿革と現状』に専売局の貨物輸送が滞っている状況について、次の記述がある。「原料タル葉煙草ノ輸入ニ多大ノ障害ヲ来シ一面ニハ収納葉煙草ノ搬出意ノ如クナラザル為メ数千噸《トン》ノ滞貨ヲ見ルノ現状ニ付キ」。ここでいう輸入とは、当然のことながら工場への搬入のこと。

※3　１９２３（大正12）年6月までに新しい秦野駅までの延伸工事が完成し、貨物列車の試運転を行うなどしていたが、9月1日に関東大震災が発生。復旧後、10月12日には延長線の竣工届を提出しているが、運輸開始の認可が下りたのは翌１９２４（大正13）年3月25日。4月20日に開通式・祝賀会を新しい秦野駅で催している。なお、この延長線工事に要した費用は、最終的に「11万余円」（『沿革と現状』）にも上ったという。

※4　省線二宮駅の北口改札開設は、１９２４（大正13）年3月に決定した。前年12月に、湘南軌道から東京鉄道局長宛に北口改札開設の願書を提出しており、この働きかけが功を奏したものと思われる。湘南軌道の本社兼二宮駅は、省線二宮駅北側のやや離れた場所にあったため、北口が開設されるまでは、省線への乗り換えには踏切を渡って南口の改札に回らなければならず不便だった。

※5　軌道法における用語としては「停留場」が正しいが、原文ママとした。

※6　台町駅―秦野駅間の延長線は、「全線ヲ通ジ公道敷ニヨルモノナク専用軌道敷地ヲ要スル」（『沿革と現状』）とあるように、距離こそ短いものの、道路上へ軌道を敷設するのではなく、別途、土地の買収（場合によっては、土地収用法による強制収用）を進めなければならなかったことから、「用地の収用等幾多の支障困難を生じ」（『沿革と現状』）、１９２１（大正10）年2月の着工後、途中、関東大震災もあり、竣工までに3年を要した。現在、この区間は龍門寺の南側、台町駅跡までは「軽便道」が残っているが、龍門寺北側からＮＴＴ施設までは、住宅が建ち歩ける道はない。なお、龍門寺北側の段差の大きい場所には、道路を越える陸橋（入船陸橋）が架橋されていた。

コラム

新聞記事で見る、湘南軌道の遠大な延伸計画

1918（大正7）年、苦境に陥った湘南軽便鉄道に救いの手を差し伸べたのが、当時の内国通運社長の西澤善七ほか同社の役員たちであった。新たにスタートさせた湘南軌道株式会社は、それまでと打って変わり、積極経営に乗り出す。特に、当時、同社が構想していた路線延伸計画は、後に小田原急行鉄道（現・小田急電鉄）などによって実現された路線と重なる部分もあり、注目に値する。

第3章本編に記したように、湘南軌道が専売局工場付近までの路線延長を出願したのは、1919（大正8）年12月だったが、同じ頃、これとは別に八王子と松田を結ぶ路線延伸計画も検討されていた。同年11月4日付の横浜貿易新報に、次のような記事が掲載されている。（以下、旧字や句読点の位置など、筆者が一部編集）

1919（大正8）年11月4日付横浜貿易新報

●湘南軌道　事業拡張

◇八王子松田間の十四里軌道布設計画

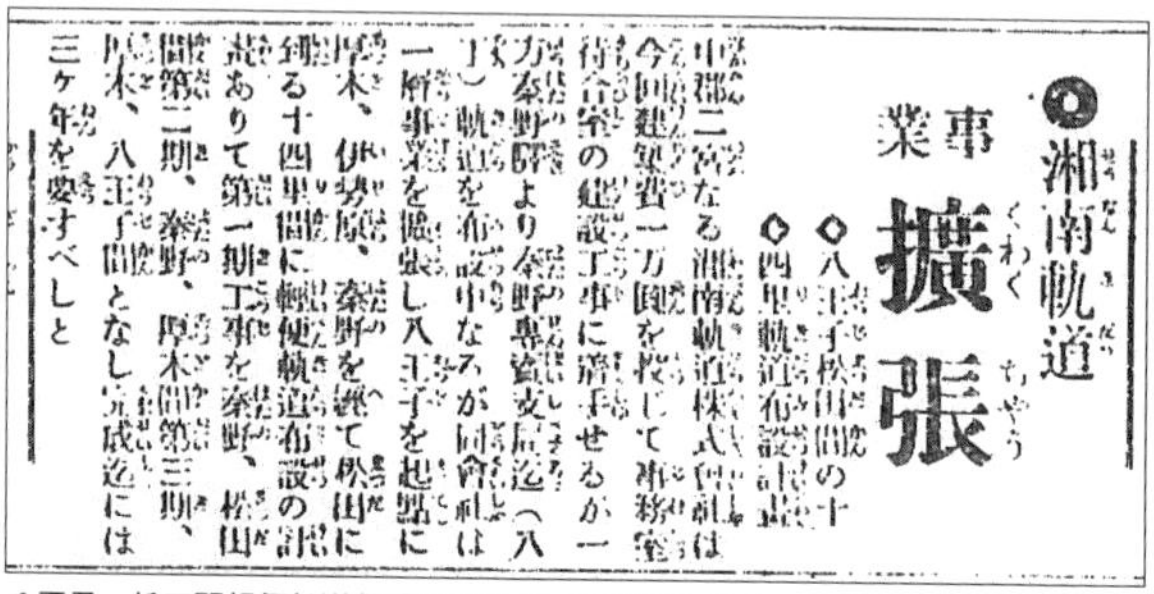
◎湘南軌道
事業擴張
◇八王子松田間の十
◇四里軌道布設計畫
中郡二宮なる湘南軌道株式會社は今回建築費一万圓を投じて事務室待合室の建設工事に着手せるが一方秦野驛より秦野專賣支局迄（八丁）軌道を布設中なるが同會社は一層事業を擴張し八王子を起點に厚木、伊勢原、秦野を經て松田に到る十四里間に輕便軌道布設の計畫ありて第一期工事を秦野、松田間第二期、秦野、厚木間第三期、厚木、八王子間となし完成迄には三ヶ年を要すべしと

八王子ー松田間軽便鉄道敷設計画について報じる1919（大正8）年11月4日付横浜貿易新報記事「湘南軌道　事業拡張」

中郡二宮なる湘南軌道株式会社は、今回建設費一万円を投じて事務室・待合室の建設工事に着手せるが、一方秦野駅より秦野専売支局まで（八丁）軌道を布設中なるが、(※1)同会社は一層事業を拡張し、八王子を起点に厚木、伊勢原、秦野を経て松田に至る十四里間に軽便軌道布設の計画ありて、第一期工事を秦野、松田間、第二期、秦野、厚木間、第三期、厚木、八王子間となし、完成までには三ヶ年を要すべしと

後の小田急線と国鉄（現・ＪＲ）相模線の一部を合体したような遠大な計画である。神奈川県中央部の鉄道空白地帯を埋めるとともに、物資の集散地として知られた八王子と秦野、さらに当時は東海道本線だった現・御殿場線の松田を結ぶことによる、貨物輸送力増強の意図が読み取れる。だが、いくら内国通運社長の肝いりとはいえ、一地方企業が実現するには、あまりにも計画が壮大すぎることから、内国通運の内部で何らかの動きがあったのか等、想像される。

この記事が掲載されてからまもなく、今度は次のような記事が掲載されている。

1919（大正8）年11月25日付横浜貿易新報

●湘南軌道の電車軌道敷設か
◇松田八王子間に
中郡湘南軌道会社にては、先に上郡松田町より秦野、伊勢原、厚木を経て八王子に至る十四里間に軽便鉄道を敷設(※2)する計画ありしが、現在の二宮秦野間を運転せる軽鉄さへ石炭暴騰の結果、欠損多き状態

なれば、この際、前計画を変更し、松田八王子間に電車軌道を敷設せんとするの議なりし模様なるも、本年中には決定をせざるべしと

電力をどのように調達しようとしていたのかなどは不明だが、結局、この計画はこのまま立ち消えになったようである。当時の収支状況からすれば、やはり無謀という判断がなされたのだろう。

そして、まもなく小田原を含む県西の鉄道事情は、劇的な変化を迎えることとなる。それを端的に伝えるのが、次の記事だ。

1923（大正12）年6月19日付横浜貿易新報

●急行電車や高速度鉄道で　横に延びる小田原町

東京小田原間の交通機関は現在の鉄道のみにては到底完全を期す事が出来なくなった為に、鉄道省では輸送力の三倍以上もある電気機関車を利用して小田原はもちろん東海道全線に運転せん計画を樹てた。即ち鉄道電化であって東京小田原間は明春四月頃(※3)から実現されるはずで、目下新たに電柱を立てるやら電線を引くやら測量をするやら沿線各駅共に大多忙を極めている。（中略）更に小田原急行鉄道（電車）や高速度鉄道の計画が民間経営によって東京小田原間に着々具体化しつつあり、問題の大雄山鉄道も小田原松田間(※4)に運転を計画している（後略）

鉄道は、いよいよ本格的な電化の時代を迎え、また、湘南軌道の路線を包囲するように新路線が計画されつ

つあった。こうした状況に対し、別な方向へ活路を見出そうとしたのか、湘南軌道は急速に上向きつつあった業績を背景に、[※5]1923（大正12）年6月19日付で、大磯への「線路延長許可願」（海岸線）を鉄道大臣宛てに提出している。

その線路予測図（二宮町教育委員会所蔵。資料編298頁参照）を見ると、湘南軌道二宮駅から南東に進路を取り、国道1号線（東海道）に合流。そのまま国道上を進み、現・大磯駅入口交差点で大磯駅に至る路線と旧東海道をさらに化粧《けわい》坂方面へ直進する路線が分岐している。

結局、この計画は直後に関東大震災が発生したため頓挫《とんざ》したが、仮に震災がなかったとしても、当時の大磯といえばお歴々の別荘地であり、東海道沿道も〝お屋敷街〟であった。その中を列車が走るような計画に許可が下りたのか、甚だ疑問である。

※1　実際には出願前。

※2　記事によって「布設」「敷設」と漢字の統一がとれていないが原文ママとした。

※3　関東大震災の復旧工事が優先されたため、実際に小田原までの電化が完了したのは1926（大正15）年。

※4　大雄山鉄道（現・伊豆箱根鉄道大雄山線）の仮小田原―大雄山間が開通したのは、1925（大正14）年10月。この記事が書かれた時点（1923年6月）では、松田までを結ぶ案が有力だったのだろうか。

※5　湘南軌道の収支報告（64頁掲載の表を参照）を見ると、第1回の1919（大正8）年6月期の利益金は856円にすぎなかったが、第5回の1921（大正10）年6月期は4，934円、第9回の1923（大正12）年6月期は12，352円と急速に業績が上向いていた。

〈主要参考文献〉

・「湘南軌道株式会社営業報告」（大正10年～昭和8年　鉄道博物館所蔵）
・「湘南軌道株式会社の沿革と現状」（昭和7年2月20日付　湘南軌道社長・吉本國太郎名義の株主等宛の報告文書・二宮町教育委員会

所蔵）
・「秦野市史　通史3　近代」（1992年）
・「二宮町史　通史編」（1994年）
・「ふるさと再発見7『伊達時とその時代』―自由民権運動などとのかかわりから―」（二宮町教育委員会編　2018年）

第4章

京急大師線と海岸電気軌道

臨海工業地帯の通勤輸送、軍需生産力の向上…時代の要請で延伸・廃止を繰り返す

1899（明治32）年1月に開業した大師電気鉄道（現・京急大師線）は、国内で３番目、関東では初の電気鉄道となった。設立者の立川勇次郎は一般にあまり名を知られていないが、鉄道草創期に大きな役割を果たした実業家だった。現在の大師線の営業区間である京急川崎—小島新田間が確定したのは1970（昭和45）年と比較的最近のことであり、それ以前は、時代の要請に応じて路線の延伸・廃止を繰り返した歴史がある。

六郷橋—大師間の桜並木を行く大師電気鉄道の電車（1899年1月22日撮影　提供：京急電鉄）

◉関東初の電気鉄道

新橋─横浜間に我が国ではじめて鉄道が走ったことに加え、鉄道に関して神奈川県が誇るべき、もう1つ大きな歴史的事実がある。それは、関東で最初の電気鉄道（電車運転の鉄道）が開業したのが、県内の川崎市だったことである。

京急開業120周年記念式典。京急電鉄の実質的創業者である立川勇次郎の曾孫・立川元彦さん（中央5人の一番右）も来賓として招かれた

我が国で最初に開業した電気鉄道は、1895（明治28）年2月開業の京都電気鉄道（後の京都市電）であり、これに1898（明治31）年5月開業の名古屋電気鉄道（後の名古屋市電）が続く。そして、3番目が1899（明治32）年1月に開業した大師電気鉄道（現・京急大師線）であり、関東初の電気鉄道となった。大師線の開業から120周年を迎えた2019（平成31）年1月21日には、京急川崎駅の大師線ホームで「京急開業120周年記念式典」が執り行われ、記念モニュメントの「0キロポスト」が設置されるなどした。

本章では、この京急大師線を扱うが、大師線は現在も運行されている現役路線である。それなのに、なぜ「廃線紀行」で取り上げるのかと疑問に思われるだろう。実は、現在の大師線の営業区間である京急川崎─小島新田間の4・5kmが確定したのは1970（昭和45）年11月と比較的最近のことであり、それ以前は、時代の要請に応じて路線の延伸・廃止を繰り返した歴史があるのだ。

大正末から昭和初期には、臨海工業地帯の通勤輸送を主な目的として、鶴見の總持寺《そうじ》と川崎大師を結ぶ海岸電気軌道という京浜電鉄（現・京急電鉄）の支線が運転された。この海岸電気軌道は、１９３７（昭和12）年12月に廃止されている。

その後、太平洋戦争中には、軍需工場への工員輸送を目的として、大師から塩浜経由で浜川崎に近い桜本まで、大師線の延伸が行われた。この延伸区間は、１９６４（昭和39）年3月に川崎操駅（現・川崎貨物駅）が建設されると、用地がかぶったことから小島新田以遠が休止され、１９７０（昭和45）年11月に正式に廃止されている。こうした経緯から、大師線には廃線になった区間が存在するのである。

◉京急の実質的な創業者、立川勇次郎

立川勇次郎（1862～1925年）は京急電鉄の実質的創業者と位置づけられている（提供：立川元彦さん）

まずは、大師線がなぜ関東初の電気鉄道として開業したのか、その経緯をひもといてみよう。大師電気鉄道は、京急電鉄の創業路線と位置づけられており、その設立者である立川勇次郎が京急電鉄の実質的な創業者とされている。しかし、他の関東の大手鉄道グループの創業者である西武の堤康次郎、東武の根津嘉一郎、東急の五島慶太らと比べると、その名は一般にはほとんど知られていない。立川勇次郎とは、いったいどのような人物だったのだろうか。

立川勇次郎は、明治から大正にかけて鉄道のほか電力会社

の創設など、電気に関わるさまざまな事業を立ち上げた実業家である。

江戸時代末の１８６２（文久２）年に現在の岐阜県西部の大垣で誕生した勇次郎は、24歳で東京に出て代言人（弁護士）として開業。上京３年後の１８８９（明治22）年に、東京市内において「蓄電池式電気鉄道」の敷設を出願している。このときの事情について、勇次郎本人は「私が電気のことに明るい為にやった訳ではありません」（『工学博士藤岡市助伝』）と語っている。電気鉄道の敷設を計画していた人物から「法律家を頼まなくては、出願することが出来ないといふので」（同前）出願の手続きを依頼され、法律家として関与。このことが、後に電気鉄道計画に携わるきっかけになったのだ。

結局、この計画は時期尚早として却下されたが、１８９０（明治23）年４月〜７月に東京上野公園で開催された第３回内国勧業博覧会で、後に「日本のエジソン」とも呼ばれる電気工学者の藤岡市助博士（後に大師電気鉄道の技術顧問に就任）らによって電車の試運転が成功し、「軌道条例」が制定されると、世間に電気鉄道敷設の機運が高まっていく。

ゼネラルエレクトリック（GE）社の社長、ライス（Edwin W. Rice）夫妻来日時のスナップ。前列中央ライス夫妻、左右が勇次郎夫妻（提供：立川元彦さん）

勇次郎一行、米コネチカット州のGE訪問時。前列左から２人目が勇次郎（提供：立川元彦さん）

こうした状況を受け、あらためて電気鉄道の敷設を出願したものの、さまざまな出願グループが対立するなどの問題から東京市（当時）内の電気鉄道計画は進まなかった。そこで、東京市外で「関東ニ於ケル電気鉄道ノ標本ヲ実験」（『京浜急行八十年史』）し、企業としての電気鉄道事業の成功例を示そうということで、１８９９（明治32）年1月に六郷橋―大師間の営業距離約２㎞で開業したのが、大師電気鉄道だった。

その後、勇次郎は大師電気鉄道から名称変更した京浜電鉄の専務取締役（現在の社長に相当）を１９０３（明治36）年12月まで務めたほか、藤岡博士らが設立した東京白熱電燈球製造（後に東京電気。東芝の源流の１つ）取締役や東京市街鉄道（都電の前身の１つ）常務取締役にも就任。さらに、実現には至らなかったものの、私鉄版新幹線計画ともいうべき東京大阪間高速電気鉄道計画（東京―大阪間を6時間で結ぶ）でも主導的役割を果たしている。

このように東京での事業を成功させた後、晩年には郷里の西濃地方で養老鉄道（後に近鉄養老線。現・近鉄グループの養老鉄道）や、揖斐川電力（現・イビデン）の社長に就任し、交通・産業基盤の形成に努めた。

なお、立川家には勇次郎とゼネラルエレクトリック（ＧＥ）社の社長、ライス（Edwin W. Rice）が一緒におさまった写真が伝わっている（前頁に掲載）。当時、京浜電鉄がＧＥ社製の発電所用発電機や電車機器を輸入・使用していたこと、東京電気がＧＥ社と提携関係を結んだことからの交遊であろう。

「曾祖父・立川勇次郎がつないでくれた縁」

大師電気鉄道設立者　立川勇次郎の曾孫　立川元彦さんの話

先祖に立川勇次郎がいることは、幼い頃から母より聞いていました。しかし、若い頃は自分の家のルーツを顧みることは、ほとんどありませんでした。それが30年ほど前、高齢になった母に「(勇次郎の)顕彰祭を岐阜県養老町で、毎年やってくださっているのよ。連れて行って」と請われて参加させていただいて以来、勇次郎の故郷である西濃の地に親しみを感じるようになりました。また、子孫である立川家の者が顕彰祭に参加しなくては皆様に申し訳ないという気持ちから、以後、ほぼ毎年うかがうようになりました。

勇次郎の曾孫の立川元彦さんと川崎大師駅前の京急「発祥之地」の碑

２０１８（平成30）年、この顕彰祭に（ともに勇次郎が創業者であることから）養老鉄道の兄貴分ともいうべき京急電鉄の原田一之社長（当時）が参加されたのがご縁で、２０１９（平成31）年1月に執り行われた「京急開業１２０周年記念式典」には、私にも出席するようお声掛けいただきました。１００年以上の時を経て京急さんとのご縁を結んでくれたのは、天にいる曾祖父なのではないかと感じています。

◉始発駅が不便な場所に

それでは、明治から大正時代にかけての大師線の面影を辿ってみよう。開業時（１８９９年）の始発駅である六郷橋駅[※1]は、官営鉄道（現・ＪＲ）の川崎駅から、およそ８００ｍも離れた、多摩川に架かる六郷橋のたもとに設置された。川崎大師への参詣客を運ぶ人力車夫たちが、「お客を取られる」と電車敷設に猛反対したのが、不便な場所に駅が設置された理由だった。川崎駅から六郷橋までは人力車、六郷橋から大師は電車というように営業のすみ分けが図られたのである。

こうした経緯があったものの、開業３年後の１９０２（明治35）年9月には現在の京急川崎駅―六郷橋間の

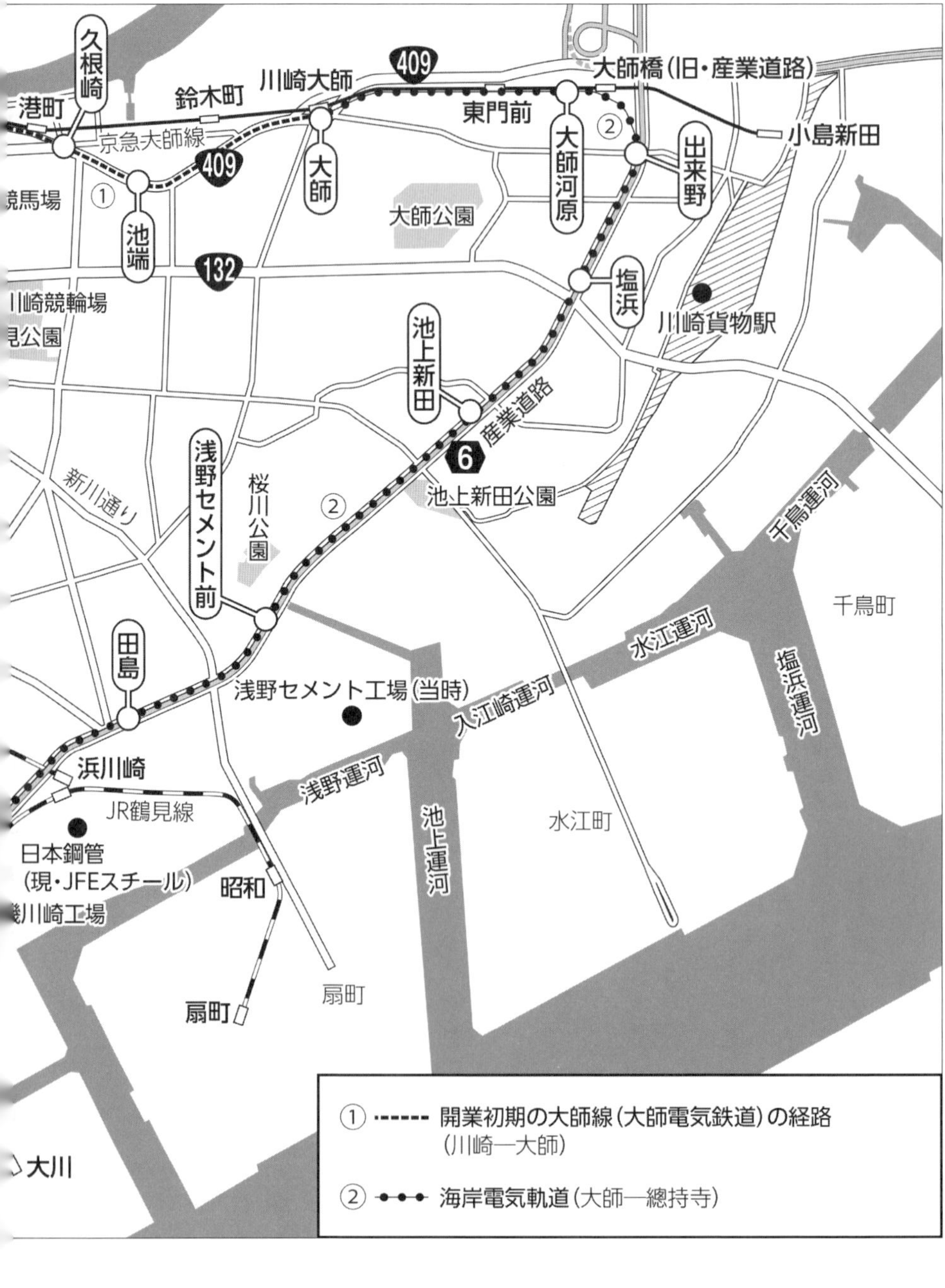
久根崎
港町
鈴木町
川崎大師
409
大師橋（旧・産業道路）
東門前
小島新田
京急大師線
大師
大師河原
出来野
競馬場
池端
大師公園
132
塩浜
川崎競輪場
川崎貨物駅
池上新田
産業道路
6
浅野セメント前
新川通り
桜川公園
池上新田公園
千鳥運河
千鳥町
水江運河
田島
浅野セメント工場（当時）
入江崎運河
塩浜運河
浜川崎
浅野運河
JR鶴見線
日本鋼管
（現・JFEスチール）
川崎工場
池上運河
水江町
昭和
扇町
大川
① 開業初期の大師線（大師電気鉄道）の経路
（川崎―大師）
② 海岸電気軌道（大師―總持寺）

大師線・海岸電気軌道路線図

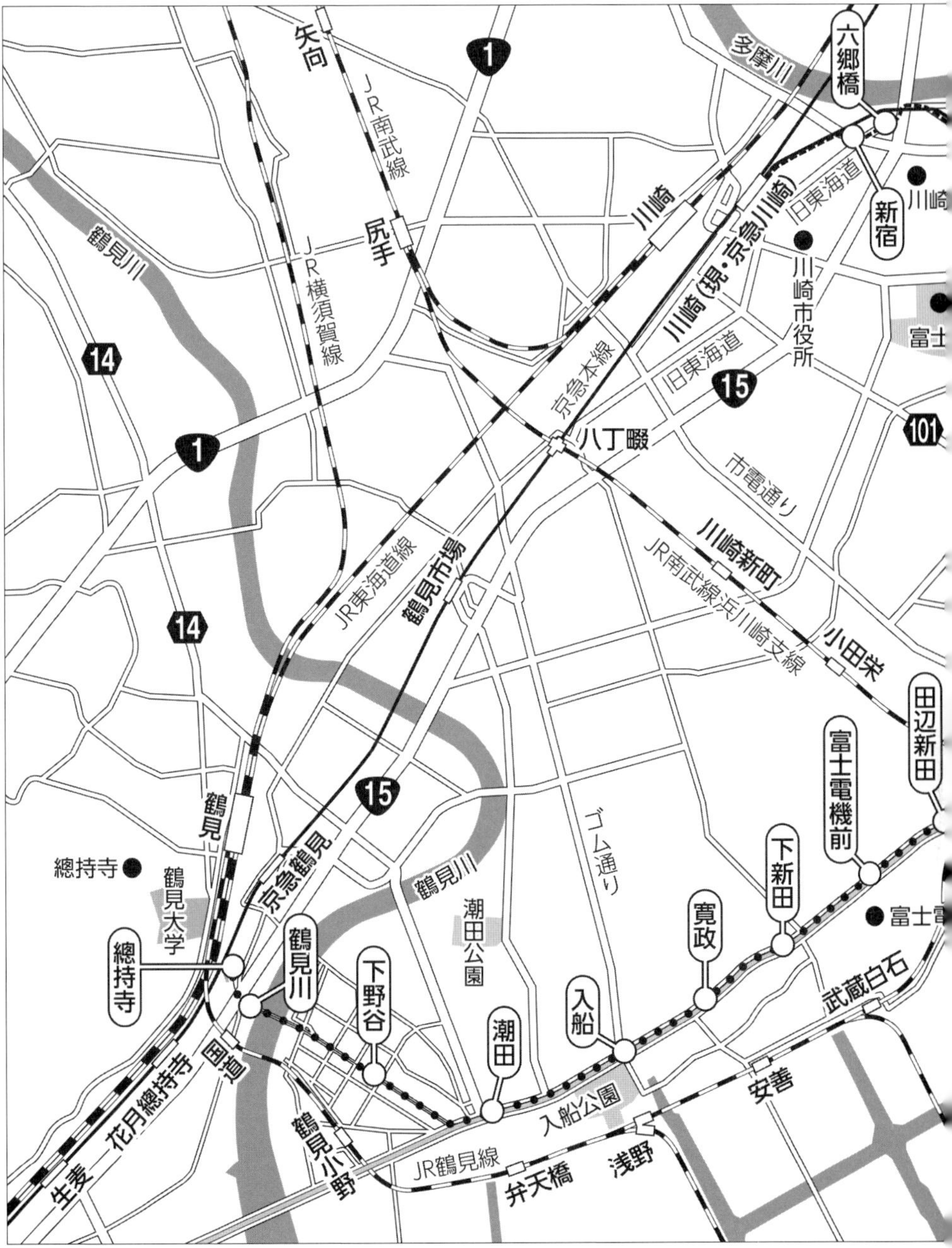

・地形および他の鉄道、道路等は現在のもの
・軌道の経路および駅位置は一部推測による

「大師電気鉄道六郷橋停留所跡」への道順を示す案内板

営業を開始。当時は、京急川崎駅を出た後、現在の「ラーメン二郎京急川崎店」付近で進路を変え、本町交差点から旧東海道上を進む路面電車だった。

　京急川崎駅前から六郷橋へ向かって廃線跡を辿る途中、街路灯の支柱に「大師電気鉄道六郷橋停留所跡↑200m先」と書かれた案内板が掲示されている。これに従って進み、六郷橋の下を通る大師線の線路をのぞき込むと、線路脇に駅のホームらしき遺構が見える。これは1926（大正15）年12月に設置され、1949（昭和24）年7月に廃止された二代目の六郷橋駅の遺構である。

　では、大師線開業時の始発駅だった初代の六郷橋駅はどこにあったのだろうか。1926（大正15）年12月に測図された川崎の地形図で調べると、六郷橋の西側のたもとの旧東海道上に存在した初代六郷橋駅（路面電車の電停）がはっきりと描かれている。そして、駅の先で大

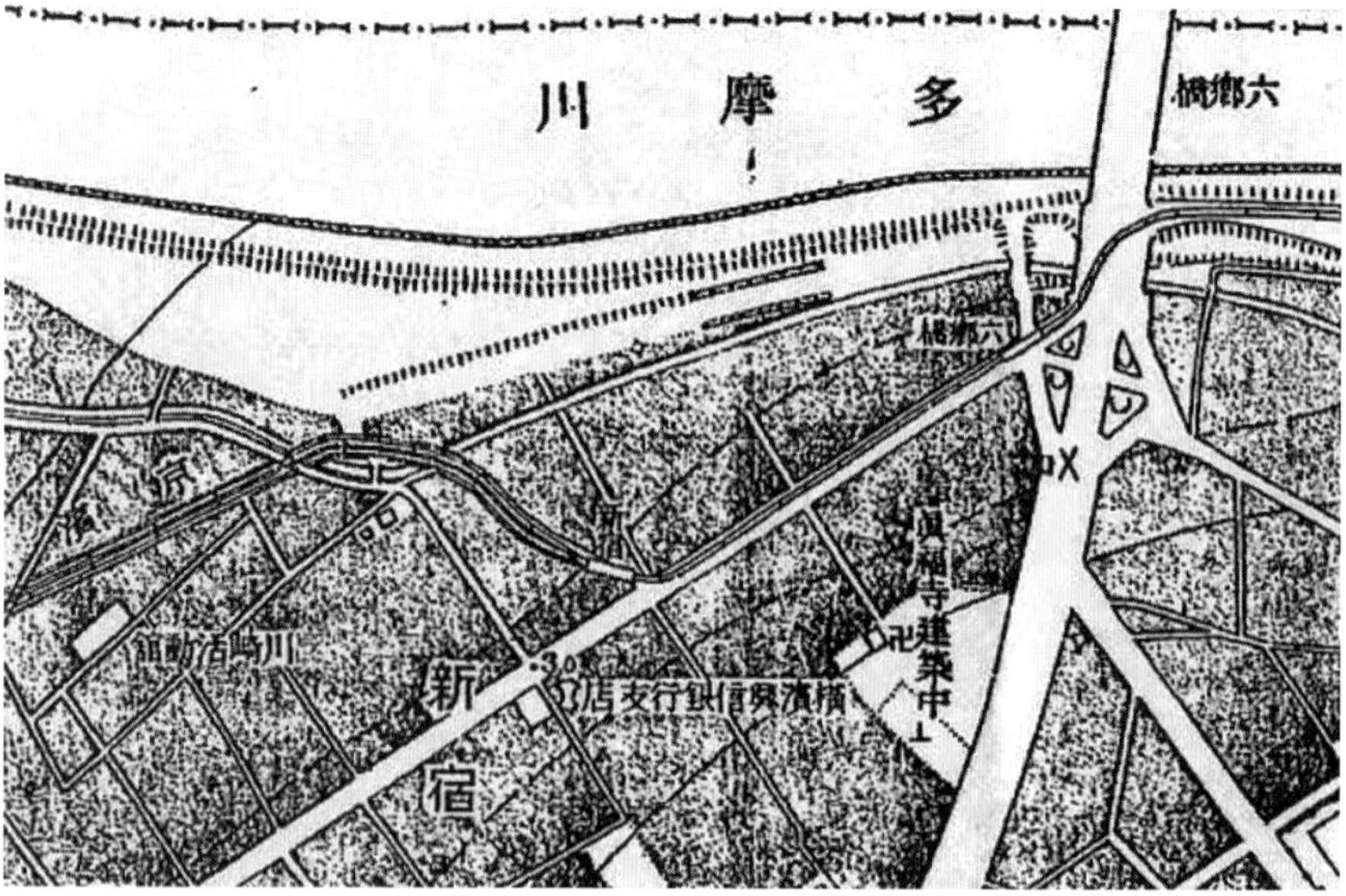

1926（大正15）年12月に測図された地形図には、初代六郷橋駅が描かれている（出典：国土地理院地形図）

師線の線路は京浜国道（現・国道15号線＝第一京浜）と平面交差している。この地形図が測図された直後、京浜国道の改修に伴って大師線は現在の専用軌道に経路変更され、六郷橋駅も新線上の二代目六郷橋駅へと移転した。この工事について、１９２６（大正15）年12月22日付の横浜貿易新報は、次の通り報じている。

「京浜電鉄の川崎大師線は新国道との平面交差を避ける為め地下線工事中であったが此程竣工（中略）二十一日の納めの大師から開通したが国道平面交差の危険がなく新国道から和合橋の下を通り抜ける四分の一哩《マイル》に亘る複線で頗る《すこぶる》便宜になった」（１マイル＝約１・６㎞）

ちなみに、当時は旧東海道における六郷（東京都大田区）と川崎宿を結ぶ「六郷の渡し」も存続していた。『川崎市史通史編３』によれば、１８７４（明治７）年１月に六郷橋（架橋した人物の名前から「左内橋」と称された）が架橋され、渡船は一度廃止されたが、その後、橋は洪水でたびたび流され、そのたびに渡船が復活したという。「六郷の渡し」が最終的に廃止されたのは、関東大震災後の１９２５（大正14）年８月に鋼鉄アーチ橋（先代の六郷橋）が完成したときというから、それまでは渡船で多摩川を渡ってきた客が、この場所で大師線の電車に乗り換える姿も見られたのではないか。

◉一変した鶴見・川崎沿岸部の風景

六郷橋駅を出発した後、大師線は川崎大師に向かって現在の国道４０９号線上を走っていた。(※2) この道路は、もともとは１８８８（明治21）年に川崎大師平間寺《へいけんじ》によって建設された「大師新道」と呼ばれる道路だった。道路上に軌道を敷設するに当たって、政府からの命令書には「道路幅員は単線の場合５間（約９ｍ）以上、複線では６間（約11ｍ）以上」とあったが、大師新道は幅員４間（約７ｍ）しかなかったため拡幅工事を行うとともに、道の両側に植えられていた桜並木も移植・保存したという。

海岸電軌開業3年前の1922（大正11）年測図の川崎沿岸部。左下に「浅野セメント川崎工場」が見られる一方、右側には「魚介養殖場」があり、当時の様子が分かる（出典：国土地理院地形図）

川崎大師から先も歩いてみよう。最初に大師から先へ線路を延伸したのは、京浜電鉄（現・京急電鉄）子会社の海岸電気軌道（以下、海岸電軌）だった。この海岸電軌が敷設された経緯は以下のとおりである。

もともと、京浜電鉄は「海浜遊覧」を目的として1910（明治43）年5月に、大森から大師を経由し、鶴見までの沿岸部を結ぶ生見尾《うみお》（当時の鶴見の地名）支線の敷設を出願している。川崎や鶴見の沿岸部で海浜遊覧とは今では考えられないことだが、『川崎市史通史編3』を見ると、当時、大師河原村・潮田《うしおだ》村の両村では海苔の生産、また、大師河原村では海水を利用した製塩業が行われていたという。京浜工業地帯の海辺に、かつては海苔の採取場や塩田が広がっていたのだ。現在、市営バスの営業所などがある「塩浜」という地名は、その名残である。

しかし、沿線がこのように未開発の状況では、たとえ生見尾支線を敷設しても採算は見込めないだろうと思われる。この点について『京浜急行八十年史』は、支線の出願には「京浜本線並行競争線計画に対する予防策」という側面があったとする。つまり、関東における電気鉄道のパイオニアであった京浜電鉄も、この時期になると後発企業との競争に晒《さら》されるようになり、自社路線に並行する路線が認可されないよう、防衛的な発想から路線出願を行ったというのである。こうした支線の出願は、他にもいくつか見られた。

だが、生見尾支線に関しては、間もなく状況が一変する。鶴見・川崎の沿岸部で、いわゆる「浅野埋立」が開始されたのだ。浅野セメント（現・太平洋セメントの源流の1つ）などを率いた浅野総一郎（１８４８〜１９３０年）が、自ら見聞したヨーロッパの港湾施設を参考にして、鶴見・川崎の地先に約１５０万坪にもおよぶ埋め立て地（現在の横浜市鶴見区の末広町・安善町、川崎市川崎区の白石町・大川町・扇町など）を造成し、工業地帯化する構想を立ち上げたのである。工事は１９１３（大正２）年に着工し、埋め立てが完了したエリアから順に、浅野セメント、日本鋼管、旭硝子《ガラス》といった企業が次々と進出し、工場の建設に着手した。[※3]

◉短命に終わった海岸電軌

こうなると生見尾支線の意味合いは、以前とは全く違ったものになる。京浜電鉄は１９１６（大正５）年５月、沿線開発や工場への通勤輸送といった新たな位置づけの下、生見尾支線特許の追申書を提出するが、この申請は「同支線敷設に伴う既設線への悪影響」（『京浜急行八十年史』）を理由として、同年10月に却下されている。当時は、埋め立て地の開発もまだ初期段階にあり、採算不確実な路線ができれば、既設路線（京浜本線）の経営にも悪影響を及ぼすという判断であろう。

しかし、当時の経済状況を見ると、第一次世界大戦期を通じての「大戦景気」が訪れ、工業界はいやが上にも活況を呈し始めており、鶴見・川崎臨海部では工場の進出に付随して「居宅店舗ノ新築ヲ見ルニ至リ人口日ヲ追フテ増加シ交通往来日ヲ重ヌルニ従ヒテ頻繁ト相成」（１９１７年８月付の神奈川県知事・有吉忠一による書簡[※4]という状況で、今後の著しい発展が目に見えていた。

そこで京浜電鉄は、計画を大師以南の鶴見・川崎に絞り、別会社[※5]（海岸電軌）による再出願をもくろむ。そして1919（大正8）年12月に特許を取得。このような経緯から設立された海岸電軌は、大戦後の反動不況や関東大震災の影響を受けつつも、1925（大正14）年10月までに鶴見の總持寺―大師間（約9・5㎞）を全通させた。

開業当時、富士電機前停留場付近を行く海岸電気軌道の車両（1925年頃　提供：京急電鉄）

京浜電鉄と海岸電軌の連絡駅だった總持寺駅（現・本山前桜公園）。左手奥の高架駅は鶴見臨港鉄道（現・JR鶴見線）の鶴見―国道間に存在した本山駅（1930年頃　提供：京急電鉄）

この海岸電軌の廃線跡は比較的容易に辿ることができる。川崎大師駅から大師橋駅（旧・産業道路駅）までは、ほぼ現在の大師線の経路に沿って進み、駅手前で出来野交差点方向に向かってカーブする。大師橋駅南側の住宅地内に、弧を描くように南下する道路が今もあるが、これは海岸電軌の名残である。その先は、ほぼ現在の産業道路上を鶴見に向かって進み、鶴見川手前で進路を北

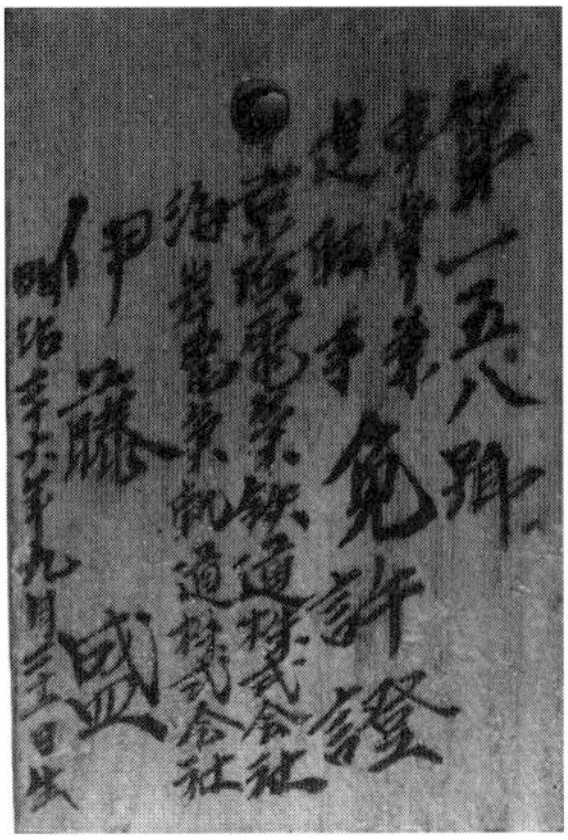

木製の車掌兼運転手免許証（京浜電鉄・海岸電軌　提供：京急電鉄）

西に変え、臨港鶴見川橋を渡っていた。そして、終点の總持寺駅（現・本山前桜公園）で、京浜電鉄本線と接続していた。(※6)

だが、こうしてせっかく開通した海岸電軌は、反動不況から昭和恐慌へと続く経済停滞の影響をもろに受けて所期の業績を上げられず、１９３０（昭和５）年３月、後発の鶴見臨港鉄道（現・ＪＲ鶴見線）に吸収合併されてしまう。この合併の経緯についても記しておく。

鶴見臨港鉄道は、浅野埋立によって造成された工業地帯の輸送動脈として、進出企業の共同出資によって設立。１９２６（大正15）年３月に貨物専用線として浜川崎―弁天橋間の本線と大川支線（大川支線分岐点―大川間）を第１期線として開業。(※7) その後まもなく従業員輸送等の必要が高まってきたことから、旅客営業への進出を企図するが、ここで問題となったのが、ほぼ並行する路線で旅客営業を行っていた海岸電軌だった。

◉大師線延伸と市電との接続

鶴見臨港と海岸電軌は鶴見から浜川崎付近まで、ほぼ路線が並行していた（資料編３００頁掲載の「鶴見臨港鐵道要覧」参照）。しかも、省線（現・ＪＲ）鶴見駅との接続という意味では、海岸電軌の總持寺駅が５００ｍも離れていたのに対し、鶴見臨港は鶴見駅への乗り入れに向けての工事準備を着々と進めていた。ただでさえ経営不振に陥っていた海岸電軌は、鶴見臨港が旅客営業を始めればひとたまりもない。海岸電軌は鉄道大臣に宛てた１９２８（昭和３）年提出の書簡の中で、「(旅客営業開始についての)臨港鉄道ノ願意ヲ御聴許《ちょうきょ》相成候ハハ当社ハ復興ノ中道ニシテ空シク夭折《ようせつ》スルニ至ルヘシ」と窮状を訴え、鶴見臨港の旅客運輸営業の出願を阻もうとした。

しかし、鉄道省は付帯条件付きで鶴見臨港の旅客営業を許可する。その条件とは、「旅客運輸営業開始前ニ於テ海岸電気軌道株式会社ヨリ所属軌道並其ノ附属物件ノ買収又ハ会社ノ合併ヲ求メタルトキハ之ヲ拒ムコトヲ得ス」というものだった。つまり、経営不振の海岸電軌の買収に応じることを条件に、旅客営業を許可するという内容である。鶴見臨港の旅客営業を無条件で許可すれば、海岸電軌の経営が破綻するのは目に見えていたから、海岸電軌の救済という面が大きかったといえよう。これを受けて、両社協議の上、鶴見臨港は海岸電軌が抱えていた負債（対京浜電鉄の債務190万円、その他）もろとも路線を引き受けたというのが合併の経緯である。[※8]

戦後まもない大師線・塩浜駅付近。京急『八十年史』はこの写真を「旧小島新田駅」としているが、改札外に見える溜池などから塩浜駅と推定される（提供：東急）

こうして1930（昭和5）年3月、海岸電軌が鶴見臨港鉄道軌道線となる一方、同年10月から鶴見臨港鉄道本線（鉄道線）が旅客営業を開始した。しかし、同じ会社の並行する2路線が、ともに旅客営業を行うメリットが少なかったため、1937（昭和12）年12月、産業道路の拡幅整備を機に軌道線は廃止された。

海岸電軌廃止後、再び大師線の延伸が計画されたのは、戦時統制下の「大東急」（東急を中心に京浜・小田急・京王など私鉄各社を統合）体制下でのことだった。太平洋戦争勃発後、「（川崎市域）南部の海岸地域一帯には多数の軍需工場があった関係から、この地域の交通問題の解決は、軍需生産力の増強上、重要なものであるにもかかわらず、交通機関としては、鶴見臨港バスがあっ

戦後まもない頃に撮影された大師線の塩浜駅ホーム（提供：東急）

ただけ」（『東京急行電鉄50年史』）という背景から、大師線延伸が望まれたのだ。

だが、このとき川崎市も同じエリアへの川崎市電の建設を計画していたため（第6章参照）、川崎市と東急の競願となり、「運輸通信省で審理を進めた結果、両者で区間を分けて建設することとなり」（同前）、東急が大師から塩浜経由で東回り、川崎市が川崎駅前から西回りで工事を進め、桜本三丁目で連絡する計画となった。

東急が海岸電軌の廃線跡の一部も利用しつつ桜本駅（現・川崎市営バスの桜本バス停付近）までの延伸を完了させたのは、終戦間際の1945（昭和20）年1月のことであり、終戦後の同年12月には、西回りで桜本まで延伸した川崎市電との接続を果たした。

大師線は1948（昭和23）年6月に京浜急行電鉄が独立したことから京急大師線となった後、1952（昭和27）年1月に塩浜―桜本間を川崎市（川崎市電）に譲渡。さらに、1964（昭和39）年3月に塩浜操駅[※9]（現・川崎貨物駅）ができると、その敷地と路線がかぶったため、小島新田―塩浜間を休止（正式廃止は1970年11月）し、現在の京急川崎―小島新田間の路線が確定した。

※1　当初の駅名は川崎駅。1902（明治35）年9月に新たに川崎駅（現・京急川崎駅）が開業すると、六郷橋駅に改称された。

※2　六郷橋―大師間の経路変更・専用軌道化は1928（昭和3）年に行われ、旧線上にあった久根崎、池端の2駅が廃止。

※3　埋め立て工事は浅野総一郎らが設立した鶴見埋築（後に東京湾埋立、現・東亜建設工業）によって進められ、工事がすべて完了したのは1927（昭和2）年。浅野セメント、浅野造船所、浅野の娘婿の白石元治郎が経営する日本鋼管など浅野系企業のほ

軌道線と鉄道線

軌道線とは、いわゆる路面電車のことで主に道路上を走ることが想定され、軌道法に準拠して敷設される。一方、通常の鉄道は専用の敷地（道路外）で運行されることが想定され、地方鉄道法（現・鉄道事業法）に基づく。2001（平成13）年1月に国土交通省が発足する以前は、所管する官庁も運輸省・建設省に分かれていた。

■地方鉄道法と軌道法

法令	所管（国交省発足前）	
地方鉄道法（現・鉄道事業法）	運輸省専管	専用軌道（道路外）で運行する鉄道を想定
軌道法	運輸省・建設省共管	道路上の軌道で運行する主に路面電車を想定

か、旭硝子、石川島造船所（現・ＩＨＩ）、芝浦製作所（現・東芝）、富士電機、ライジングサン石油（後のシェル石油）、三井物産などが進出した。

※４　神奈川県知事・有吉忠一から内閣総理大臣・寺内正毅に宛てた「軌道敷設特許申請ノ儀ニ付副申」（大正六年八月三十日）。『京浜急行八十年史』５１２頁に全文掲載。

※５　海岸電軌は別会社とはいえ、京浜電鉄と「異身同体」（前出の有吉書簡）というべき関係だった。発起人はすべて京浜電鉄役員、株式も同社役員名義で所有。車両も「親会社が車両の近代化を進めていた関係もあって、その中古木造ボギー車、木造四輪車を譲受あるいは借り受けて」（「鶴見線の形成過程」中川浩一著）の開業だった。

※６　京浜本線の總持寺駅は、現・京急鶴見―花月総持寺間に存在。１９４４（昭和19）年11月に廃止。

※７　１９１８（大正７）年５月に開業していた川崎―浜川崎間を結ぶ東海道貨物支線（１９７３年廃止）に浜川崎駅で連絡する貨物専用線として開業した。

※８　京浜電鉄所有の海岸電軌株式は、合併契約に定められた比率に基づき、鶴見臨港株に振り替えられた。

※９　操駅とは、貨車の操車場機能を持つ駅のこと。操車場駅の略。

コラム

鶴見臨港鉄道の延伸計画と石油支線・鶴見川口支線

海岸電気軌道を吸収合併した鶴見臨港鉄道の、その後についても見てみよう。

合併により、鶴見臨港鉄道は鉄道線（現・JR鶴見線）と軌道線（旧・海岸電軌）を擁することになり、このうち軌道線は、産業道路の拡幅整備を機に、1937（昭和12）年12月に廃止されたことは第4章本編に記した。

一方、鉄道線は貨物輸送のほか、1930（昭和5）年10月からは旅客輸送も開始。省線の鶴見駅方面への延伸も進められ、1934（昭和9）年12月に鶴見駅への接続を果たしている。また、1931（昭和6）年8月には、扇島の海水浴場への便を図るため、海水浴前駅という臨時駅を開業している。今ではとても考えられないが、川崎・鶴見の臨海部にも、人々が海水浴を楽しむ牧歌的な風景が見られた時代があったのだ。

しかし、戦時色が濃厚になった1943（昭和18）年7月、軍需輸送上の重要路線と位置づけられた鶴見臨港鉄道は、戦時買収(※)によって国有化され、省線の鶴見線となる。戦後になり、国に対して払い下げ運動が行われたが功を奏さず、1949（昭和24）年6月に国鉄が発足すると、国鉄鶴見線となったのである。

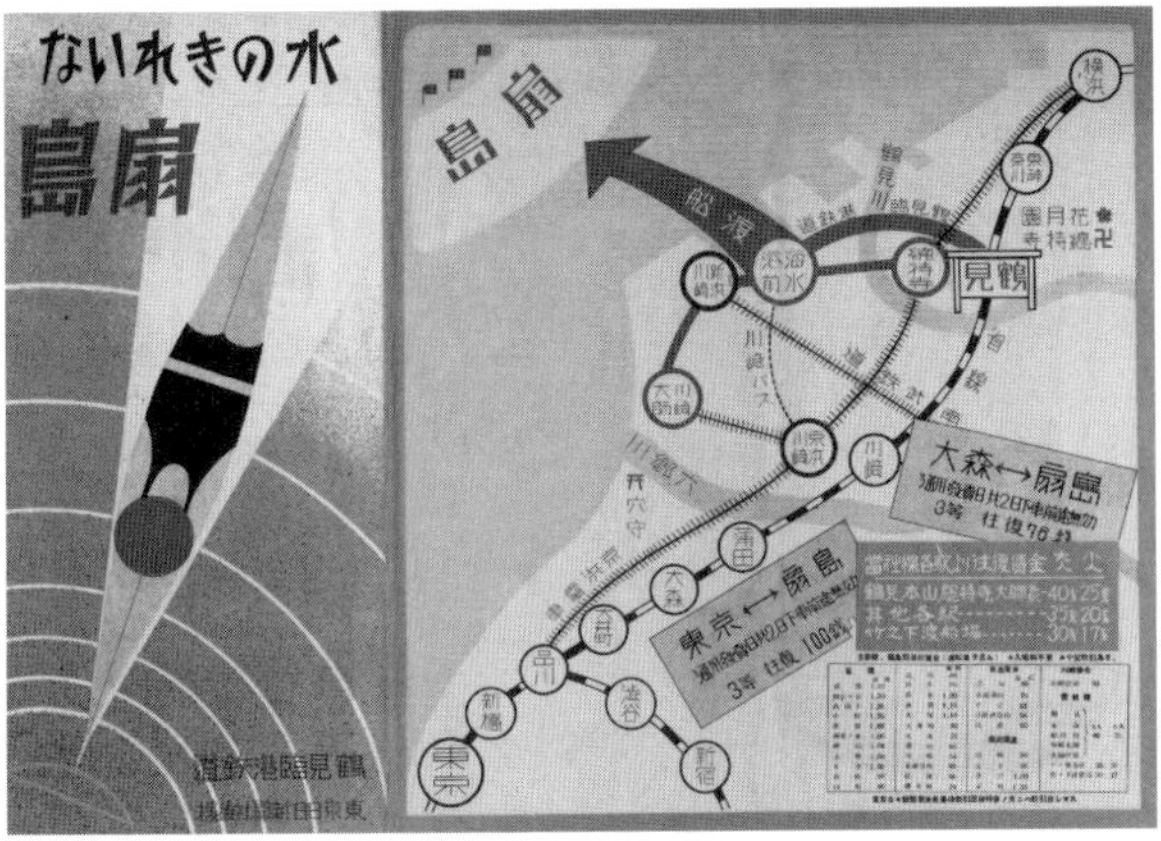

鶴見臨港鉄道が発行した扇島海水浴場のパンフレット（提供:東亜リアルエステート）

こうして鉄道事業を失った後も、鶴見臨港鉄道㈱は、不動産賃貸・売買事業などを営む不動産会社（旧・浅野財閥系の東亜建設工業の完全子会社）として存続。２０１９（平成31）年４月１日付で東亜地所を吸収合併して東亜リアルエステートと商号変更し、現在に至る。

筆者は２０１９（令和元）年12月、鶴見臨港鉄道に関する資料を閲覧するために同社を訪問した。その際、不動産管理部長の長松健さんから、興味深い話を聞くことができた。鶴見臨港鉄道には鶴見―矢向間（矢向線）、および浜川崎―羽田―大森間（大森線）という2つの路線延長計画があったとのこと（資料編３００頁掲載の「鶴見臨港鐵道要覧」参照）。このうち矢向線に関しては、同じく旧・浅野財閥系の鉄道路線だった南武鉄道（現・ＪＲ南武線。第９章参照）と接続して、環状線とする意図があったらしい。

長松さんは、「この矢向への延長計画があったからこそ、鶴見線（鶴見臨港鉄道）の鶴見駅は、路線の大半がある海側（東口）ではなく、東海道線や京急本線を跨《また》いで山側（西口）に造られた。また、矢向線建設のために鶴見駅から森永製菓鶴見工場（鶴見区下末吉2丁目）の手前まで、実際に用地買収も進められた」と話す。

結局、矢向線も大森線も未成線のままに終わったものの、矢向線建設のために買収した土地は、戦中・戦後を通じて国や他企業に買収されることなく、鶴見臨港鉄道が所有し続けた。現在、東亜リアルエステートは、鶴見駅の駅ビル「ミナール」をはじめ、この矢向線用地を基盤にして不動産事業を行っている。

続いて、鶴見線の廃線区間について見ていくことにしよう。鶴見線は貨物線としてスタートしたことから、多くの支線・引込線が敷設された。このうち、海に面する海芝浦駅が有名な海芝浦支線（浅野―海芝浦間）、首都圏で最後まで旧型国電車両が走った大川支線（武蔵白石―大川間）は今もあるが、かつてはほかに石油支線、鶴見川口支線が存在した。

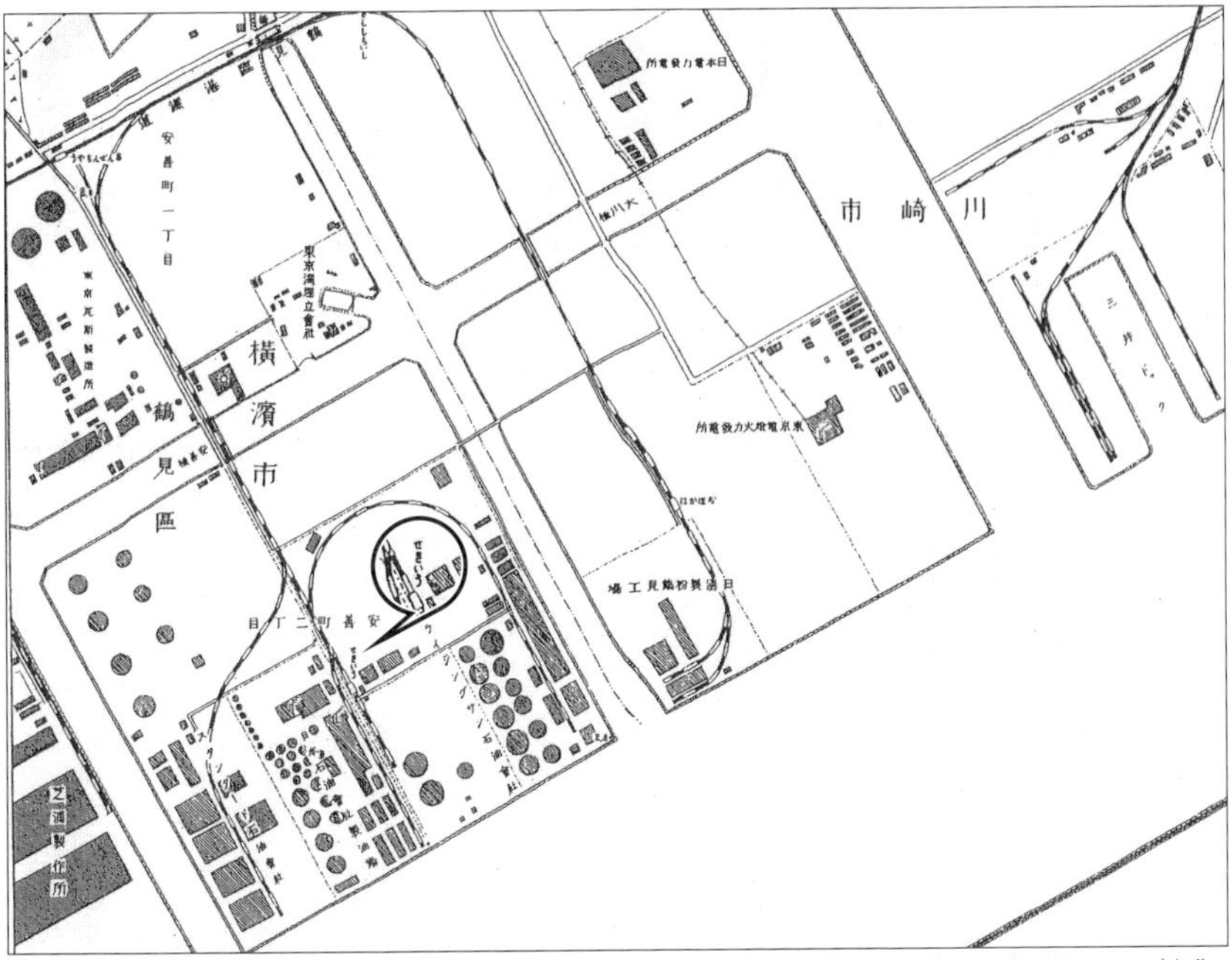

1931（昭和6）年修正測量の「安善町」地形図を一部加工。石油駅の位置に「せきいう」の駅名が見られる（出典：国土地理院地形図）

浜安善駅の遺構であるコンクリート製の車止め

石油支線は１９２６（大正15）年４月、安善町にあった日本石油、ライジングサン石油、スタンダード石油の製油所からの石油輸送を目的として開業。１９３０（昭和５）年10月から１９３８（昭和13）年12月の間は旅客輸送も行った。

同支線は１９８６（昭和61）年11月に廃止されたが、それ以降も安善駅の構内施設扱いで線路（ＪＲ貨物管理　約１㎞）が残り、現在も不定期ながら米軍の鶴見貯油施設から横田基地への航空燃料輸送に使用されている。

現地に足を運ぶと、支線の終点に設けられていた浜安善駅（開業

鶴見小野駅の駅舎と鶴見川口支線廃線跡の遊歩道

時は石油駅。国有化時に浜安善に改称）跡地には、当時のコンクリート製の車止めが残っている。また、浜安善駅跡のやや手前（北側）で分岐した引込線が米軍の貯油施設内へと延びており、フェンス越しにタキ（石油タンク車）が並んでいるのを見ることができる。

　石油支線は今も線路が残っていることから知る人も多いと思うが、鶴見川口支線（1982年11月に廃止）は、ほぼ知られていないのではないか。同支線は1929（昭和4）年から1932（昭和7）年にかけて不況対策として神奈川県が行った埋め立て事業（現・鶴見区末広町1丁目の大部分）完了後、同地区の貨物輸送のために1935（昭和10）年12月に開業。当初は弁天橋駅を起点に鶴見川口駅との間を結び、国有化時に起点を浅野駅に移している（浅野—鶴見川口間2・4㎞）。

　興味深いのは、この支線の線形だ。浅野駅を出発した貨物列車は、いったん鶴見小野駅上りホーム西側に敷かれた側線に入り、ここでスイッチバックしていた。鶴見小野駅西側のレンガ敷きの遊歩道は、その側線跡である。

　鶴見小野駅で方向転換した後は、産業道路の南側で鶴見線本線から分岐。その先で日本鋼管（現・JFEスチール）鶴見川工場の引込線と交差し、現在のバス通りに沿って鶴見川口駅へと進んでいた。鶴見川口駅は東京瓦斯《ガス》（現・東京ガス）横浜工場の門前付近にあり、同工場およびその先の鶴見曹達《ソーダ》（現・東亞合成）工場内に引込線が延びていた。

ユニークな存在感を放つ鶴見線

アール・デコ調の建築様式を採り入れた国道駅1階改札付近（提供：東亜リアルエステート）

鶴見線は首都圏のＪＲ各線の中でもひときわユニークな存在感を放っている。まず、駅名に着目すると、鶴見臨港鉄道の発起人らの名前が付けられた駅名が多いことに気がつく。「浅野」は言うまでもなく浅野総一郎、「安善」は埋立事業の出資者で安田財閥総帥の安田善次郎、「武蔵白石」は浅野の娘婿で日本鋼管社長の白石元治郎、「大川」は浅野セメントの経営にも携わった富士製紙（後に王子製紙）社長の大川平三郎といった具合だ。また、「扇町」は浅野家の家紋の扇に由来するとされる。

さらに、鶴見線の大きな特徴となっているのが、鶴見駅から鶴見小野駅手前まで断続的に続く高架橋である。この高架橋は、「コンクリート博士」と呼ばれ、日比谷映画劇場、阪急百貨店、阪急西宮球場など、数多くの鉄筋コンクリート建築を手がけた阿部美樹志（１８８３～１９６５年）の設計によるもので、鉄筋コンクリート造りの鉄道高架橋としては、我が国で最初期の例とされる。鶴見線ではほかに、特徴あるアール・デコ調のデザインが採り入れられた国道駅も阿部の設計による。

※　太平洋戦争中の1943（昭和18）年から1944（昭和19）年にかけて、全国の22の地方鉄道（私鉄）が国有化された。これを一般に「戦時買収」と呼ぶ。石炭などの重要資源の輸送路線、沿線に軍需工場・施設を擁する路線、幹線間を結ぶバイパス線等が、その対象となった。

〈主要参考文献〉

・「東京急行電鉄50年史」（東京急行電鉄＝現・東急　1973年）
・「横浜市史第5巻　中」（1976年）
・「京浜急行八十年史」（京浜急行電鉄　1980年）
・「鶴見線の形成過程」（中川浩一著「鉄道ピクトリアル」1986年12月）
・「東京湾埋立物語」（東亜建設工業　1989年）
・「川崎市史通史編3」（1995年）
・「工学博士藤岡市助伝」（藤岡市助君伝記編纂会　1998年）

第5章

横浜市電

神奈川の路面電車の王様
最盛期は年間1億人以上が利用

明治末期から大正初期にかけて、横浜市電の前身・横浜電気鉄道は郊外へ向けて着々と路線を延ばし、都市の拡大・発展を牽引する役割を担った。1921（大正10）年4月に横浜市電となった後、関東大震災では甚大な被害を受けたものの、その復興期に路線網を大幅に拡大した。戦後の1947（昭和22）年度は、年間乗車人員約1億2200万人を記録。この年から1963（昭和38）年度まで1億人以上をキープし続けた、神奈川県下の路面電車の王様である。

羽衣町付近を行く横浜電気鉄道の車両。屋根上の2本のポールを見た人々は、「電車にはツノが生えている」と言ったという（横浜開港資料館所蔵）

◉山手のビールも運んだ？

神奈川県内には、小田原や川崎にもかつて路面電車が存在し、京急大師線や江ノ電も当初は軌道免許でスタートした。だが、路線規模等を考えれば、横浜市電が県内の路面電車の王様であることに異論はないであろう。本章では、横浜市電とはどのような路線だったのか、昔日の写真とともにその歴史を振り返っていきたい。

横浜市電の前身である横浜電気鉄道は、1904（明治37）年7月に神奈川―大江橋間（2・6km）で開業した。我が国の電気鉄道は、1895（明治28）年に京都、1898（明治31）年に名古屋、1899（明治32）年に川崎の大師電気鉄道（京急大師線の前身）の順に開業し、横浜は全国で12番目だった。日本有数の大都市でありながら、横浜の電車開業が遅れたのは、複数グループの競願になったことや、人力車夫の猛烈な反対運動があったことなどによ

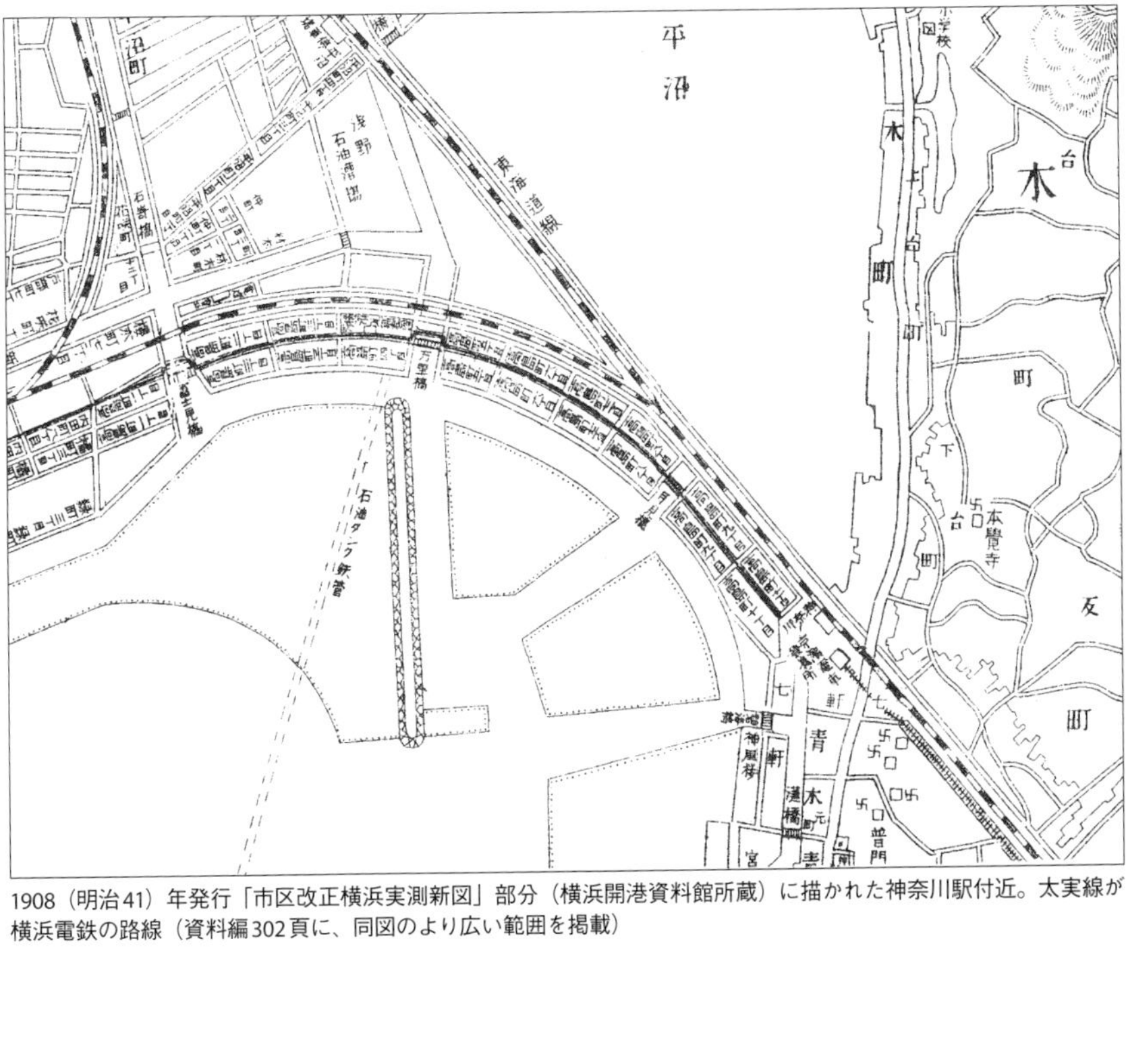

1908（明治41）年発行「市区改正横浜実測新図」部分（横浜開港資料館所蔵）に描かれた神奈川駅付近。太実線が横浜電鉄の路線（資料編302頁に、同図のより広い範囲を掲載）

■横浜電鉄時代に建設された路線一覧

線　名	区　間		キロ程 (km)	開通年月日
	自	至		
第一期神奈川線	神奈川	大江橋	2.611	1904（明治37）年７月15日
第二期線ノ一	大江橋	西ノ橋	1.697	1905（明治38）年７月24日
第二期線ノ二　税関線	尾上町一丁目	花園橋	1.547	1905（明治38）年12月25日
住吉町線	馬車道	住吉町一丁目	0.647	1905（明治38）年12月25日
本牧線	西ノ橋	本牧町原	3.038	1911（明治44）年12月26日
羽衣町線	馬車道	駿河橋	4.344	1911（明治44）年12月23日
滝頭線	駿河橋	八幡橋		1912（明治45）年４月13日
西戸部線ノ一	戸部橋	日本橋	3.884	1913（大正２）年２月21日
同　　　ノ二	戸部橋	横浜駅		1916（大正５）年10月21日
同　　　ノ三	横浜駅	花咲橋		1919（大正８）年１月15日
大岡川線ノ一	駿河橋	お三ノ宮	2.475	1913（大正２）年９月14日
同　　　ノ二	お三ノ宮	弘明寺		1914（大正３）年９月19日

※「キロ程」は出典元のマイル表記から換算
※「本牧町原（本牧原）」は、後の「本牧三渓園前」
※「戸部橋」は、後の「石崎町」
※「日本橋」は、後の「浦舟町」付近
※「横浜駅」は、二代目横浜駅（＝高島町）
※表中の旅客線のほか、貨物引込線約186m を保有

出典：『横浜市電気局事業誌』（横浜市電気局）

る。

横浜電鉄の開業当時、現在の横浜駅と青木橋の中間付近に東海道線の神奈川駅（1928年に廃止）があり、横浜電鉄の発着場所はこの神奈川駅前にあった。(※1) また、当時の横浜駅（初代）は現在の桜木町駅であり、大江橋停留場はこの初代横浜駅前に

1911（明治44）年に開通した麦田トンネル（横浜開港資料館所蔵）

あった。電車は神奈川、大江橋双方より5分ごとに発車し、運賃は片道3銭だった。

その後、明治末期から大正初期にかけて、横浜電鉄は市街地の路線を充実させるとともに、郊外へ向けても着々と路線を延ばし、1911（明治44）年12月に本牧原まで（本牧線）、1912（明治45）年4月に八幡橋まで（滝頭線）、1914（大正3）年9月に弘明《ぐみょう》寺まで（大岡川線＝弘明寺線）が開通した。この中で、特に興味深いのが本牧線である。電車専用の麦田トンネル（現在は市道の第二山手隧道《ずいどう》）を掘削する難工事を伴って開通した同線によって、「開発が遅れていた本牧方面には関内の豪商たちの住居や別荘が次々と建設」（『横浜市営交通八十年史』）されるなど、電車の路線延長は都市の拡大・発展を牽引する役割を担った。

また、この時期の特筆すべき事業として、貨車によるビール輸送があった。1870（明治3）年、ノルウェー出身のアメリカ人技師、ウィリアム・コープランド（1834〜1902年）が山手の天沼（現在の市立北方小学校敷地）にビール醸造所を設立。これを前身として、1907（明治40）年に麒麟麦酒《キリンビール》が創立された。この麒麟麦酒横浜山手工場は、後に関東大震災で倒壊して鶴見の生麦に移転するが、それまでの間、横浜電鉄の貨車で元町河岸（中村川に架かる「西の橋」と現・JR石川町駅の間に貨物専用の停留場があった）までビールを運び、船積み・出荷が行われたという。[※2]

現在、北方小学校の敷地には、ビール造りに使われた「ビール井戸」が残っており（敷地外から見学可）、付近の「キリン園公園」には、「麒麟麦酒開源記念碑」が立っている。

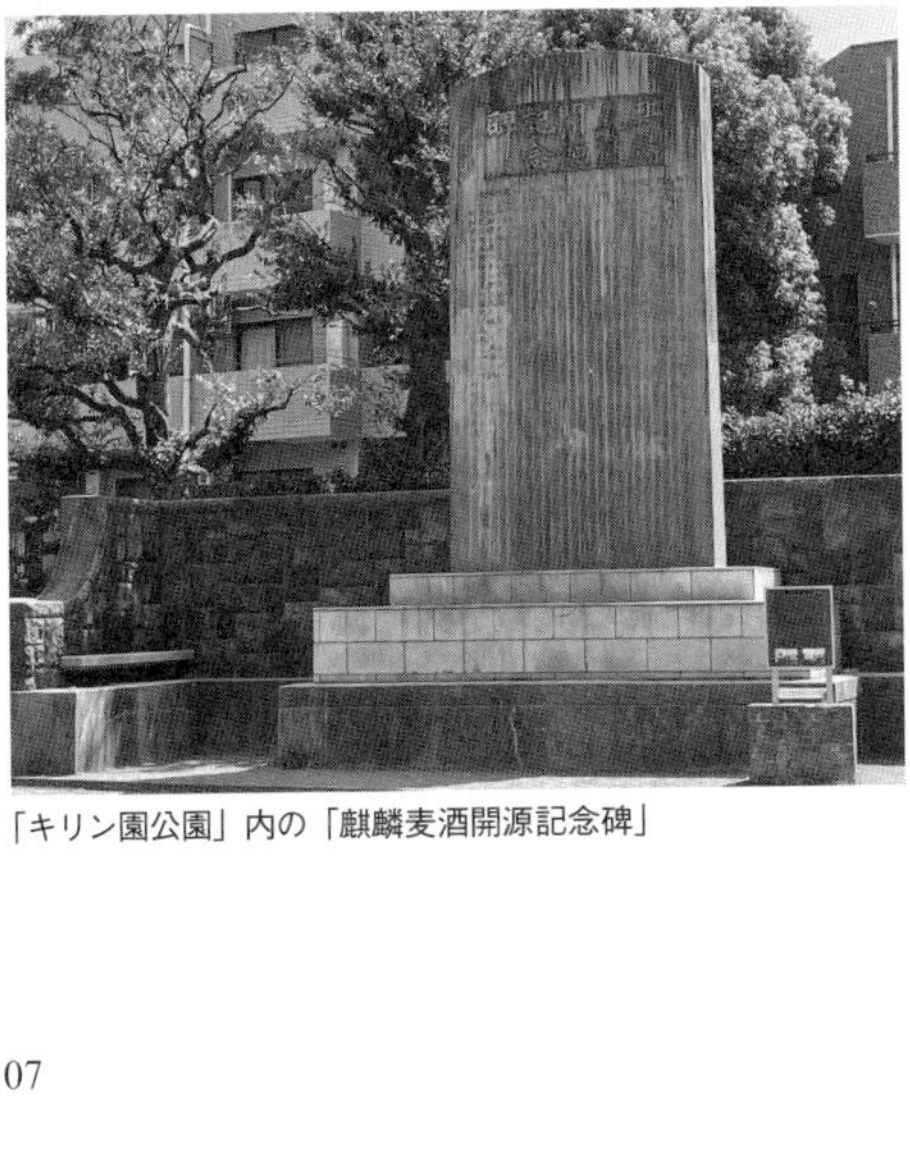
「キリン園公園」内の「麒麟麦酒開源記念碑」

■横浜電鉄時代の運輸成績

決算期（年度）			乗客人員（人）	乗車料収入（円）
1914	大正３	上半期	7,644,426	270,856．31
		下半期	8,178,023	282,198．55
年度合計			15,822,449	553,054．86
1915	大正４	上半期	7,272,139	256,512．72
		下半期	8,809,388	302,564．37
年度合計			16,081,527	559,077．09
1916	大正５	上半期	8,356,794	293,702．78
		下半期	9,654,142	328,884．76
年度合計			18,010,936	622,587．54
1917	大正６	上半期	10,053,425	351,039．74
		下半期	11,731,380	429,621．65
年度合計			21,784,805	780,661．39
1918	大正７	上半期	12,507,981	466,976．10
		下半期	15,811,818	571,574．28
年度合計			28,319,799	1,038,550．38
1919	大正８	上半期	16,323,150	608,926．96
		下半期	19,035,656	720,394．73
年度合計			35,358,806	1,329,321．69
1920	大正９	上半期	19,870,601	747,365．53
		下半期	22,897,276	874,604．32
年度合計			42,767,877	1,621,969．85

出典：「横浜電気鉄道株式会社営業報告書」（横浜開港資料館所蔵）より集計・作成

◉震災からわずかな期間で復旧

横浜電鉄は、積極的に路線および事業の拡張を進めた一方で、経営状態は苦しかった。沿線で展開した土地の賃貸など不動産事業が振るわなかったのに加え、第一次世界大戦期を通じての諸物価の高騰から、建設資材

◎突如《とつじよ》市民《しみん》を脅《おびや》かす
市内電車《しないでんしや》の値上《ねあげ》
缺點《けつてん》を完備《かんび》した電車《でんしや》で一足飛《そくとび》に
三割五分から十五割の値上
六十万圓《まんえん》の増收剩餘《ぞうしうじようよ》は
◎…果して何の費途に充つるか
◇従来の

1920（大正9）年4月16日付横浜貿易新報記事「突如市民を脅かす　市内電車の値上」

費や電力料金増が経営を圧迫したほか、米などの価格上昇で生活が苦しくなった従業員による待遇改善を求めるストライキが頻発した。

苦境に立たされた横浜電鉄は、1920（大正9）年4月、横浜市に対して大幅な運賃の値上げを申請したが、これが市民の反発を受けることとなった。

こうした事態を受け、「市民生活に重大な影響をもたらす電車事業は1私営会社に放任すべきではない」との電車市営論が高まり、市当局も「市営を断行することが、横浜市百年の計を為す所以《ゆえん》なり」（『横浜市電気局事業誌』）と買収に踏み切ることになった。その後、数次にわたる買収価格交渉の末、横浜市が横浜電鉄を620万円で買収し、1921（大正10）年4月1日付で横浜電鉄は解散、横浜市電気局が運行する横浜市電となったのである。

市営化後、電気局は時を置かずに車両の増車や、軌道・電線・変電所など施設の大改良に着手。続いて1922（大正11）年6月には、杉田線と久保町線の建設および本牧線の延長という、いわゆる「3線計画」(※3)に乗り出すなど、それまで他の大都市に比べて見劣りしていた路面電車の増強に向けて動き始めた。

このように公営化により事業が軌道に乗るかに見えた矢先の1923（大正12）年9月1日、関東大震災が発生。横浜は火の海と化した。市電車両の被害について、『八十年史』には「地震は昼前に発生したが、このころ市電は保有車両の約半数が稼働していた。運転中の電車は、送電がと絶えたためにストップし、そのうちに火に包まれて各所で焼失した」とある。当時の市電の車両143両のうち72両が焼失、13両が大破するなど

関東大震災当日。市電の後ろに見えるのは市役所。倒壊を免れたが、16時頃、炎が侵入し焼け落ちた（横浜市史資料室所蔵）

半数以上を失った。また、高島町車庫が焼失、滝頭車庫・工場が倒壊したほか、各変電所も火災に遭い、あるいは倒壊するなどした。

これほどの被害を受けたにもかかわらず、震災からわずか1カ月後の10月2日、神奈川―馬車道間（約３・１km）の応急措置が完了し、電車が走り始め、同月内にほぼ全路線が復旧した。

復旧作業が予想以上に早く進んだ背景には、関係者の懸命の努力があった。「軌道は、陸軍鉄道第一連隊（千葉）所属の工兵約３００人が、９日間にわたって復旧工事を急いだ。電線路は、大阪、京都、名古屋の３市から派遣された技手２人、工夫13人が27日間にわたり工事を受け持ってくれた」（『八十年史』）という。また、震災前に前述の「３線計画」に着手していたため、その資材を復旧用に転用できたことも大きかった。車両は京王電気軌道（現・京王電鉄）や大阪市から購入・補充したほか、被災した車両を改造し、屋根なしの「バラック電車」として運行するなどして、当座を凌《しの》いだ。

その後、横浜の復興は「帝都復興事業」の一環に組み込まれ、市電は既設路線を復旧するのみならず、新たな都市計画路線の敷設も進められた。１９２７（昭和２）年に鶴見町、保土ヶ谷町、屏風浦《びょうぶがうら》村など隣接町村との合併によって市域が大幅に拡大されたことから、新たな郊外に向けての市電延長が必要とされたのである。こうして生麦（１９２８年６月）、六角橋（１９２８年12月）、保土ヶ谷駅（１９３０年12月）方面などへ路線が延長され、震災復興工事がすべて完了した１９３０（昭和５）年度時点の路線は46・４kmにまで延び、震災前の20・４kmの倍以上の路線網を形成するに至った。これに伴い停留

場の数も、１９２２（大正11）年の61から１９３０（昭和５）年には１３１へと倍以上に増えた。(※4)

震災復興を通じて市電の事業内容・規模は見違えるほど拡大した一方で、電気局の財政状況は困難を極めた。横浜電鉄の買収後、施設の改良を進めていたところに震災が発生し、投下資本のほとんどが壊滅。そこからの莫大な費用をかけての復興という二重投資を強いられたためである。しかも、横浜の復興事業費は米ドル建て公債によるところが大きく、その後の不況に加え、為替差損による負担増も電気局の運営に重くのしかかった。１９２９（昭和４）年度以降は、多額の公債の元利償還と為替差損によって生じた支出超過を補うために、新たに赤字公債を発行しなければならないという悪循環に陥った。

震災からの復興が進んだ昭和初期の本町通りを走る500型車両。背後に現・横浜市開港記念会館の時計塔が見える（1929年４月撮影　横浜市史資料室所蔵）

さらに、市電のライバルが台頭し始めたのもこの時期だった。ともに京急電鉄の前身である京浜電鉄（高輪―横浜間）と湘南電鉄（黄金町―浦賀間）が１９３１（昭和６）年12月に横浜―黄金町間の連絡線開業によって接続し、ほどなくして直通運転を始めると、生麦―弘明寺・杉田間で市電と競合するようになった。また、東横電鉄（現・東急東横線）も１９３２（昭和７）年３月に桜木町まで全通し、六角橋（白楽）―桜木町間で市電と競合するようになった。さらに乗合自動車（バス）、タクシーの数も増え、市電の年間乗降客数は、１９２８（昭和３）年度の約５８００万人をピークに減少していく。

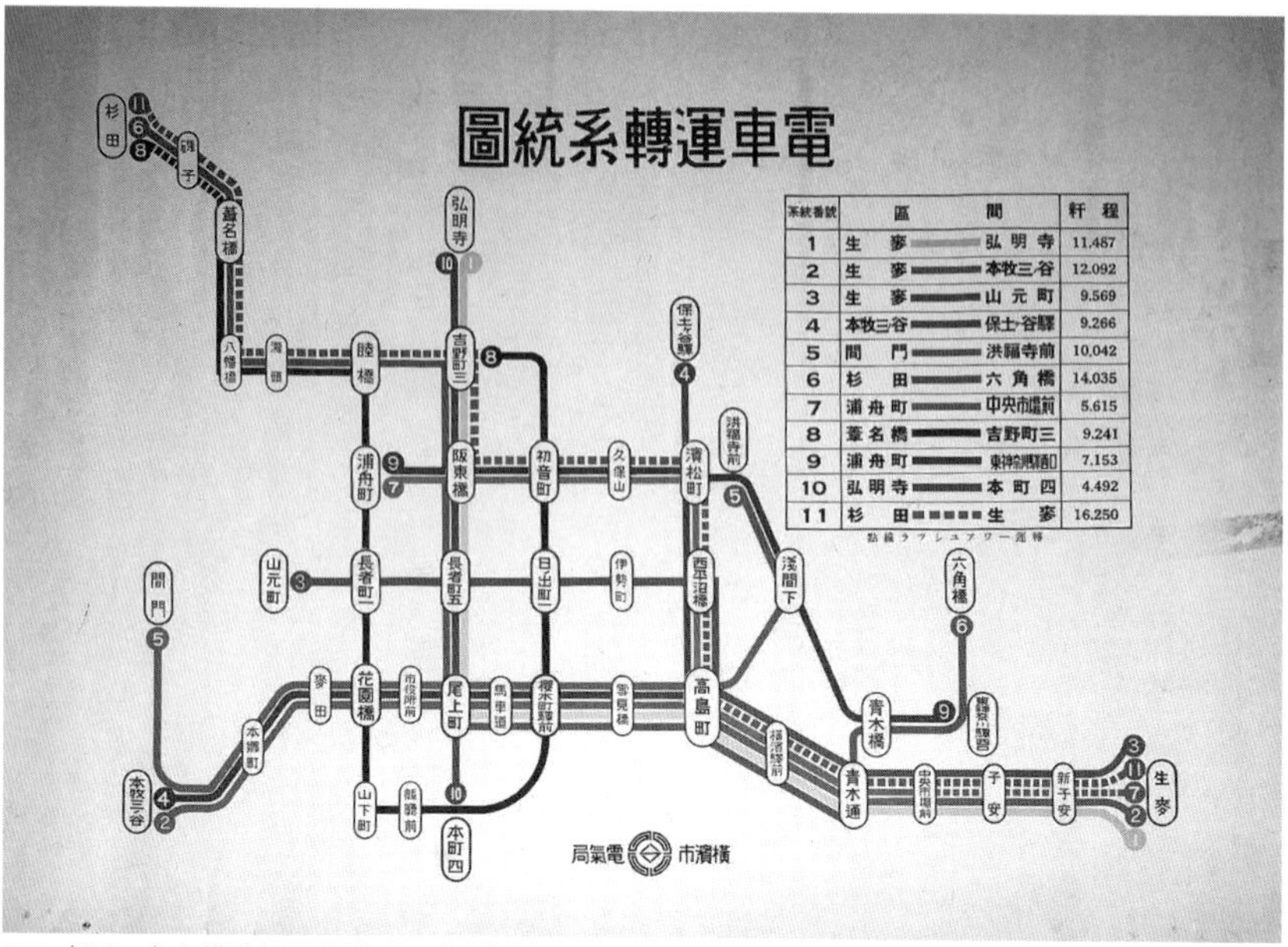

1939（昭和14）年横浜市電気局作成の「電車運転系統図」。現在の市バスと同様、市電にも運転系統があった（依田幸一さん所蔵　提供：横浜市史資料室）

■横浜市電の運輸成績および元利支払額（戦前）

年度(西暦)	年度（和暦）	乗車人員（人）	乗車料収入（円）	元利支払額合計（円）
1927	昭和２	52,039,465	2,994,099．37	1,607,183．64
1928	昭和３	58,074,200	3,467,741．79	1,722,031．46
1929	昭和４	55,347,792	3,822,421．61	1,835,435．49
1930	昭和５	48,406,480	3,650,358．19	1,843,772．26
1931	昭和６	44,101,613	3,275,959．39	1,805,625．11
1932	昭和７	38,111,791	2,955,503．38	2,639,664．41
1933	昭和８	39,254,637	3,141,089．51	2,648,680．43
1934	昭和９	41,350,761	3,344,500．46	1,895,367．99
1935	昭和10	44,181,042	3,636,436．20	2,066,673．52
1936	昭和11	46,600,701	3,946,713．97	2,074,044．65
1937	昭和12	52,849,877	4,432,375．70	2,164,437．73
1938	昭和13	62,684,514	5,029,865．38	2,626,032．39
1939	昭和14	74,739,983	5,837,664．86	2,986,825．29

出典：『横浜市電気局事業誌』（横浜市電気局）より集計・作成

◉戦争被害からの復興、そして廃止への道

やがて１９３７（昭和12）年に日中戦争が始まると、市電の乗客数は再び大幅な増加に転じた。鶴見の工業地帯への軍需輸送増大や、ガソリン統制によりバス、タクシーが思うように走れなくなった影響が大きかった。太平洋戦争中の１９４４（昭和19）年８月には、軍部の協力により生麦―鶴見駅前間に市電鶴見線が敷設され

1945（昭和20）年9月7日。長者町5丁目付近に残された市電の残骸（米国国立公文書館所蔵　提供：横浜市史資料室）

終戦直後の1945（昭和20）年9月の桜木町駅前（米国国立公文書館所蔵　提供：横浜市史資料室）

た（同路線は終戦後、間もなく廃止）。しかし、１９４５（昭和20）年5月29日の横浜大空襲で横浜の市街地は壊滅。市電も「保有台数２０２台のうち、45台を焼失」（『八十年史』）したほか、変電所等の施設にも甚大な被害を受けた。

戦後は、電気局から交通局と名を変え、進駐軍による中心市街地の接収、電力不足、極端なインフレ[※5]などにあえぎながらも復興が進められ、１９４７（昭和22）年8月に全線の復旧が完了。同年度は、年間乗車人員約1億２２００万人を記録。この年から１９６３（昭和38）年度まで17年間にわたり1億人以上をキープし続けた。

井土ヶ谷線開通前日（1956年3月31日）に行われた発車式
（依田幸一さん所蔵　提供：横浜市史資料室）

また、朝鮮戦争特需で景気が上向くと、１９５５（昭和30）年4月に市電根岸線（間門《まかど》―八幡橋間）、１９５６（昭和31）年4月に井土ヶ谷線（保土ヶ谷橋―井土ヶ谷駅前―通町《とおりちょう》一丁目間）を開通させ、営業距離としての最盛期（51・79㎞）を迎えた。

しかし、その後、市電は縮小・廃止への道を走ることになる。１９６４（昭和39）年5月、国鉄根岸線の桜木町―磯子間が開通したことにより市電根岸線・本牧線が大幅な乗客減少に見舞われたのが、市電衰退の象徴的な出来事だった。

従来、磯子地区から桜木町まで市電・バスを利用した場合は約50分を要した。それが国鉄根岸線の開通で13分に短縮され、しかも東京方面へ乗り換えなしで行けるようになり、多くの利用者が国鉄に流れた。その結果、１９６３（昭和38）年度に約1億１０００万人

■横浜市電の運輸成績（戦後）

年度（西暦）	年度（和暦）	乗車人員（人）	乗車料収入（円）	運賃の推移（片道）	主な出来事
1946	昭和21	98,452,012	25,906,033	20銭→30銭→40銭	公通局に改称
1947	昭和22	122,146,089	151,224,147	40銭→1円→2円	
1948	昭和23	117,851,021	472,167,708	2円→3円50銭→6円	
1949	昭和24	113,346,452	704,568,739	6円→8円	日本貿易博覧会を開催
1950	昭和25	110,520,436	742,752,781	—	朝鮮戦争始まる
1951	昭和26	115,433,111	827,692,885	8円→10円	横浜市の人口100万人を超える
1952	昭和27	115,712,802	980,953,889	—	「地方公営企業法」公布
1953	昭和28	112,316,476	1,164,041,252	10円→13円	
1954	昭和29	107,799,381	1,135,048,095	—	
1955	昭和30	106,593,309	1,127,922,961	—	市電根岸線開通
1956	昭和31	110,425,176	1,165,242,968	—	市電井土ヶ谷線開通
1957	昭和32	112,718,632	1,186,949,890	—	
1958	昭和33	112,353,579	1,188,993,512	—	開港百年祭開催
1959	昭和34	112,290,165	1,190,228,571	—	市営トロリーバス営業開始
1960	昭和35	111,392,785	1,178,240,077	—	自動車の軌道敷内通行認められる
1961	昭和36	112,633,602	1,193,169,544	—	
1962	昭和37	109,262,486	1,346,439,145	13円→15円	
1963	昭和38	109,885,078	1,364,695,240	—	
1964	昭和39	98,090,533	1,224,600,485	—	国鉄根岸線（桜木町—磯子間）開業
1965	昭和40	90,468,095	1,128,528,835	—	「横浜市六大事業」発表
1966	昭和41	83,427,689	1,240,821,780	15円→20円	市電の路線廃止始まる
1967	昭和42	74,385,383	1,135,595,881	—	市電ワンマン運転開始
1968	昭和43	49,830,366	832,128,980	—	横浜市の人口200万人を超える
1969	昭和44	33,485,406	568,834,283	—	
1970	昭和45	18,649,730	322,133,599	—	
1971	昭和46	9,751,384	172,481,621	—	市営地下鉄、試運転（上大岡—吉野町間）開始

出典：『横浜市営交通八十年史』（横浜市交通局）より抜粋・作成

横浜市電路線図① 全体図

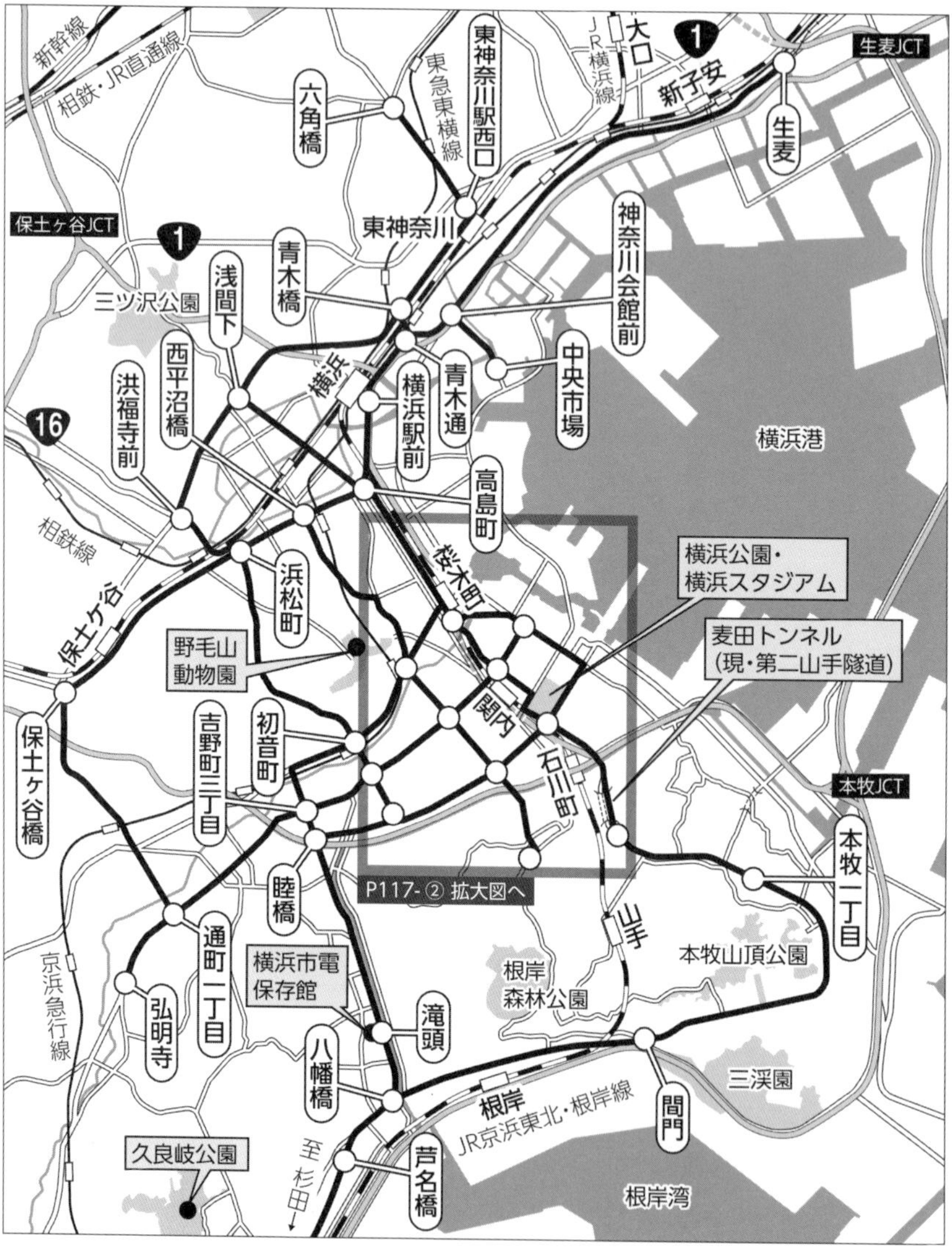

横浜市電路線図② 拡大図

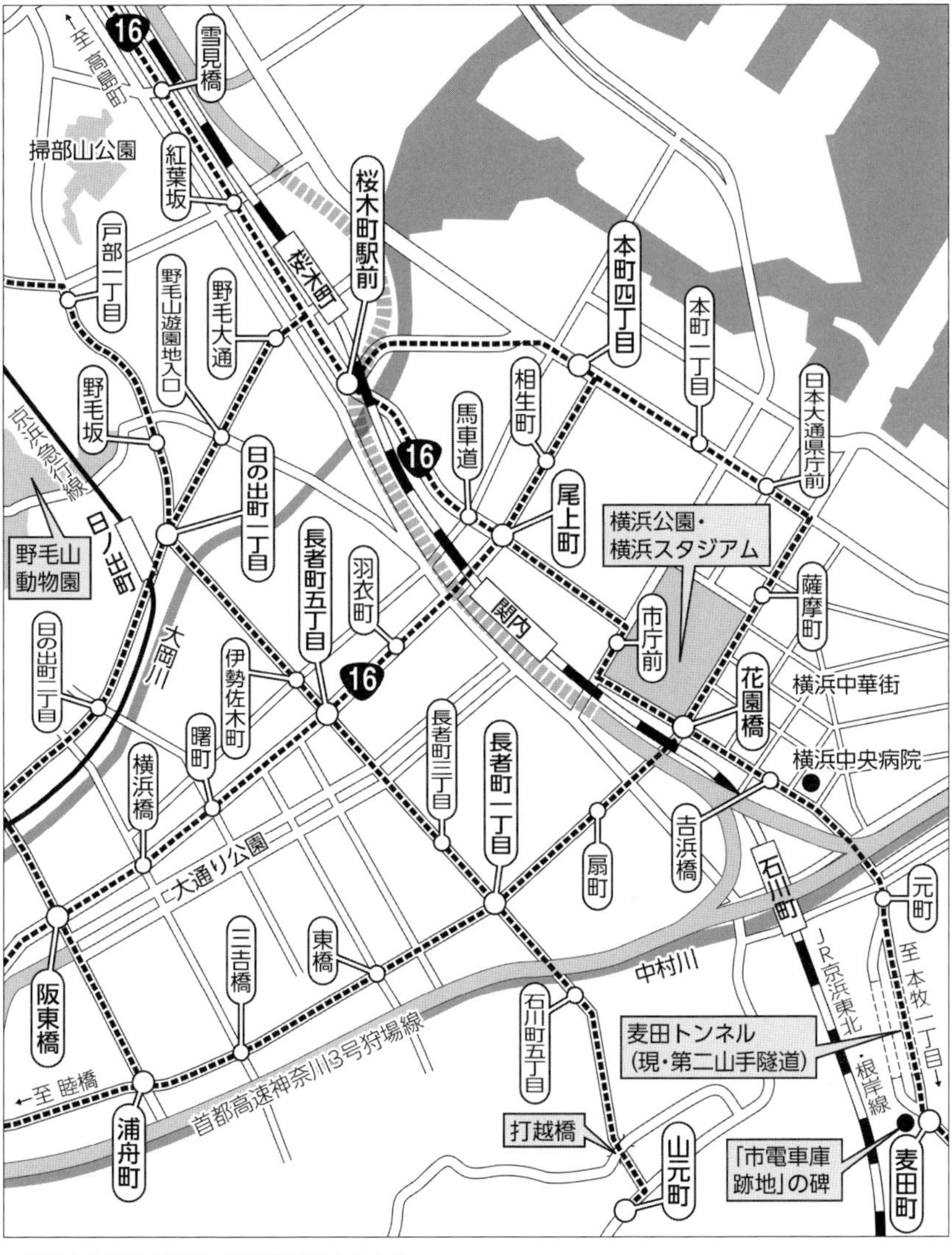

・地形および他の鉄道、道路等は現在のもの
・横浜市電の路線は昭和30年代のもの。停留場は主なもののみ、おおよその位置に記載
・停留場名は、1960（昭和35）年5月横浜市交通局作製「電車運転系統図」（巻頭グラビア4頁掲載）による
・市営地下鉄、みなとみらい線は省略

市電をどうする（2）

走り続ける"火の車"

民間なら破産

赤字60億を突破か

主役から脇役へ

現在の市営交通は電車十二路線百六十五両、バス八十路線四百二十六両、トロリーバス二路線十八両を動かしている。これで一日に運ぶ乗客は電車二十六万二千人、バス三十二万一千人、トロリー二万六千人計六十万人余に上る。これは国鉄、私鉄を合わせた市内輸送人員のちょうど三分の一に当たり、他の大都市に比べ国、私鉄に対する比重は最も低いが、市内における市民の足として大きな役割りを占めていることに変わりはない。

ただここで見のがせないのは電車乗客がバスのそれをはるかに下回っていること。十年前ごろまでは市営交通の主人公であった"チンチン電車"も、今ではその座をバスに譲って脇役のさびしさをかこっているわけだ。

その収支状況は三十九年度の場合で総収入三十三億八千四百余万円なのに対し人件費その他の経費が四十八億円に上り、差し引き十四億一千六百余万円からの不足を生じた。普通の市民からすれば気の遠くなるような大赤字だ。「民間企業ならとっくに破産だ」といわれるのも無理はない。この"火の車"は今年度も同じ状態で走り続けている。今年度の分も加わえてこれまで年々雪だるま式に大きくなった赤字は現在ついに六十億円を突破しかねない勢いなのだ。

1キロ89円の損

ここで三十九年度の赤字の内訳をみてみると電車が八億四千九百万円、バスが五億八千五百万円で、トロリーだけがわずかに千八百万円の黒字を計上しているに過ぎない。さらに詳しくこれを電車部門では人件費（十七億四千四百余万円）が乗車料収入（十二億二千四百余万円）を実に五億二千万円もオーバーしていることだ。これでは大赤字が出るのも当たり前、今年度の収支予算でみても電車が一キロ走るごとに八十九円損する勘定だ。

市営交通がこんなにひどい経営状態に追い込まれているのはむろん理由のないことではない。①市内の特異な都市形成から乗客が時間的に片寄る傾向が強い②道路交通の混雑によって輸送能率が低下し、しかも経費がかさむ③人件費は公務員給与の上昇とともに増大するばかり④設備投資のための企業債の元利償還が大きい⑤一方、収入源である乗車料金は公共料金のため採算を無視した低いものにおさえられている―ことなどがあげられ、市交通局もこれらの点を強調して窮状を訴えている。

救いのない前途

そういわれればなるほどと思われる点も多い。五、六両に客を詰め込んで突っ走る国電も運転手と車掌二人なら、がらがらの単独車でのろのろ町を行く市電にも運転手と車掌はいるのだ。単純に収支の改善だけを考えるなら必要経費に見合う乗車料金へ値上げすればよい。だが公共機関としてこれも簡単には許されない。大衆輸送機関を優先して他の自動車交通を強く制限する手もあるが、これには別の道路整備が必要だ。市民の足を確保するためには赤字が出たら国や市の金で埋めたらいいとの声も聞かれるが、底なしの大赤字を思えばそれにも限度があろう。

こうみてくると、同じ市営交通でもワンマン化の容易さや将来性からみてバスにはまだ救いがあるが、市電の前途は暗い。だからといって朝夕をピークに一日二十六万人もの市民を運んでいる市電を今すぐストップするわけにもいかない。市街地をぬいながら安く安全で気軽に客を運んでくれる市電の存在価値を無視してしまうにはなおまだ胸につかえるものを市民の多くは感じるだろう。

もちろん職場を失う労働者の存在はもっと深刻だ。市会の意見書や道路交通対策審の答申が時代の流れに沿った市電廃止の方向を示しながら、どこか歯切れの悪い印象を残しているのも、市当局が市電縮小廃止への腹が定まりきれないのもその辺の事情によるものとみられる。市営交通の経営再建の困難さはここにあるといえよう。

××××

（市電の改廃問題について読者の皆さんからのご意見を募ります。字数三百字程度。締め切り10月11日まで。本社編集局政経部係りあて）

自動車に囲まれて立ち往生もしばしば＝二ツ谷付近

私はこう思う

市電は市民の足としてはたいせつだが、車を運転する私の立場からみると交通事故や渋滞の大半は市電の影響だといえる。一方的に市電に罪があるとはいわないが、市民の足としてはトロリーバスやバスにかえて市電は全面的に撤廃してもらいたい。

安全地帯がなくなるだけでも交通は緩和するし、軌道内を走れれば高島町～桜木町間のようにジュズつなぎになることもない。横浜では高島町～桜木町、青木橋～横浜駅、麦田～小港など主要幹線だと軌道内通行ができないのもおかしい。

南区中村町、鈴木久光（35）＝個人タクシー運転手

1965（昭和40）年10月8日付神奈川新聞記事「民間なら破産　赤字60億を突破か」

1964（昭和39）年度末の六大都市交通事業の累積赤字額

（単位：百万円）

東京	横浜	名古屋	京都	大阪	神戸
16,246	5,268	5,012	1,116	11,251	2,586

『横浜市営交通八十年史』掲載データを元に作成

だった市電の年間乗車人員は、根岸線開業翌年の１９６５（昭和40）年度には約９０００万人へと大きく落ち込み、以降は減少の一途を辿った。

道路事情の変化も著しく、モータリゼーションの進展により渋滞に巻き込まれて定時運行が不可能になった。特に１９６０（昭和35）年10月に軌道敷内の自動車（タクシーを含む乗用車のみ）の通行が許可[※6]されると、市電との接触事故も多発した。さらに、交通需要は人口が増加した「郊外ほど高まっていった」（『八十年史』）にもかかわらず、新線の建設に膨大な設備投資を必要とする市電ではそれに応えられなかった。こうした状況から輸送効率は悪くなる一方だったが、政府の公共料金抑制政策などから運賃の大幅な値上げも難しく、累積赤字は年々膨らんでいった。

１９６５（昭和40）年、市電に代わる新しい交通手段として、市営地下鉄の建設が「横浜市六大事業」の１つとして発表され、翌１９６６（昭和41）年1月に策定された「横浜市交通事業再建整

1970（昭和45）年6月30日、市電の幹線であった本牧線が廃止。このとき廃止になった高島町―桜木町駅前間は横浜電鉄創業時の路線（神奈川―大江橋間）の一部だった（撮影：神奈川新聞社）

1972（昭和47）年３月の市電全廃時、10号貨車が「さようなら」花電車に仕立てられ、運行された（横浜市史資料室所蔵）

備5ヵ年計画」に市電の路線縮小とワンマン化が盛り込まれた。同年7月には、早くも不採算の度合いが大きかった生麦線（生麦ー洲崎神社前間）、中央市場線（神奈川会館前ー中央市場間）の2路線が廃止され、これを皮切りに路線の廃止と残存路線のワンマン化が順次進められた。そして、1972（昭和47）年3月31日をもって全路線が廃止され、横浜市電時代を含め67年8カ月の長きにわたる横浜の路面電車の歴史に終止符が打たれた。奇しくも、我が国初の鉄道が新橋ー横浜間で開業してから100年後、「鉄道開通100年」を記念する年だった。

市電廃止に対する市民の声（引用・原文ママ）

市電が廃止へと向かう前夜の1965（昭和40）年10月、神奈川新聞横浜版に市電の改廃問題をテーマとする「市電をどうする」という連載が掲載された（全8回）。連載期間中、読者の意見も募集・掲載され、これを読むと当時の市電の実情がよく分かる。以下、興味深いものをいくつか列挙する。

「車を運転する私の立場からみると交通事故や混雑の大半は市電の影響だといえる。（停留場の）安全地帯がなくなるだけでも交通は緩和するし、軌道内を走れれば高島町〜桜木町間のようにジュズつなぎになることもない。横浜では高島町〜桜木町、青木橋〜横浜駅、麦田〜小港など主要幹線だと軌道内通行ができないのもおかしい」（タクシー運転手　男性）

「私は六角橋から本牧へかよっています。⑪系統の六角橋〜芦名橋間がなくなってから青木橋で乗り換え。毎日市電を利用している者にとって、まっすぐ行けたものが乗り替えるだけでもたいへんなのに、市電が廃止されたときの不便さはどんなものでしょう」（事務員　女性）

「赤字路線を廃止し、乗務員をバスに切り替えればよいのに、乗務員募集をやっている。労組も合理化に反対するだけでなく、電車からバスへ移る努力をしてみたらどうだろうか。給与ベースが民間企業より高いため、私の会社からも市バスへ行く人がいるが、赤字をかかえながらそんな矛盾をもっていることも考えるべきだ」（会社員　男性）

「赤字だから、じゃまだからといって低所得者の安い交通機関を廃止するのはおかしい。バスの切り替えは実質的な値上げです（注：市電運賃20円に対し、バスは30円だった）」（主婦　女性）

「伊勢佐木町からみると、（国鉄の）根岸線開通のおかげで人出はふえたが、本牧方面からは市電を利用してくる人が急に少なくなったのがよくわかる。（バスへの切り替えは必要だが）市内の中心部を走っている長者町線のように乗客の多い線は市民の足として残すべきだろう」（商店主　男性）

「市電がきらわれるのは、速度がおそいのとサービスの悪さだ。運転時間の平均化、時間表、網だなを設けるなど、合理化とともに市民サービスをもっと強化することも必要だろう」（学生　男性）

「現在のような自動車ラッシュでは安全地帯に渡ることさえ困難、雨の日、かさをさしていようものなら命がけです。（中略）もはや軌道廃止は時代の流れです」（公務員　男性）

「子安〜本牧だと私鉄なら百円以上かかり、タクシーなら五、六百円かかります。市電は二十五円に値上げしても往復五十円です。（中略）車がこむから廃止しろというのは自分勝手です」（主婦　女性）

◉市電保存館が充実した展示を実現できた理由

廃止から半世紀が経過した今日においても、横浜市電の車両は数多くが現存している。これには「横浜市電保存館」（横浜市磯子区滝頭《たきがしら》　以下、保存館）の果たす役割が大きい。

保存館は、市電全廃の翌年、1973（昭和48）年8月に滝頭の車庫・車両工場跡にオープン。昭和初期に製造され、戦後も長きにわたって活躍した単車の500型や、1936（昭和11）年にデビューし、流線型のボディや、ロマンスシート（2人掛けクロスシート）を配するなどそのモダンな造りから「ロマンスカー」とも呼ばれた1100型、防振ゴムを使った台車や間接制御（※7）などの新たな技術が導入され、戦後の横浜市電を代表する車両だった1500型など各時代の電車6両と、電動無蓋《むがい》貨車1両の計7両が展示されている。廃線後の路面電車の常設展示施設としては、全国的にも類を見ない充実した内容だ。

　このように充実した展示が実現できた理由について、保存館の武藤隆夫館長は、「横浜市電は関東大震災後の車両が不足した時期などに他路線から車両を譲り受けた一方で、他路線へ車両を譲り渡した記録がない。軌間1372㎜という、都電や京王電鉄など少数の路線でしか採用されていない特殊なゲージ（※8）だったからだと考えられる。また、横浜では昭和40年代になっても、昭和初期に製造された単車をはじめ旧式の車両が大量に活躍していた。こうしたことから、各時代の多彩な車両を比

現在の横浜市電保存館の車両展示風景

横浜市電保存館の武藤隆夫館長

較的良好な状態で保存できたのではないか」と話す。

ところで、こうした車両の保存には、当然のことながらかなりの費用がかかる。保存館の車両保存関連支出のうち、金額が最も大きいのは、年1回実施する車両の屋根上の清掃（高所清掃）やシートを取り外してのスチーム洗浄などの特殊清掃作業だという。

コロナ禍前の２０１８（平成30）年度の保存館の入館料などによる収益は約８７０万円であり、これだけでは、人件費や車両保存費用等を賄うことはできないのは明らかだ。では、赤字分を埋める原資はどのように稼いでいるのだろうか。実は、保存館を運営する（一財）横浜市交通局協力会（以下、交通局協力会）は、かなり多彩な事業を展開している。

交通局協力会の事業は、大きく非営利の公益事業と、その原資を稼ぐための収益事業に分かれている。公益事業の例としては、市営地下鉄における「乗車マナーポスターコンクール」の開催（交通マナー向上事業）や、ポケット時刻表の製作（乗客サービス事業）、交通遺児の支援（福祉支援事業）などがあり、保存館の運営もその１つに位置づけられている。

一方、収益事業としては市営地下鉄駅構内のコンビニ運営や駅業務を受託している。現在、交通局協力会が運営するコンビニ店舗としては、あざみ野駅、新横浜駅、横浜駅構内などに11店舗がある。また、駅業務の受託事業ではブルーライン10駅、グリーンライン7駅の計17駅の業務を受託しており、これらの駅では、助役は交通局の職員だが、業務主任と駅員は交通局協力会の従業員が担っている。ほかにも、コインロッカーやテナントの運営、地下鉄の中吊り広告の掲出作業等も受託しており、こうした収益事業で稼いだお金の一部を保存館の運営に充てているのだ。（店舗数などの数値はいずれも２０２４年2月現在）

歴史を正しく伝える難しさ

保存館の武藤館長は、同館の展示に関して「史実に沿って、市電の正しい姿を伝えていきたい」と話すが、車両塗装の再現1つをとっても、難しいことが多々ある。

例えば、同館の500型は昭和初期にデビューした当時の塗装を施しているが、これは横浜市電研究の第一人者であった故・長谷川弘和さん（1925年生まれ）の記憶を頼りに、1975（昭和50）年8月に塗装したものだ。当時も白黒写真しかなく、塗料の配合表なども残されておらず再現に苦労したというが、現役時代の市電の姿を知る人がより少なくなった今、史実を正しく伝えるのはさらに困難になっている。

また、1500型は現在、コーヒーブラウン色の塗装を施しているが、1500型がこの色に塗られたという史実はなく、(※9)鉄道ファンなどからは、「実際に使われた色に塗り直してほしい」との意見が寄せられているそうだ。武藤館長も以前からこうしたことは課題として認識しており、「今後は計画的に課題解決に取り組んでいきたい」という。

◉現存する横浜市電車両のラインナップ

横浜市電で活躍した車両については、先人が記した書籍（章末の〈主要参考文献〉参照）に詳しくまとめられているので、ここでは現存する車両の来歴を簡潔に整理するに留める。市電の車両は保存館のほか、野毛山動物園（横浜市西区老松町）、久良岐《くらき》公園（横浜市港南区上大岡東）、市立中田小学校（泉区中田南）にも1両ずつが保存されている。

●５００型（５２３号車：保存館）

製造：東京瓦斯《ガス》電気（20両）、蒲田車両（20両）、雨宮製作所（20両）合計60両

来歴：全長９・１４４ｍ、定員75名。震災復興が進められた大正末期から昭和初期にかけて路線延長が続き、大量の新車を必要としたことから、１９２８（昭和３）年に導入された。馬力があったので山坂の多い横浜では重宝され、単車でありながら戦後も長く活躍。１９６９（昭和44）年７月までに全車引退。保存館の５２３号車は、長谷川弘和さんの記憶を頼りに、１９７５（昭和50）年８月に新車当時の塗装が再現された。

●１０００型（１００７号車：保存館）

製造：蒲田車両（10両）、雨宮製作所（10両）合計20両

来歴：全長13・４ｍ、定員１２０名。横浜市電初のボギー車。５００型と同じく１９２８（昭和３）年に震災復興事業により導入された。車両中央にも扉がある３扉車で、中扉に中部車掌（補助車掌）を置く３人乗務体制の時期もあった（後掲の１３００型も同様）。全長12ｍを超える大型車は乗客の安全確認の観点からワンマン化の対象とならず、１９７０（昭和45）年７月までに全車引退。クリーム色に青いラインという現在の市バスと同じ塗装は、市電と自動車の接触事故が多発したために１９６１（昭和36）年から導入された「警戒色」。

1007号車（横浜市電保存館）

523号車（横浜市電保存館）

●1100型（1104号車：保存館）

製造：梅鉢車両（5両）

来歴：全長11・4m、定員95名の中型ボギー車。電気局の財務状況がまだまだ苦しかった1936（昭和11）年に、500型、1000型以来、8年ぶりに新造された車両である。外観（ボディ）に流線型のフォルムを採り入れ、車内には2人掛けのクロスシート（ロマンスシート）とロングシートを組み合わせ配置するなど、そのモダンなつくりから「ロマンスカー」と呼ばれた。戦時期になると、軍需工場への通勤輸送増などから収容力を高めるためにロマンスシートは廃止され、全席ロングシートになった。1967（昭和42）年にワンマン車に改造され、1972（昭和47）年3月の市電全廃まで活躍した。

1104号車（横浜市電保存館）

颯爽と走る「ロマンスカー」1104号車

長谷川弘和さんは、麦田車庫の所属で5系統（洪福寺前―桜木町駅前―間門間）を走っていた1104号車にまつわる中学時代の思い出を次のように語っている。「麦田車庫にはロマンスカーが一両しかない。[※10] 一一〇四号車であるが、たった一両なのでなかなか乗るチャンスに恵まれない。（中略）下校時に東福院前で待っていると三の谷の方から一一〇四号がやってくる。これが足が速く砂ぼこりをあげて首を左右に振って走る姿はいいものだった。このロマンスシートにすわり麦田のトンネルをかけ降りる。ごきげんだ。こんな日は一日中、気分が良かった」（神奈川新聞1968年8月31日付「消えゆく横浜市電」〈下〉）。

●１３００型（１３１１号車：保存館）

製造：汽車製造（30両）

来歴：全長13・62m、定員１２０名の横浜市電最大のボギー車。戦後は、「全国で大量の新車を必要としたので、規格車両を定め、製造両数の割当て」（『横浜市電の時代』長谷川弘和著）が実施された。この割当分で、１９４７（昭和22）年に横浜市が製造したのが３０００型であり、翌年に１３００型に改番。その収容力の大きさで、市電の全盛期を支えた。３扉の大型車だったためワンマン化の対象から外されたが、馬力があり、野毛坂や山元町など急坂の多い３系統（横浜駅前―山元町間[※11]）では、１９７１（昭和46）年３月の同系統廃止までツーマン（車掌乗車）で活躍した。保存館の１３１１号車は、開館40周年に合わせ２０１３（平成25）年７月、新車時のクリーム色と水色に塗装された。

1311号車（横浜市電保存館）

●１５００型（１５０８号車：中田小学校、１５１０号車：保存館、１５１８号車：野毛山動物園）

製造：日立製作所（20両）

来歴：全長12m、定員１００名の中型ボギー車。戦後、横浜市交通局はバス・タクシー等の新たな交通機関に対抗するため、乗り心地の改善と性能向上を目指した新型車両の研究を開始。その成果を生かし、１９５１（昭和26）年に登場した１５００型は、防振ゴムを使った台車や間接制御などの新しい技術が導入され、１９３０年代の米国で開発された高性能路面電車車両のＰＣＣカー（Presidents'

1510号車（横浜市電保存館）

Conference Committee Streetcar）になぞらえて「和製ＰＣＣカー」ともいわれた。後にワンマン化・直接制御に変更され[※12]、市電最後の日まで在籍した。保存館の１５１０号車は、開館40周年に合わせ２０１３（平成25）年7月、コーヒーブラウンに塗装された。

子どもたちと共に思い出を刻む（中田小学校の１５０８号車）

市立中田小学校の敷地に保存されている１５０８号車（通常時は非公開）は、１９７３（昭和48）年に同校に提供された。子どもたちの卒業制作で外観がカラフルに塗装されていた時期もあったが、２０１１（平成23）年の同校60周年事業で、当時走っていた姿を参考に塗り直された。さらに２０２１（令和３）年に迎えた70周年事業では、同事業の実行委員でもあった地元の工務店の協力を得て、腐食が進んでいた床をはじめ、扉や窓など内装を中心に補修を行った。

現在、同校では1年生の「学校探検」や3年生の「わたしたちの市の歩み」（交通や土地利用、人口、公共施設などに着目し、市の様子の移り変わりを理解する単元）などの授業で１５０８号車が活用されているほか、土曜参観や地域のイベント等でも、車内を公開することがあるという。

卒業生で70周年記念事業の実行委員長を務めた奥津直臣さんは、「私が在校生だった頃は、ほぼ現役時のままの姿だった。車内のつり革に掴《つか》まったり、車掌の発車合図の鐘をチンチン

市立中田小学校の1508号車。荒井智津子校長（右）と石井晃副校長

と鳴らした記憶もある。社会科の授業では電車の乗り方や降り方などエチケットを学ぶ生きた教材として使われていた」と当時を振り返る。また、同校の荒井智津子校長は、「黒柳徹子さんの名作『窓ぎわのトットちゃん』に電車の教室が出てくる。子どもたちも電車も喜んでくれるような、活用の仕方を考えたい」と話していた。

●1150型（1156号車：久良岐公園）

製造：宇都宮車両（８両）、ナニワ工機（12両）、横浜市交通局（２両）計22両

来歴：１９５２（昭和27）年から１９５５（昭和30）年にかけて導入が進められた。[※13] １５００型とほぼ同じボディ（大きな違いは屋根上の通風口の有無）を使用しているが、製作費節約のため直接制御車だった。「形式の数字が１１５０と中途半端なのは、やがては１５００型に改造することを考慮」（『横浜市電の時代』）したためだという。１１５０型もワンマン化され、市電最後の日まで在籍した。久良岐公園保存の１１５６号車は老朽化が進み、解体の話も持ち上がったが、２０１２（平成24）年に地元の塗装会社、横浜市、神奈川新聞社などの尽力で修復。２０２２（令和４）年7月に再塗装され、鮮やかなカラーが蘇った。

1156号車（久良岐公園）

●1600型（1601号車：保存館）

製造：横浜市交通局（６両）

来歴：全長12ｍ、定員１００名の中型ボギー車。１９５７（昭和32）年に交通局の滝頭工場で製造された、横浜市電最後の新造車（デビューは、１９５８年1月）。近代的な印象の外観に反して直接制御車だった。ド

ア位置が左右非対称（後部扉を車体中央付近に配置）となっている点が特徴で、これはツーマン運行時、乗客の乗り降りの安全確認をしやすい位置にドアを配置したためだという。ワンマン化の対象とならず、[※14]１９７０（昭和45）年までに全車引退。わずか12年間使用されたにすぎなかった。保存館の１６０１号車は１９７７（昭和52）年６月、新車時のクリーム色とダークブルーの塗装に塗り替えられた。

●電動無《む》蓋《がい》貨車（10号車：保存館）

製造：横浜車輌製作所

来歴：市電の貨車は、横浜電鉄時代に主に麒麟麦酒横浜山手工場からのビール輸送用に導入されたのが始まり。ビール輸送は関東大震災で工場が被災し、生麦に移転するまで続いた。貨車は、震災からの復旧・復興事業、新線建設・軌道補修時のレール・枕木・砂利などの運搬に活躍したほか、中央市場線の荷物輸送にも使用された。貨車には有蓋貨車と無蓋貨車があった。保存館の10号車は１９４７（昭和22）年に８、９号車とともに古い客車を改造して登場。市電全廃時まで生き残り、最後は「花電車」として走行し、有終の美を飾った。

※1　横浜電鉄開業の翌年、１９０５（明治38）年12月には、京浜電鉄（現・京急電鉄）が川崎から神奈川駅前まで延伸され、１９０９（明治42）年10月からは、京浜電鉄との連絡切符も発行された。

電動無蓋貨車10号車（横浜市電保存館）

1601号車（横浜市電保存館）

※２　１９１１（明治44）年に本牧線が開通するまでは、ビールの原料となる麦やホップを馬力や大八車で山を越えて運び込み、製品にして再び山を越えて出荷していた。『麒麟麦酒株式会社五十年史』は電車開通による運搬事情の変化について、「多年苦しんだ運搬事情も明治四十四年横浜市電、元町トンネルの開通（人道トンネル開通は昭和三年）以後若干緩和された」とする一方、「これとて根本的な改善は望めない」とも記している。工場（現・市立北方小学校敷地）から電車通り（本牧通り）までは坂道を介して数百メートルの距離があり、この間の製品輸送がどのように行われていたのかは不明（『横浜市電気局事業誌』に貨物引込線について若干の記述があるものの、なお実態は不明）だが、いずれにせよ労力がかかった。また、工場周辺の宅地化が進むとビール製造に必要な水脈が涸れ始めるなど、横浜山手工場は立地上の根本的な問題を抱えていた。

※３　３線のうち①杉田線は横浜電鉄時代から計画されていた逗子線（八幡橋―杉田―逗子間）の一部で、資材価格高騰などにより建設が中止されていたが、市営化後に復活。杉田までは震災後の１９２７（昭和２）年２月に開業。杉田以遠は、湘南電気鉄道（京急電鉄の前身の１つ）によって１９３０（昭和５）年４月に開業した。②久保町線は塩田（現・浜松町）から道上（現・西久保町）までが１９２９（昭和４）年４月に開業。その後１９３０（昭和５）年12月に保土ヶ谷駅前まで延伸開業し、保土ヶ谷線となる。③本牧原から間門を経て八幡橋に至る延伸計画のうち、間門までの約１・６㎞は、震災前の段階で「工程の五十％」（『横浜市電気局事業誌』）が完成しており、震災後、引き続き工事が進められ、１９２４（大正13）年４月に開業。しかし、間門―八幡橋間は財政悪化などにより着手されず、同区間が（市電の）根岸線として開通したのは、戦後の１９５５（昭和30）年４月になってからだった。

※４　路線長および停留場数は『横浜市電気局事業誌』による。

※５　終戦時に片道10銭だった市電の運賃は、終戦後の狂乱物価の中、１９４６（昭和21）年２月に20銭に引き上げられたのを皮切りに、度々値上げされ、１９５１（昭和26）年末には10円とわずか数年で１００倍となった。その後、１９５３（昭和28）年に13円、１９６２（昭和37）年に15円。１９６６（昭和41）年４月から廃止時までは20円だった。

※６　県公安委員会の告示によって自動車の軌道内通行が最初に認められたのは東神奈川駅西口―青木橋間で、「以後、毎年のようにその区間が拡大し、次々と延びていった」（『八十年史』）。１９６６（昭和41）年４月までに「営業区間の七〇％に自動車が通行できることになった」（『チンチン電車始末記』依田幸一著）。

※７　直接制御は架線からの高圧電流（６００Ｖ）を運転台の制御器（コントローラー）に呼び込み、運転手の操作によって直接、主回路を切り替え、モーターに加わる電圧をコントロールする方式。一方、間接制御は、運転台から低電圧の主回路切替用制御信号線を介して床下にある制御器を遠隔制御する。

※8　東京都電の源流である東京馬車鉄道が採用した軌間のため、「馬車軌間」と呼ばれている。

※9　1150型2両（1171号、1172号）が製造時にコーヒーブラウン色に塗装されたが、短期間で塗り替えられた。

※10　車両は所属する車庫が決まっていた。市電の全盛期には、修理工場が併設されたメインの滝頭車庫・営業所のほか、生麦と麦田にも車庫・営業所があった。

※11　3系統は元々、生麦―横浜駅前―西平沼橋―日の出町一丁目―長者町五丁目―山元町間だった。生麦―横浜駅前間は先に廃止されていたので、系統廃止時は横浜駅前―山元町間だった。

※12　『RM LIBRARY 横浜市電（下）』によると、ワンマン化運転実施に当たり、1967（昭和42）年12月認可で、1500型全車を直接制御化した。「道路渋滞で牛歩状態となったため、レスポンスの遅い間接制御を止めることにしたため」（同書）とあるが、故障の多かった間接制御を放棄したという面もあったと思われる。故障の原因について、『チンチン電車始末記』に次の記述がある。「横浜の道路構造には（間接制御は）不向きのようで、三十年頃になると、途中で動かなくなる事故が続いた。原因は、床下の主制御器のドラムの接点に、〝綿ホコリ〟のようなゴミがつまった。このため接触不良になって通電が不可能になる」

※13　1150型は、3期に分けて製造されている。1952（昭和27）年＝1151～1160号車、1953（昭和28）年＝1161～1170号車、1955（昭和30）年＝1171・1172号車。

※14　1600型がワンマン化の対象から除外された理由については、乗客の「降り損じ事故」（『チンチン電車始末記』）対策、つまり、車体中央の扉からの降車時に後部台車に乗客が巻き込まれる事故を考慮したほか、本章インタビュー1で話をうかがった相原政行さんは、「運転台が中央にあり、制御器を左にずらさないと、定期券を確認するなどの接客がしづらいというのも理由だったのではないかと考えている」という。

コラム①
横浜市電の事故

交通機関に事故はつきものであり、市電とて、当然その例外ではない。ここでは神奈川新聞（前身の横浜貿易新報時代を含む）に掲載された、〝大事故〟3件を取り上げる。（以下、「」内は新聞より引用）

●自然発車の空電車が追突　市電乗客二十余名重軽傷　1930（昭和5）年1月15日付

14日午前10時50分、長者町五丁目停留場で西平沼橋行き506号車が発車しようとしていた刹那《せつな》、後方から猛スピードで走ってきた541号車に追突され、「大音響を発し両電車共に大破」するという「横浜市電始まって以来の大椿事《ちんじ》」が発生した。

この追突した541号車はどこから来たのかといえば、直前まで、事故現場から約1・5km先の山の上の終点、山元町に停車していた。当時の山元町の停留場は傾斜地にあり、その危険性は電気局も認識しており、山元町では「車掌運転手(※)の下車する事を厳禁して監督まで置いて」いたが、このルールが徹底されず、541号車の車掌・運転手は下車して休息していた。しかも、「ブレーキの止め方が不完全」だったらしく、乗客4名を乗せたまま自然発車。「急勾配《こうばい》の猿坂を全速力で疾走」し続け、事故に至った。この電車に乗り合わせていた郵便の集配人は、事故発生時の様子を次のように話している。

「山元町終点に停車して居たあの電車に乗り発車を待つこと約三分間、すると電車がひとりでに動き出したので早く降りやうとしたが坂路のことゝて速力が加はり降車の暇もなかつたが（中略）車橋上にさしかかつた際無我夢中で飛び降りた迄は判つて居ますが、それからあとは人事不省何もかも一切分らなくなりました」

自然發車の空電車が追突
市電乘客二十餘名重輕傷
長者町五丁目停留所の椿事
下車嚴禁を遵守せぬ
乘務員の不注意
疾走の電車から
飛降りた集配人
昨年四月にも
同一場所で追突

1930（昭和5）年1月15日付横浜貿易新報記事「自然発車の空電車が追突」

一方、追突された506号車には、乗客乗員20名あまりが乗っていたが、「不意の大激動に俄《にわか》に将棋倒しとなり悲鳴を挙げ我を忘れて車外に逃げ出さんとして転倒し或ひは破れ硝子《ガラス》の為め重軽傷を負い（後略）」という大惨事となった。

同様の事故は1943（昭和18）年と1948（昭和23）年にも起きたというが、用地買収の関係から山元町停留場の移設は進まず、ようやく平坦地（現・山元町バス停の場所）に移されたのは1949（昭和24）年6月になってからだった。

●国鉄線路へつっこむ　横浜市電とんだ脱線ぶり

1954（昭和29）年10月31日付

30日午前10時40分頃、保土ケ谷橋発、本牧一丁目行き市電が時速32㎞で保土ケ谷区西久保町付近に差し掛かったところ、「『ガクン』というショックとともに脱線、そのまま左ななめに約四十六メートルつっぱしり、歩道をこえて約1メートル下の東海道線下り客車用線路上につっこんだ。さいわい列車の通過した直後であり車体も横倒しにならなかったので大事にいたらなかった」

乗客5名中1名が重傷を負ったほか、事故の影響で東海道線下りが貨物線路に切り替え運転するなどしたが、午後1時20分に復旧した。「現場には石などの障害物は認められず」、軌道が緩い下り坂で右にカーブしているにもかかわらず左側のレールが右側よりも高くなっており、「遠心力で脱線したものではないかとみている」。

●市電乗客危うく〝蒸し焼き〟　1965（昭和40）年4月12日付

11日夜7時15分頃、長者町一丁目停留場を生麦発、山元町行き3系統の1313号車が「発車したとたん、右側後部の床下から火が出て屋根と骨組みだけ残して全焼、（中略）乗客四十人が乗降口に殺到して押し合って将棋倒しになり、うち八人が一週間から二週間のけがをし十四人が手当を受けた。市電の炎上事故は戦後はじめて」（翌日の発表で負傷者が3人増え、計25人）。

乗り合わせていた乗客の1人が事故発生時の様子を次のように語っている。「つぎの石川町五丁目で降りるので後部乗降口に立っていた。発車したとたん、右側後部座席の下からぼっと火が出て車内は煙でいっぱいになった。車掌が火に気を取られて戸を開けてくれないので、ドアのガラスをこわして外に出たがそのとき左人さし指に二週間のけがをした。もっとうまく誘導してくれたら」。こうした事態への対策として、翌13日付の新聞には、「今後は国電のように緊急時にドアを乗客があけられる非常コックをつけることなども検討する」

保土ヶ谷駅近くで脱線し、国鉄線路に突っ込んだ543号車（撮影：神奈川新聞社）

長者町一丁目停留場で炎上した1313号車（撮影：神奈川新聞社）

との交通局のコメントが掲載されている。

出火の原因について、同じく13日付新聞に「電気回路が故障」とあり、「①電気回路②電気装置の二つのうち主電動機に通じる主電動機回路が震動で折れたか、ヒビがはいっていてスパークしたものと思われる」。なお、同車両は「昭和二十二年に購入、二十八年に電気系統を更新し、今年三月車体更新でボデーとモーターを替え、さらに今月二日電気系統の絶縁抵抗検査を受けたばかり」だった。

このような事故が発生した背景には、赤字解消のため合理化を進める交通局の次のような事情もからんでいた。「市電滝頭修理工場には十年前二百人余の技術吏員がいたが、現在は半分以下に減って九十八人。修理も下請けに外注している現状だ。赤字解消のために、老朽車を新車に替える予算もない」。

※　電気局・交通局時代を通じて、市電では「運転手」と呼称していた。市営地下鉄における呼称は「運転士」。

コラム②
横浜市電の女性車掌

２０２１（令和３）年に刊行された『横浜市営交通１００年』（横浜市交通局ほか編著）の表紙に、戦前の市電の女性車掌の写真が使われている。「ホワイトの帽子、空色の上衣、紺のラシャのスカート」（横浜貿易新報１９３４年６月14日付）の制服に身を包んだ女性車掌たちが、電車の前にずらりと並び、何やら訓示を受けている様子である（次頁に掲載）。

横浜市電に女性車掌が登場したのは１９３４（昭和９）年のことで、70名の募集（バス30名、市電40名）に対して２００名以上が応募。しかも、「中には専門学校で教育をうけたもの三名あり女学校出も五十余名あり一寸《ちょっと》した英語なら外人にもまごつかないのも少くない」（横浜貿易新報１９３４年５月22日付）と才媛が集まった。

採用された車掌候補たちは、教習所で１週間ほど指導を受けた後、６月13日から見習い車掌として実車訓練を開始。７月７日には車掌認可証の授与式が執り行われ、「一本立」したという。

「男性とは違ったなごやかなムードの接客態度に、女性車掌は評判も上々」「何台もやりすごして、女性車掌の電車を選んで乗る客もあった」（『八十年史』）と市民からは温かく迎えられたようだが、その採用の理由は「なんとか経費を節減しようとする電気局の窮余の一策」（『八十年史』）という極めて消極的なものだった。経営難を非正規雇用で乗り切ろうという、現代の発想と全く同じである。

やがて戦争が始まり、青壮年男子が戦場へ送られ労働力不足になると、今度は女性運転手が誕生するが、当時は、ほとんどの電車が、手でぐるぐる回すハンドブレーキ。女性にはつらい仕事だった。１９６６（昭和41）年８月に神奈川新聞に掲載された連載「ちんちん電車60年」（全15回）の12回目に、戦時中の女性運転手

1934（昭和9）年、女性車掌が登場した（横浜市史資料室所蔵）

の次のような体験談が掲載されている。「いちばんこわかったのは空襲のときでした。うしろが燃えている電車を本牧三之谷から麦田まで走らせたことがあります」。横浜大空襲の夜のことであり、「まわりがどんどん焼けてきましたし、とにかく営業所まで運ぼうと走らせました」。空襲と共に客は降ろしてあったが、車掌は小学校を出たばかりの15歳の〝少女車掌〟。運転台にしがみつき「おねえさん、こわいよ」と震えているのを「しっかりしなさい」と励ましながら走らせたという。また別の運転手は、灯火管制の夜、酒に酔ってレールの上に寝ていた軍人を轢《ひ》き殺し、憲兵隊に連行されて顔が腫《は》れるほど殴られた。

運転手といっても、まだあどけなさも残る「十五・六歳から二十歳くらい迄」（１９４５年１月４日付神奈川新聞）の少女たちが銃後を守ろうと必死に歯を食いしばっていたのだ。終戦間際のこの時期、横浜市電には合計42名の女性運転手が在籍し、さらに15名を養成中だったという。

市電インタビュー❶

車掌から運転手へ。「市電の運行に携われてよかった」

市電が最盛期を迎えていた１９５６（昭和31）年４月に交通局へ入局し、車掌・運転手を合わせて14年間務めた相原政行さん（86）は、「男性の車掌が採用されたのは私たちが最後。運転手に任命されたのも、後にはいなかった」という市電乗務員の最後の世代。「つらいこともあったが、ずっと横浜市民の足として親しまれていた市電の運行に携われてよかった」と微笑む相原さんに、市電のハンドルを握っていた当時の記憶を語ってもらった。（２０２４年５月21日　於：横浜市電保存館。年齢は取材時）

◎相原政行さん
１９３７（昭和12）年７月31日、横浜市中区生まれ。１９５６（昭和31）年４月、横浜市電の車掌として横浜市交通局入局。１９６３（昭和38）年12月に乙種電気車運転免許を取得し、運転手に。１９７０（昭和45）年１月、市営地下鉄の開業準備のため営団地下鉄（現・東京メトロ）へ出向し、運転技術を習得。１９７２（昭和47）年12月の市営地下鉄開業から運転士（一期生）となり、以後、多くの運転士を育成した。電車部運輸司令長を最後に定年退職。

――相原さんが交通局に入られた１９５６（昭和31）年頃の市電は、どんな様子でしたか

相原　私が入ったのが４月２日。その前日に市電最後の延伸となった井土ヶ谷線（保土ヶ谷橋―通町一丁目間）が開通して、路線長としては最盛期（51・79㎞）を迎えました。お客さんも多かったですよ。まだまだ市電が元気な時代でした。だから、10数年後に市電がなくなるなんて、そのときは夢にも思いませんでした。

――最初は車掌として、どの営業所に配属になったのですか

相原　教習所に入って10日間くらい座学を受けて、それから生麦へ配属になって、しばらくは師匠について、見習いをやりました。勤務形態としては早番（始発から）と遅番（終電まで）のほかに中休勤務っていうのがありました。朝・夕のラッシュを担当する役割で、昼間は家に帰っていいというシフトです。午前10時頃にいったん抜けて、また午後の3時半頃に出勤しなけりゃならない。

市電運転手時代、実際にハンドルを握った1104号車と相原政行さん

――それだと、うかうか昼寝もできないですね

相原　そうなんですよ。だから、私はよく生麦駅前にあった映画館に行きました。当時、映画は55円だったと記憶してますが、ピッタリのお金を持ってね。車掌も運転手も公金を扱う仕事だから、営業所には自分のお金を持ち込めないんです。だから午後の出勤のときは、すっからかんになって行かなきゃならない。

――お金に関しては、検査も厳しかったと聞いたことがあります

相原　よくご存知ですね。嫌だったのが営業所のお風呂。寮暮らしで、銭湯代もバカにならないと思っていたので、営業所にお風呂があると聞いて、そりゃ助かると喜んだんです。ところが、お風呂といっても、実は体のいい検査場だったんですよ。

——検査場ですか

相原　そう。勤務が終わってお風呂に入るでしょ。そうすると助役が、脱いだ服に小銭が残ってないか、検査するんですよ。風呂場は入口と出口が別々になっていて、検査が終わった服が、カゴごとすき間から出口側へ送られる仕組みでした。あれは、嫌な気分になりましたね。もちろん、女性の服も女性の事務員が検査してました。

——お金が持ち歩けないとなると、食事なんかはどうしたのですか

相原　食券と金券を給料からの天引きで買うんです。食堂のほか、売店も金券で払うシステムです。現金と一緒なので、とにかく落とさないように気をつけましたね。あと、食事に関しては、交代のことを気にしながらなので、どうしても早食いになりがちで、胃下垂になる人が多かった。胃を持ち上げるコルセットみたいなのが流行ってましたよ。

——長い乗務だと、トイレも気になりますね

相原　当時、一番長かったのが、3系統（生麦—山元町）の補充(※1)で、生麦—山元町—横浜駅前—山元町—生麦という経路で運行するのがありました。このM字型運行を別名「大山」とも言ったんですが、だいたい210分かかる。もちろん、営業所と終点の山元町にはトイレがありますが、1度、横浜駅の辺りでどうしても、トイレに行きたくて我慢ができなくなりましてね。運転手に事情を伝えると、「折り返してくるまでの間に行ってこい(※2)」ということになって、急いで交番に駆け込んだことがあります。

――ほかに車掌の仕事としては、どんなところが大変でしたか

相原　満員の、しかも揺れる車内で切符を切るのは大変でした。特に冬は今よりも寒かったから、手がかじかんでね。私の時代は片道13円という半端な運賃だったので、かじかんだ手で釣り銭を渡したり、切符にパンチを入れるのがつらかった。あと、次の停留場に着いても、混雑で後ろに戻れなくなることもよくあった。運転台から降りて外を駆けて後ろへ戻って、外からは扉が開かないので、お客さんに「すみません」と頼んで開けてもらったり。それから、片側3扉の大型ボギー車には、中央扉に中部車掌（補助車掌）が乗ってたんですが、私が入局する2カ月前にそれが廃止になったんです。だから、中央扉（自動ドア）は、後部で車掌が操作して開閉したのですが、安全確認のため、雪が降ろうが嵐になろうが身を乗り出して側面を見なければならない。もう、ずぶ濡れでしたよ。

――中部車掌は合理化のために廃止されたと聞きましたが、それによって後部車掌の負担が増えたわけですね

相原　そうですね。特に、〝ドル箱〟と言われた3系統なんかは、ラッシュ時は始発の山元町で、すでに満員で、日の出町一丁目でわーっと降りるわけです。京急線に乗り換えていたのでしょう。そういう状態だから、到着してすぐに入口専用の中央扉も開けて、降ろさざるを得ないわけですが、もう定期券の確認もなにもできたものじゃなかった。お客さんへのサービスの面でも、不正乗車防止の観点からも、どうにかならないものかと疑問に思ってました。

――運転手になられたのは、どんなきっかけだったのですか

相原　市電の免許が、国家試験制度になった関係で、（詳細の事情は定かでないが）運輸省（当時）からお達

1104号車の運転席にて

しがあったのか、各営業所に何人かずつ、新しい基準の免許持ちの運転手を置こうという話になったのでしょう。[※3] 運転手候補ということで10人くらいの募集があったんです。そうしたら志願者が殺到しましてね。志願者が集められて（局内の）筆記試験を受けさせられて、受かった10人が、今度は東京の青山にあった都電の教習所に4カ月間、学科研修に行かされました。試験は8科目あって、全科目70点以上取らなければ不合格ということで、必死に勉強しました。私は、早く運転手になりたかったんですけど、当時は運転手の不足がなかったんだと思いますが、そういう話が全然なくて、ようやく巡ってきたチャンスでしたからね。

——その後、すぐにハンドルを握れるようになったのですか

相原　実車訓練は横浜に戻ってきて師匠に付いてやったんです。ところが、以前は局内の見極め試験をパスすれば、独車（1人で運転）オーケーだったのが、運輸局の試験官による試験に合格しなけりゃならなくなったんです。それなのに役所の都合で、延ばし延ばしで半年くらい待たされて、結局、免許をもらったのは、1963（昭和38）年の暮れになっちゃいましたね。

——最初に1人で運転したときは、どんな気分でしたか

相原　師匠と一緒のときは早く独車になりたいとずっと思ってたのに、いざ1人になると、「事故ったらどうしよう」とか、不安がこみ上げてくるんですよね。あれは不思議なものです。でも、気持ちよかったですよ。運転手になって麦田営業所に配置換えになったので、間門の辺りも走りましたが、道路の幅が広くて、まだ自動車の数も少なくてね。下り勾配を、朝風を受けながら走っていると、正面に富士山が大きく見えるんです。その代わり、冬は寒かったですよ。ここ（横浜市電保存館）に置いてある1104号車なんかも、実際に運転しましたけど、前面ガラスのサッシのすき間から、風圧で冷たい風が吹き込んでくるんです。運転手によっては、すき間に新聞紙を詰めてました。あとは、同じ型式の車両でも、ブレーキの効きがキツい、アマいなど個体差があってね。交代のときに運転手同士で「あれはブレーキがアマいぞ」とか教え合ってました。

――運転手として、一番、印象に残っているのは、どんな出来事ですか

相原　保土ケ谷の近くに浜松町という大きな交差点が、今もあるのはご存知でしょう。当時は、市電の停留場もあったんです。ある日、麦田の営業所で引き継いだ、4系統（本牧三渓園終点―麦田町―保土ヶ谷橋間）の電車をワンマンで運転していると、元町で高齢の女性が乗ってこられましてね。「この電車は浜松町に行きますか?」と尋ねられたので、「行きますよ。到着したらお声がけしますから、安心して乗っていてください」と伝えて出発しました。程なくして浜松町に到着すると、女性の近くまで行って「お客さん、浜松町ですよ」とお声掛けしたんです。そうしたら、半ば立ち上がって「違う!」とおっしゃる。それでも、「間違いなく浜松町ですから」と説明したのですが、ご立腹になって。

――オチが分かりました（笑）

相原　お察しの通り（笑）。ようやく、東京の浜松町に行きたいのだなと分かったんだけど、桜木町まで引き返してもらうのも大変なので、保土ケ谷で横須賀線に乗ってもらえばいいなと思い、電車を進めましてね。たまたま、乗り合わせていた若い女性が親切な方で、国鉄の保土ケ谷駅まで連れて行ってくださるということでお願いしたのですが、「あのおばあちゃん、大丈夫だったかな」と、その日はずっと、気になって仕方がなかったですよ。

――笑い話ですけど、人と人との温もりを感じるエピソードですね

相原　市電はお客さんとの距離が近かったですからね。毎朝乗ってくるお客さんが「おはよう！」と声をかけてくださると、こちらも負けじと「ご苦労様です！」と返したりとかね。あとは乗務員同士でも気を使った。車掌の大変さが分かっていたから、車掌が切符を切りに入ったら、運転を緩やかにしてやろうだとか。特に５００型みたいな単車は揺れに揺れるので、立っているだけでも大変ですから。

――その市電も、交通渋滞の波にのまれて、間もなく姿を消していくわけですね

相原　私は市営地下鉄の開業に向けて、東京の営団地下鉄へ出向になったので、残念ながら市電の最後を見届けることはできませんでしたが、私が運転していた最後の頃は、線路を探しながら進むようなものでした。目の前にいる自動車は１ｍ進んでは止まるの繰り返しでしたが、こっちは、あまり小刻みに進行・停車を繰り返すと、お客さんにショックが伝わるので、５ｍくらい前が開いたら進もうかとか、かなり気を遣いましたけどね。あれでは、お客さんが離れていくのも無理はなかった。

――そうなると、接触事故なども多かったと思いますが、相原さんご自身も、事故に遭われましたか

相原　ありましたよ。１度目は、浜松町の交差点で、軌道内で信号待ちしていたタクシーに追突したんです。

手前から通常通りにブレーキをかけたんですが、滑走してしまって全然止まりゃしない。後から調べたら、少し前に通過したトラックが積み荷の希硫酸が入った瓶を落下させて、それが軌道内に流れ込んでいたことが分かりました。まあ、やむを得ない事故だったということにはなりましたが、戸部警察署に2日連続で呼ばれました。もう1件は、完全なもらい事故で、私が黄色の点滅信号で交差点を進行中に、赤の点滅信号で横から進行してきたトラックに、車両の後部にぶつけられました。

現役時代、2系統・本牧でアメリカ車と併走する1104号車（1968年8月31日　撮影：竹中洋一さん）

——最後に、せっかく市電保存館に来ていただいているので、車両に対する思いなどもお話いただけますか

相原　１６００型は、私が入局して2年後（１９５８＝昭和33年）に導入された新車だったので愛着がありますね。ここに保存されている１６０１号車は滝頭営業所の所属だったので、私は運転する機会はありませんでしたが。保存館の車両の中では１１０４号車と１３１１号車は麦田で実際に運転しました。１１００型は、元々は立って運転していましたが、ワンマン化の改造のときに座席が取り付けられました。あと、久良岐公園の１１５６号車は、車掌としても運転手としても乗務した車両です。腐食が進んでボロボロになっていたのをいろいろな方のご尽力で修復してくださったと聞いたときは、涙が出ました。ぜひ、皆さんのお力で、横浜市民の足として活躍した市電の記憶を、末永く伝えていっていただければと思います。

「お召し」とは？

天皇・皇后両陛下が鉄道で各地に移動される際に使われる、特別な列車のことを「お召し列車」というが、交通局では始発前、終電後に、沿線に住む乗務員を送迎するために走らせた職員専用の電車のことを「お召し列車」にあやかって「お召し電車」、略して「お召し」と呼んでいた。相原さんも一度だけ、その運転手を務めたことがあるという。「担当の運転手がいるんですが、その人が休んだときに、私は麦田営業所のすぐ近くの寮にいたので、ちょっとやってくれよと頼まれましてね。たしか朝は3時半くらいに起き出して、それから麦田の車庫を出発。間門から保土ケ谷橋まで、停留場に立って待っている職員を拾っていくんです」

※1　混雑対策などで走らせ、「3補」のように表示した。

※2　横浜駅前から生麦方に100mほど進んだところに、「折り返し用のポイントがあった」（相原さん）。

※3　鉄道、軌道及び無軌条電車（トロリーバス）における動力車操縦者の運転免許に関する制度を定めた「昭和三十一年運輸省令第四十三号 動力車操縦者運転免許に関する省令」（運輸省）が1956（昭和31）年2月1日付で施行された。相原さんによると、「私が交通局に入局した（1956年4月）少し前に独車になった人はいたようだが、以後、私が運転手になるまでの間、市交通局での運転手の養成はなかった」という。

市電インタビュー❷

意外な事実、盛りだくさん。横浜市電の思い出語り

県内に数ある鉄道廃線の中でも、横浜市電は人気が高く、今もその記録を集め・学び・伝え・残す活動をしている人たちがいる。元町のモリタビルオーナーの森田満夫さん（76）と、元町で西洋家具の製造販売業を営む竹中商店代表の竹中洋一さん（69）は、そうした活動を続ける「しでんの学校」のメンバー。お2人に横浜市電の思い出を語っていただいた。（2024年3月17日　於：横浜市電保存館。年齢は取材時）

――お2人は、小さい頃から市電に乗られていたのですよね

森田　生まれてからずっと元町に住んでますからね。バスは21系統（桜木町―元町―根岸―滝頭間）くらいしかなかったし、国鉄の根岸線が磯子まで開通したのは高校生のとき（1964年5月）だから、小さい頃は、どこへ行くにも市電でした。中学に上がると柔道を習い始めたので三吉橋の道場まで市電で通い、高校は都内の学校に進んだので、市電で桜木町駅に出て、東横線に乗り換えて通学していました。

竹中　うちは両親が元町で商売をやっていて配達に自動車を使っていたので、小さい頃はだいたい自動車に乗せられて移動していました。だけど、祖母と一緒に出かけるときは、市電に乗ったんですが、それが嫌でね。なんでこんなのに乗るんだろうと（笑）。ところが、うちの父親の趣味が写真で、小学校3年生のときにカメラを買い与えられてから、市電を撮るようになって。それ以来、何千枚撮ったか分かりません。

※本書に使用している竹中洋一さん撮影の写真の提供に当たっては、「しでんの学校」にも協力いただいた。

横断歩道を行き交う人々の服装に当時の世相がよく現われている、三吉橋停留場付近を撮影した1枚（1972年3月18日　撮影：竹中洋一さん）

石川町駅のホームの窓から撮影。輸出用の自動車がずらりと並ぶ（1970年6月21日　撮影：竹中洋一さん）

森田　竹中さんの写真を見ると、当時の世相がよく分かるんだよな。三吉橋の停留場の辺りの写真なんか最高だ。横断歩道をいろんな人が歩いているんだけど、まだ着物の人や草履《ぞうり》の人がたくさんいた。

竹中　女の人は買い物カゴを下げてたりね。あと、石川町駅のホームの窓から撮った（当時は窓を開けられた）写真も面白い。外を眺めると、輸出用の自動車がたくさん並んでました。

――今と全然、雰囲気が違いますね。ほかに風景が大きく変わった場所は？

森田　横浜駅の西口なんか、昔は砂利や資材の置き場だった。だから、横浜駅といえば東口で、西口は駅という感じじゃなかった。西口の市電の乗り場は鶴屋町の辺りにあって、ずいぶん離れていた。道もひどくて、雨が降るとグチャグチャでした。

竹中　鶴屋町といえば、市電とトロリーバスが交差するところで、トロバスが信号を勢いよく渡ろうとすると、ポール（集電装置）がよく外れたんです。そうすると、運転手が機嫌悪そうに降りて、自分ではめ直してましたよ。急いでるときに限って、よく外れたな。

森田　浅間下の停留場のところも、市電とトロバスと両方走っていたから、架線が蜘蛛《くも》の巣みたいだった。

――話は変わりますが、好きな車両はありましたか

森田　１１５０型のうち、１１７１号と１１７２号という2両だけ、コーヒーブラウン色に塗られたのがよかった。運転席の横の窓には曲面ガラスが使われて、それも格好よかった。この2両は、１９５５（昭和30）年4月に市電の根岸線（間門―八幡橋間）が開通したときに増車されたんだけど、メーカー発注じゃなくて、滝頭車庫にあった交通局の工場で造ったんです。

――1150型は、横浜市電きっての高性能車といわれた1500型とほぼ同じボディですよね

森田　1150型は従来からの直接制御で1500型は最新の間接制御で、中身は違いますけどね。1500型に使われた防振台車や間接制御などの技術は、当時としては画期的で「和製PCCカー」なんて言われていた。だけど、その分機構が複雑で、埃《ほこり》やゴミに弱くて故障が多かったんです。全部で20両製造されて、当初は各車庫に配属になったけど、故障が多いから（工場が併設されている）滝頭車庫1カ所にまとめられた。時折、車庫へ見学に行くと5両くらいは使われないで眠ってましたよ。その後、1967（昭和42）年12月のワンマンカーへの改造のタイミングで直接制御に変更され、ようやく全20両が稼働するようになった。

竹中　僕は、むしろ古い単車の500型が好きでしたね。桜木町駅前と高島町の間の長い直線で、相当にスピードを出すんだけど、(※3) 単車ならではの揺れがすごくてね。つり革が全部、息の合ったダンスのようにリズミカルに動いて、（車内のどこかにぶつかって）ガチャンガチャンと大きな音を立てていました。

森田　普通に歩けないくらい揺れたから、車掌は大変だっただろう。あの揺れで、つり革に掴まらずに上手に立っていられれば一人前。

夜間、麦田車庫で休む1172号車（1970年6月20日　撮影：竹中洋一さん）

竹中　そうですね。車掌は、お客さんが乗車すると、スッと近寄って切符を売ったりしてましたからね。

――混雑時は、どうやって売っていたのですか？　タダ乗りできちゃいそうですが

森田　それがね、車掌はお客の顔をちゃんと覚えていてね。ズルはできなかった（笑）。今の市営バスと一緒で均一料金だったから、降りるときに切符を渡すかお金を払えばよかった。

竹中　ワンマン化されてからは、今の市営バスと同じシステムになりました。前乗り・後降り方式で、運転席の脇に料金箱が設置されてね。

森田　市電のワンマン化は、実は早い時期から検討されていて、１９５２（昭和27）年に、１１５０型が最初に登場したときに１１５５号車1両だけ、試験的にワンマン仕様で造ったんです。自動ドアにしたり、ビューゲル（集電装置）をヒモじゃなくてエアーで上げ下げできるようにしたりだとか。あとは車内・外の放送設備や、客席の降車ボタン（ブザー）も取り付けた。ところが、当時は組合が強くてね。車掌が失職しては大変だと反対されて、結局、ワンマン化は頓挫して、１１５５号は一般仕様に戻された。

――市電が実際にワンマン運転を開始したのは、ずっと後のことですよね

森田　そう。１９６７（昭和42）年12月になってからだった。[※4] 面白い巡り合わせで、１１５５車はこのときにも、１１５３・１１５４号車と共に、ワンマンカーの改造初号機に選ばれたんです。

――ちなみにですが、市電から最終的に車掌の姿が消えたのはいつでしたか

山元町にて。終点では車掌が紐を引いてビューゲル（集電装置）の向きを反転させていた（1971年3月18日　撮影：竹中洋一さん）

森田　山元町に行く3系統は、急坂を上るから馬力のある１３００型を使ってたんだけど、１３００型は全長が13・62ｍもあったので、ワンマンだと安全確認ができないから、最後まで車掌が乗っていた。３扉のうち中間扉が入口で、前後で運転手と車掌が運賃を収受してました。

竹中　３系統が廃止されたのが１９７１（昭和46）年３月だから、車掌が乗ってたのは、それが最後ですね。

——坂の多い路線に馬力のある車両をあてがうだとか、路線ごとに車両にも特色があったのですね

森田　車庫ごとに、配車の傾向がありましたね。同じ型式の車両ならば、車両番号が若い順に、滝頭、生麦、麦田に配車されていた。あと、麦田は古い単車が多かったですね。

竹中　滝頭の工場へ遊びに行くと部品や部品を作る木型なんかを「持っていっていいよ」とくれるんです。大らかな時代でした。あと、事故があったりすると、滝頭の車庫から緊急車（事故現場に急行する自動車）が赤色灯を回し、サイレンを鳴らしながら出動するんですが、自転車で追いかけていくと、事故やら架線障害やら、何かしら起きてましたね。

――ほかに、印象に残っていることや、これはという話題があったら教えてください

森田　事故と言えば、市電と自動車の接触事故もあったけど、うちの近所で人身事故に出くわしたこともありましたよ。道路を横断しようとした小学生と市電が接触したんだ。でも、運が良かった。ランドセルを背負っていたからその厚みのお陰で、上手いこと市電のスカート（車両前面の排障器）に引っかかって、ズルズル引きずられただけで、大したことにはならなかった。

竹中　あとは、ちょっとマニアックな話になりますが、市電保存館にある電動無蓋貨車の10号車ですが、あれは本来10号車じゃなくて8号車だったはずです。現役時代に撮影した写真がありますが、ほら、8号車と10号車では前面の形状が全然違うでしょ。8号車と、今の保存館の10号車が同じ形なんです。おそらく、どこかの時点で交通局が番号の付け替えをしたんだと思います。

森田　客車に関しても、同じようなことが行われたみたいで、市電の研究はなかなか大変です。その分、興味が尽きず、ずっと楽しんでいます。

※1　コーヒーブラウン色の塗装については、「試験的」に塗られたものであり「実用化されなかった」と記載している書籍があるが、森田さんはこの塗装の車両に実際に乗ったことがあるという。1171・1172号車は根岸線用に新造したので麦田車庫への配属となり「根岸線の開通式の祝賀用の装飾電車にも使われた」（森田さん）。

※2　「有機ガラス（＝アクリルガラス）が使われていた」（森田さん）。

※3　同区間は、最後まで軌道内への自動車の進入を許可しなかった。

※4　1967（昭和42）年12月から4系統（保土ヶ谷橋―本牧一丁目間）・5系統（洪福寺前―間門間）でワンマン化を開始。その後、

路線の廃止と残存路線のワンマン化が並行して進められた。

〈主要参考文献〉

・「横浜電気鉄道株式会社営業報告書」（大正6年12月～大正10年3月　横浜開港資料館所蔵）
・「横浜市電気局事業誌」（横浜市電気局＝現・交通局　1940年）
・「麒麟麦酒株式会社五十年史」（麒麟麦酒　1957年）
・「チンチン電車始末記」（依田幸一著　1988年）
・「横浜市電の時代」（長谷川弘和著　大正出版　1998年）
・「横浜市営交通八十年史」（横浜市交通局　2001年）
・「RM LIBRARY 横浜市電（上）（下）」（岡田誠一、澤内一晃　ネコ・パブリッシング　2009年）

第6章

川崎市電

軍需工場の通勤難解消で建設も…
時代の波に翻弄されわずか25年で全廃

戦時下、大師方面の軍需工場の通勤難を解消するために建設が検討された川崎市電は、1944（昭和19）年10月に開業した。戦後は臨海工業地帯の貨物輸送という使命も担ったが、３線軌条による変則的な輸送方式では大量輸送時代に適応することができず、わずか25年で幕を閉じた。それでも公園の保存車両や「市電通り」という名に、今もその記憶が留められ、少なからぬ市民に愛され続けている。

桜本停留場付近を行く川崎市電の車両（提供：川崎区役所道路公園センター）

◉京都の半世紀後、太平洋戦争末期に開業

川崎市電が開業したのは、太平洋戦争末期の１９４４（昭和19）年10月。これは日本初の路面電車である京都市電（開業時は京都電気鉄道）が１８９５（明治28）年に開業してから半世紀後のことである。神奈川県下を見渡しても、１９００（明治33）年の小田原電気鉄道（前身は小田原馬車鉄道）、１９０４（明治37）年の横浜市電（開業時は横浜電気鉄道）と比べても、かなり遅い開業である。

横浜に次ぐ、神奈川県第２の都市である川崎の市電開業が、なぜこんなにも遅い時期になったのだろうか。実は、川崎市には市電開業のおよそ20年前、市電とほぼ同一エリアを走る路面電車が存在していた。第４章ですでに取り上げた海岸電気軌道（海岸電軌）である。

海岸電軌は京浜電鉄（現・京急電鉄）の子会社として設立され、大正末期の１９２５（大正14）年に横浜市鶴見区の總持《そうじ》寺停車場（跡地は、現在の本山前桜公園）を起点に、現在の産業道路の経路上を通り、大師線の当時の終点である大師駅（現・川崎大師駅）までを開業させた。主な目的は臨海工業地帯の工員輸送であった。ところが、折り悪く昭和初期の世界恐慌の影響を受けて業績は上がらず、後発の鶴見臨港鉄道（現・ＪＲ鶴見線）に買収されてしまう。しかも、鶴見臨港鉄道と海岸電軌の路線は、鶴見—浜川崎間でほぼ並行しており、同一資本で維持する意味が希薄であるとの経営判断から、１９３７（昭和12）年、産業道路の拡幅整備を機に廃止された。

その後の川崎臨海部の交通は、鶴見川崎臨港バス（現・川崎鶴見臨港バス）が担うことになる。産業道路の建設のために海岸電軌を県が接収した見返りとして、鶴見臨港鉄道に対して同区間のバス免許が与えられ、これにより規模が大きくなった同社のバス部門が独立したのが、鶴見川崎臨港バスである。

しかし、戦争が拡大するにつれ、ガソリンを含む石油製品の消費が統制され、木炭バスなどの代用燃料車（代燃車）が用いられるようになる。さらに戦局が悪化すると、木炭・薪・石炭などの代用燃料さえも手に入りづらくなり、バス運行に支障を来すようになる。

こうした状況下、大師方面の軍需工場では、「通勤する従業員が川崎駅からバスで1時間、大師線利用で大師駅から徒歩で40分を要し、生産増強に大きな支障」（『市営交通40年のあゆみ』川崎市交通局）が生じるようになった。このような通勤難を解決するために建設が検討されたのが、市電だったのである。

「明日」を運び80年 川崎鶴見臨港バス物語（上）

女性運転士 工都支え

電気自動車

2017（平成29）年11月15日付神奈川新聞記事「女性運転士　工都支え」

戦前に登場した電気バス

電気自動車といえば、現代においては環境に優しいエコカーの代表であるが、戦前の乗り合いバス（川崎鶴見臨港バス）に電気自動車が導入されていたという、ちょっと驚くような話がある。もちろん、エコが目的で導入されたわけではない。

１９３７（昭和12）年7月に日中戦争が始まると、燃料統制が敷かれるようになり、１９３８（昭和13）年5月からは、ガソリンは購買券による配給制がとられるようになった。バス会社へのガソリンの割り当ても次第に厳しくなり、木炭車などが使用されたが、「ガソリン車を改造できて便利」だった反面、「馬力がなく」、運転にも「手間と熟練」を要したという（『臨港バス30年のあゆみ』）。

こうした中で進められたのが電気自動車の研究だっ

た。『臨港バス30年のあゆみ』によれば、１９３９（昭和14）年から川崎市の扇町線で7両の電気バスの運転が開始された。当時、電気バスは名古屋市をはじめ全国で60～70両が運転されている程度だったといい、臨港バスでの導入は東日本では初の事例であった。

　その後、１９４４（昭和19）年には電気バスは31台まで増え、「木炭車の83台に次ぐ主力車両」（２０１７年11月15日付神奈川新聞）となった。また、徴兵により不足した男性に代わって登場した21名の女性運転手が、電気バスを運転した。

◉桜川公園に今も市電車両を保存

　川崎市電は、海岸電軌をそのまま復活させたわけではなく、かなり異なる路線を走ることになった。産業道路上など一部で海岸電軌の経路と重なる部分はあったものの、川崎市内に路線が限定された縮小バージョンであった。川崎「市電」なのだから当然といえば当然である。
川崎市電の路線跡を現在の風景に照らしながら歩いてみよう。起点は国鉄（現・ＪＲ）川崎駅前にあった。起点停留場の名称や位置は何度か変わっているが、路線図（次頁掲載）に示すように現在の市役所通り付近に「市電川崎」、新川通り付近に「川崎駅前」が置かれている時期が長かった。市電川崎―川崎駅前間は１９６３（昭和38）年2月に廃止され、最終的には新川通りのすぐ西側、かつての「さいか屋 川崎店」（現・「川崎ゼロゲート」）前の道路中央に起点停留場（川崎駅前）が置かれた。(※1)
　ここから出発した市電は西進し、現在の市電通りを左折して道路の真ん中を走っていた。市電通りに入ると、すぐに上並木停留場（昭和40年代に「商工中金前」に変更）があり、その先の第一京浜国道（国道15号線）を

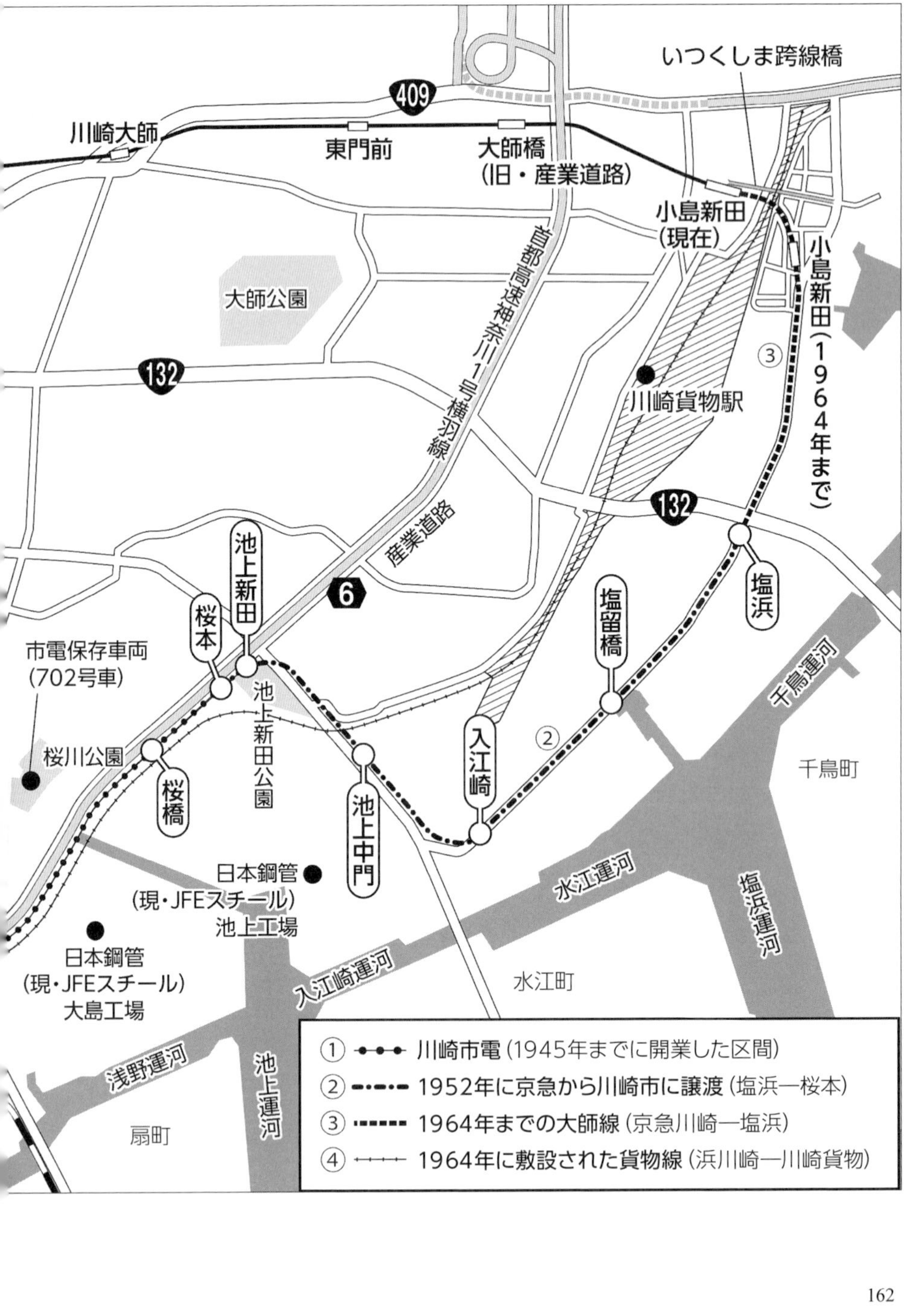
いつくしま跨線橋
409
川崎大師
東門前
大師橋
(旧・産業道路)
小島新田
(現在)
小島新田(1964年まで)
首都高速神奈川1号横羽線
大師公園
132
川崎貨物駅
③
132
産業道路
6
池上新田
桜本
塩浜
塩留橋
市電保存車両
(702号車)
池上新田公園
桜川公園
桜橋
入江崎
②
池上中門
千鳥運河
千鳥町
日本鋼管
(現・JFEスチール)
池上工場
水江運河
塩浜運河
日本鋼管
(現・JFEスチール)
大島工場
入江崎運河
水江町
浅野運河
池上運河
扇町
① 川崎市電(1945年までに開業した区間)
② 1952年に京急から川崎市に譲渡(塩浜ー桜本)
③ 1964年までの大師線(京急川崎ー塩浜)
④ 1964年に敷設された貨物線(浜川崎ー川崎貨物)

川崎市電路線図

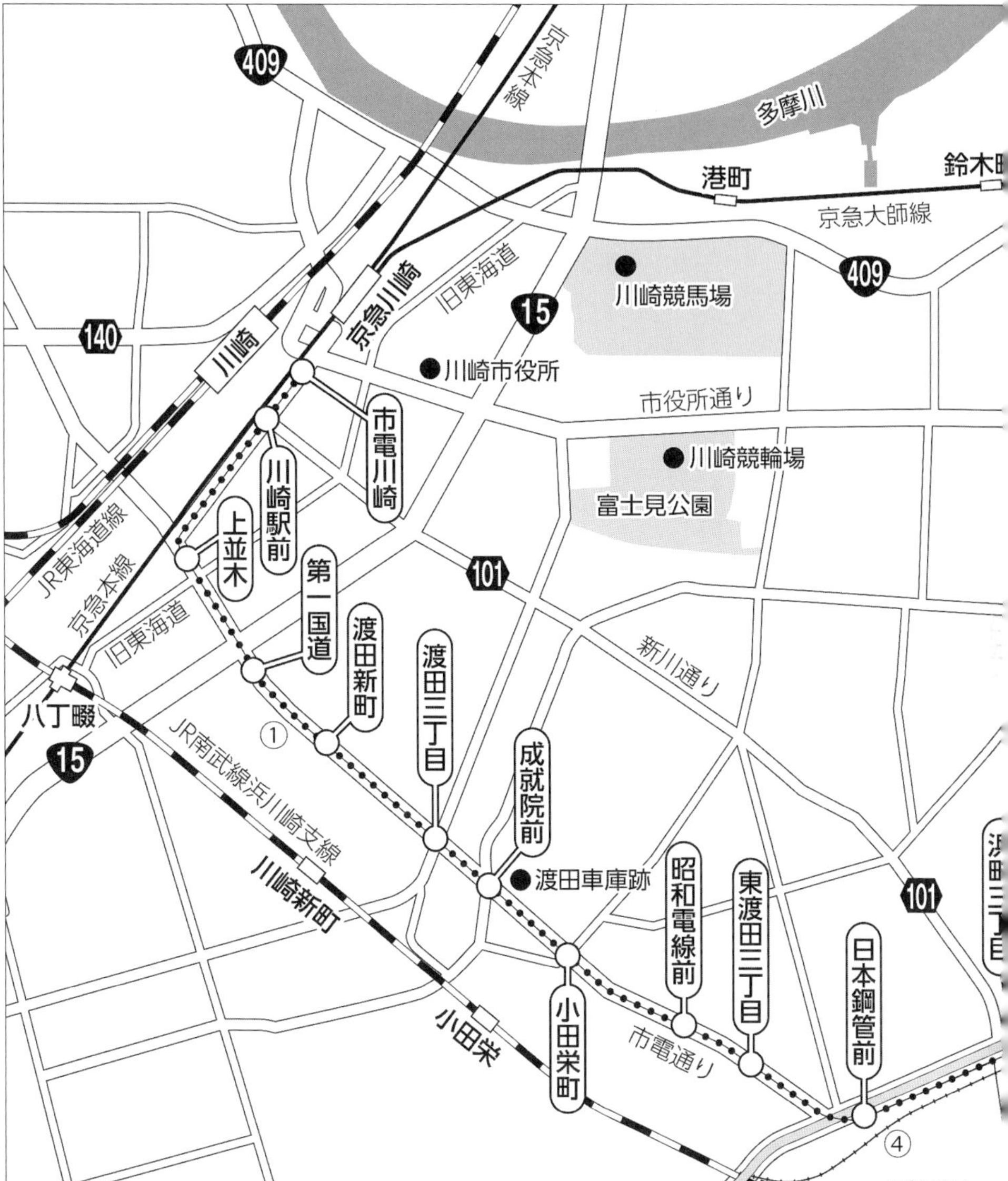

・地形および他の鉄道、道路等は現在のもの
・川崎市電の停留場名は、昭和30年代中頃のもの
・開業時の終点・東渡田五丁目は、東渡田三丁目付近に存在
・1964年に浜町三丁目―桜橋間に浜町四丁目を新設

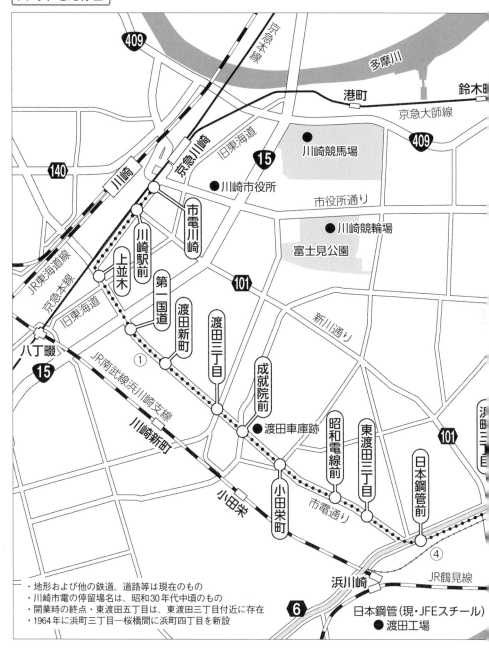

1952（昭和27）年4月15日付神奈川新聞に掲載された川崎駅前。高架化される以前の地平を走る京急線のすぐ脇に市電乗り場（市電川崎）がある。Uターンするトロリーバスの姿も（撮影：神奈川新聞社）※2枚の写真を合成

渡った先に第一国道停留場があった。

第一国道停留場から３つ目の成就院前停留場付近には車庫（渡田車庫）があった。市電の車庫はもともと起点付近にあった（古川車庫）が、市の区画整理事業の都合で、１９５３（昭和28）年にこの場所へ移転した。車庫の跡地は、現在のマクドナルド川崎渡田店から背後の児童公園手前までの住宅地一帯である。

いくつかの停留場に停車しながら市電通りをさらに南下していくと、やがて産業道路に突き当たる。産業道路と交わる交差点は、かつて中央に円形緑地帯があるロータリーだった。市電はそのロータリー中央を横切り、日本鋼管前停留場に到着。ここから先は産業道路の進行方向右側を走っていた。南側には広大な日本鋼管（現・ＪＦＥ）の敷地が広がり、国鉄（現・ＪＲ）浜川崎駅もある。

産業道路沿いの市電跡は緑道になっており、本来であれば歩きやすいはずなのだが、残念ながら草ボウボウ、ゴミの不法投棄も目立つ。ここで頭上を見上げると、右手後ろから、浜川崎駅と川崎貨物駅間を連絡するＪＲ貨物線の高架が迫ってくる。しばらくの間、産業道路上を

市電廃止直前の1969（昭和44）年頃の川崎駅前停留場（提供:川崎区役所道路公園センター）

上：市電通りと第一国道の交差点から川崎駅方面を望む
（提供：川崎区役所道路公園センター）
下：ほぼ同アングルの現在の様子

渡田車庫（提供：川崎区役所道路公園センター）

日本鋼管前停留場付近を行く、702号車（提供:川崎区役所道路公園センター）

行く首都高速と貨物線の高架に挟まれながら市電跡は進む。

この先の桜橋停留場跡（現・桜橋バス停）付近に、川崎市電の廃線跡探索の最大の見どころがある。桜川公園（川崎市川崎区桜本）の一角に市電車両が保存されているのだ（車内は原則非公開）。この保存車両（702号車）は1922（大正11）年に製造され、1947（昭和22）年に都電から川崎市電に移籍・導入された車両で、市電206号車として活躍。1965（昭和40）年9月に更新工事（鋼体化）を行い702号車となり、市電廃止時まで在籍、活躍した。

◉市電と大師線で実現した「ほぼ」環状線

今回、桜川公園の市電保存車両の車内を特別に見せていただいた。数年前に外装は塗装し直したが、車内はシートが傷むなど、少しかわいそうな状態である。だが、運転台などがほぼそのまま保存されているほか、貴重な昔の市電の写真が展示されるなどしており（本書では、許可を得てその一部を撮影、使用している）、定期的に有料の公開イベントなど行えば維持費用の足しにもなり、保存状態も良くなるのではないだろうか。

さて、再び産業道路に戻り、市電廃線跡探索を続ける。桜橋停留場の次が桜本停留場である。第4章でも記したが、川崎市電と東急大師線（当時は戦時統制下で京浜電鉄を含む私鉄各社を統合した「大東急」時代だった）は、この桜本で接続していた。大師線がこんなところまで来ていた時代があったと言えば驚くかもしれないが、これには市電計画時の次のような経緯がある。

桜川公園の保存車両（702号車）

川崎市は、川崎駅前から臨海工業地域を経由して川崎大師駅に至る市電建設計画を立案した（当初はさらに大師線を買収し、市電のみで完全な環状線にする計画だった）が、東急も独自の大師線延伸計画を持っていたため、一部区間が競願となった。そこで運輸通信省で審理した結果、川崎駅前から西回りで桜本までを川崎市、川崎大師駅から東回りで桜本までを東急が建設する

702号車ドア付近

702号車運転台

702号車の車内

桜橋停留場付近を走る市電車両。前面に「市民のみなさん さようなら」と掲げている（提供：川崎区役所道路公園センター）

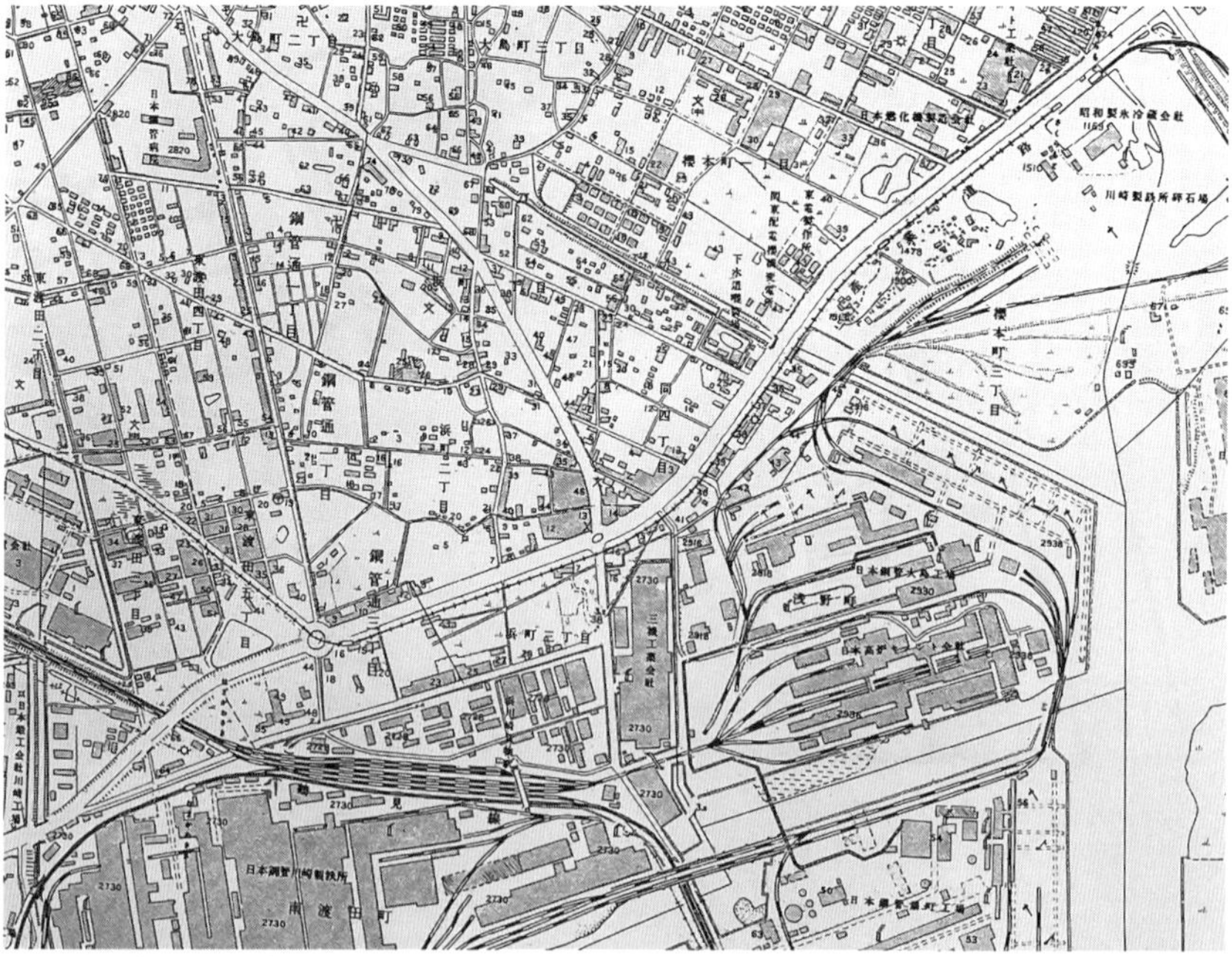

中央の産業道路に沿って走る市電。右上の桜本で市電と大師線の駅は離れて描かれている。また、浜川崎駅（左下）や複雑な工場構内線も描かれている（出典：1948年測量国土地理院地形図）

よう調整がなされた。

その後、両者で各々工事が進められ、東急は１９４５（昭和20）年1月に桜本までの大師線延伸を完了させた。一方、川崎市電は１９４４（昭和19）年10月に東渡田五丁目（現・川崎区鋼管通3丁目付近）までを部分開業させた後、川崎大空襲などによる被害[※2]の復旧に努めながら延伸工事を進め、１９４５（昭和20）年12月に桜本までを竣工させた。

こうして両線は桜本で顔を合わせ、ほぼ環状線が出来上がった。「ほぼ」というのは、結局、川崎駅前でも桜本でも両線のレールがつながることはなく、乗り換えが必要だったからだ。

このように大変な苦労の末に桜本までの開通を果たした川崎市電であったが、時はすでに戦後になっており、建設の主目的であった軍需工場への工員輸送の需要は、もはや失われていた。代わって担うことになったのが、臨海工業地帯の貨物輸送という使命だった。

◉3線軌条で担った貨物輸送

元々、臨海部の工場の貨物は、産業道路の南側に広がる日本鋼管（現・ＪＦＥ）大島・池上工場の構内専用線経由で浜川崎駅へ輸送されていたのだが、輸送量が増えるにつれ、それでは工場の操業に支障を来すとして、貨物列車の通過を拒否される事態となった。そこで市電と大師線を貨物輸送に活用しようということになったのだ。

そのルートは、国鉄の貨物列車が浜川崎駅から連絡線（浜川崎駅構内―日本鋼管前停留場付近間　０・５㎞）で市電に入り、さらに桜本から大師線に乗り入れ、各工場などの専用線と接続するというものだった。その際、市電と大師線は線路幅１４３５㎜の国際標準軌、国鉄線は線路幅１０６７㎜の狭軌なので、市電と大師線の一部区間を3線軌条（3本レール）にして対応した。この方式による輸送は、1949（昭和24）年7月より開始された（※3）。

その後、臨海工業地帯のさらなる発展に伴い、港湾貨物の陸上輸送力強化の観点から、1952（昭和27）年1月に川崎市が大師線の塩浜―池上新田―桜本間を買収し、市電に組み込んだ。この時点で市電は路線長での最盛期（6・95㎞）を迎えたのである。

桜本から先も歩いてみよう。桜本停留場の次が池上新田停留場。周辺は現在、池上新田公園として整備されている。池上新田停留場の先で、市電は道路を渡っていたが、当時はこの道路を水江町方面行きのトロリーバスが走っており、市電と平面交差していた。ここから市電も少しの間、トロリーバスと並行して南へ向かう。「池上新田緑道」と命名された緑道が市電の跡だ。少し先で貨物線の高架下をくぐり、道路の右手に目を向けると、JFEの池上正門が見える。この付近に池上中門（文献によっては日本鋼管池上正門前）停留場があった。

その先のコンビニ付近から左手の入江崎クリーンセンターと、かつての下水処理場の敷地を巻くようにして、緩いカーブを描く道が続く。市電の軌道はこの道に沿って走っていた。途中、2017（平成29）年9月に廃止された貨物専用の神奈川臨海鉄道水江線（第11章コラム参照）の廃線跡と交差するが、すでにレールは撤去されているので、意識していなければ、鉄道廃線

神奈川臨海鉄道水江線廃線跡の細長い空き地

夜光運河の船だまり

跡とは気がつかないだろう。なお、カーブの先に入江崎停留場・信号所があった。

入江崎から先はいかにも工業地帯らしい殺伐とした風景の中を歩くことになるが、しばらくしてふと右手に目をやると、水辺の景色が目に入る。この夜光運河（夜光水路）の船だまりには、釣り船に混じって屋形船も係留されている。屋形船による夜景クルーズを運航しているらしい。ちなみに、この付近に市電の塩留橋（文献によっては汐留橋）停留場があった。ここまで来れば、終点の塩浜停留場は目と鼻の先だ。国道１３２号線と交差する夜光交差点の手前、現在の塩浜バス停付近に大師線と市電のホームがあった。

◉25年で閉幕も、今なお道路の名称に

さて、１９５２（昭和27）年に、大師線の塩浜―池上新田―桜本間を路線に組み入れ、路線長での最盛期を迎えた市電であったが、やがて転機が訪れる。川崎臨海部の埋め立て・造成事業[※4]は、戦前から開始された水江町・千鳥町に続き、昭和30年代初頭に着工された浮島町が１９６１（昭和36）年に竣工。浮島町への進出企業の操業が開始すれば、３線軌条による変則的な貨物輸送では限界を超えるのが目に見えていた。また、浜川崎駅の貨物取扱量も急増していたが、同駅は周辺を大工場に囲まれ、拡張の余地がなかった。そのため、新たな操車場の建設が急がれた。

このような背景から、１９６４（昭和39）年3月に塩浜操駅（現・川崎貨物駅）が開業し、浜川崎駅と塩浜操駅間を結ぶ国鉄貨物連絡線（この線を敷くために、市電を一部単線化して用地提供した）が開業すると、池上新田付近で、当時は地上を走っていた貨物連絡線（現在は高架化）と市電の平面クロスの問題が発生した。しかし、不採算の市電には、新たな立体工事の投資を行う余裕はなく、路線の先端部分（池上新田―塩浜間）を廃止せざるを得なかった。[※5]同時に市電の３線軌条による貨物輸送も廃止され、川崎臨海部の貨物輸送は、国

鉄貨物連結線と第三セクター方式で新たに設立した神奈川臨海鉄道（塩浜操駅と水江、千鳥、浮島の各地区を結ぶ貨物鉄道会社）を軸とする輸送体系へと移行した。

さらに5年後の１９６９（昭和44）年3月、モータリゼーションの波に抗えず、川崎市電は全廃となった。結局、川崎市電が存続したのは、わずか25年間という短い期間だった。

こうして見てみると、川崎の路面電車は時代の波に翻弄され、不遇の歴史を歩んだことが分かる。最初の海岸電軌は、経済恐慌と鶴見臨港鉄道という競合鉄道線の登場により、開業からわずか12年で姿を消した。

川崎市電も、開業当時、鉄道を管轄する運輸通信大臣に就任していた東急の総帥・五島慶太の意向には抗えず、環状線の実現はおろか、大師方面への乗り入れすら果たすことができなかった。また、桜本までの路線主要部が完成したときには、すでに「軍需工場への工員輸送」という建設の主目的を失っていた。

市電廃線時の「さよなら電車」の運転（提供：川崎区役所道路公園センター）

その後も、旅客輸送面では、専用軌道化が進み、軌道線から地方鉄道線に変更（１９４３年）されていた大師線との直通運転の実現は難しく、乗り換えなしでの環状線の実現という夢はついに果たせなかった。また、独自路線の拡張性も乏しく、わずか数kmの短小路線（最終的には川崎駅前—池上新田間4・64km）のために変電所等の付帯設備を維持しなければならず、経営の合理性を著しく欠いた。貨物輸送面は、貧弱な軌道では大量輸送時代に適応することができなかった。

川崎市電は路線網の拡充を含め、すべてが中途半端に終わってしまった感がある。しかし、公園の保存車両や「市電通り」という名に、今もなおその記憶が留められ、少なからぬ市民に愛され続けている。また、その歴史を振り返れば、時代に即した公共交通の整備・維持の難しさという観点で、学ぶべきことが多い。

市電は道路名称にその記憶を留めている

※１　起点停留場の位置の変遷は非常に複雑であり、詳細は『川崎市電の25年』（関田克孝、宮田道一）に記されているので、参照されたい。

※２　１９４５（昭和20）年４月15日の川崎大空襲で、川崎市電は在籍車両７両のうち６両が焼失、諸施設にも甚大な被害を受けたが、５月１日には残った１両で運転を再開。その後、箱根登山鉄道から３両を補充したが、８月13日の空襲で再び２両を焼失するなど、日本を代表する工業地帯を走る路線ゆえの試練を受けた。

※３　市電による貨物輸送の開始時期について、『市営交通40年のあゆみ』（川崎市交通局）は１９４９（昭和24）年７月としているが、１９４８（昭和23）年８月とする資料もある。当初は貨物列車の運行は旅客列車の運転のない夜間帯に限ったが、貨物輸送量の増加に伴い、１９５４（昭和29）年４月からは昼行運転も行われるようになった。

※４　川崎臨海部の海岸線の変遷を俯瞰《ふかん》すると、まず、明治末から開始された「浅野埋立」によって白石町・大川町・扇町が造成された。その東側に位置する水江町・千鳥町は昭和10年代から戦後にかけて行われた埋立事業による。さらに昭和30年代に浮島町が造成され、埋立地は東へ東へと広がっていった。

※５　池上新田─塩浜間は１９６４（昭和39）年３月に営業休止、１９６７（昭和42）年８月に廃止。

コラム

工業地帯を結んだ川崎のトロリーバス

電車なのか、バスなのか。戦後の復興の最中《さなか》にあった川崎に、風変わりな乗り物が登場した。その名はトロリーバス、略して「トロバス」である。見た目はバスと一緒だが、日本語の名称は「無軌条電車」。屋根上にトロリーポール（集電装置）は付いているけれど、レールはない。なんとも不思議な乗り物である。

日本でトロリーバスが最初に登場したのは京都市営の1932（昭和7）年。2番目が1943（昭和18）年に開業した名古屋市営と一般的に言われているが、実は1928（昭和3）年に兵庫県川西市の新花屋敷温泉・遊園地のアクセス用に開業した日本無軌道電車（民営）が最初だった。だが、この路線は営業不振のため、わずか4年で廃止されている。

関東で最初に登場したのが川崎市営で、1951（昭和26）年3月の開業。全国では4番目ということになる。すでに立派な市電の路線網を持っていた東京や横浜と異なり、川崎には戦時中に急ごしらえで敷設された、わずかな距離の市電しかなかったのが〝関東初のトロバス〟の栄誉を手にできた理由だろう。ちなみに、川崎は電車（大師電気鉄道。第4章参照）が登場したのも関東初であった。

ところで、電車とバスをミックスしたようなトロリーバスが、なぜこの時期に登場したのかといえば、1つには当時の燃料事情があった。戦前、戦中と石油の輸入を断たれて苦しい思いをした我が国。燃料事情は、今後もどうなるかは分からない。当時はガソリン不足のため、バス会社にはまだ代燃車が残っていた時代である。[※1] そこで、アメリカをはじめ海外での実績があり、動力費の安いトロリーバスが注目されたのだ。また、軌道が不要なトロリーバスは設備投資の面でも有利であり、日本の狭い道路事情からしても、市電よりもトロリーバスのほうが合っていると思われた。こうしたことから、GHQもトロリーバスの導入を強く指導したという。

しかし、実際に導入してみると、デコボコな道路やカーブで屋根のポールが外れやすく、乗務員泣かせな乗り物であった。

さて、川崎のトロリーバスは川崎駅前から市電の池上新田を結び[※2]、さらに1954（昭和29）年8月には、埋め立て地の水江町[※3]まで延伸された。その後、川崎駅前の道路混雑が激しくなると、起点の古川通り（小美屋デパート前）でのUターンが困難となり、1962（昭和37）年からはテニスのラケット状の経路（川崎駅付近が、両回りの循環線）を走るようになった。

このように市中心部と臨海工業地帯を結び、工業都市・川崎の通勤需要を支えたトロリーバスであったが、活躍した期間は短かった。レールがないとはいえ、架線に沿って進まなければならず、渋滞時に小回りが利かないのは市電と同様であり、また、ディーゼルバスの発達により、動力費における優位性もなくなった。

川崎のトロリーバスが廃止されたのは、1967（昭和42）年4月。その車両が1台、今も高津区の二子塚公園という小さな児童公園に保存されている[※4]（104号車）。ほか、隣の横浜市へ移籍した車両もあったが（701〜704号車）、その横浜市のトロリーバスも、横浜市電とともに1972（昭和47）年3月に廃止され、姿を消した。

二子塚公園の保存車両。運転席の窓には板が張られ、タイヤも地面に埋まっているが、屋根があるので長い年月にも耐えられたのだろう

※1　神奈川中央交通のホームページに「戦中戦後の石油燃料の欠乏期には、大いに活躍した代燃車でしたが、戦後徐々に姿を消し、当社においても昭和27年の初頭に代燃車を全廃しました」とある。

※2　開業時は川崎駅前─池上新田─桜本までだったが、1952（昭和27）年1月に大師線の塩浜─池上新田─桜本間が川崎市電に組み込まれたことから、併行するトロリーバスの池上新田─桜本間は廃止。

※3　このときは日立造船前まで。1964（昭和39）年10月、さらに鋼管水江製鉄前（日本鋼管水江製鉄所前）まで延伸された。

※4　本書初版第1刷発行後の2024（令和6）年12月21日、二子塚公園の保存車両は、老朽化のため撤去・搬出された。当初は解体される予定だったが引き取り手が現れ、今後、修理の上、別の場所での保存を目指すという。

〈主要参考文献〉

・「臨港バス30年のあゆみ」（川崎鶴見臨港バス　1967年）
・「市営交通40年のあゆみ」（川崎市交通局　1984年）
・「RM LIBRARY 川崎市電の25年」（関田克孝、宮田道一　ネコ・パブリッシング　2003年）

第7章

ドリーム交通（ドリームランドモノレール）

1年半で運行休止となった「夢の交通」
リニアで復活の計画も

1966（昭和41）年５月に開通した、大船駅―ドリームランド駅間を結んだドリームランドモノレール。車両重量の過大や親会社のずさんな運営などから、開業後わずか1年半で運行休止に。半ば廃墟と化した駅や軌道を支える橋脚などが、ずっと残っていたのを記憶している読者も多いだろう。1990年代半ばにはリニアモーターカーとして再開する計画も浮上した。

横浜ドリームランドモノレール。「ドリーム号」と「エンパイア号」の２編成が運行されていた（横浜市史資料室所蔵）

◉開業後、わずか1年半で休止

前章で川崎市電が存続期間25年の「短命」な路線だったと紹介したが、それよりもさらにずっと短命な路線が存在した。1966（昭和41）年5月に開通した、大船駅―ドリームランド駅間を結んだドリームランドモノレール（運営：ドリーム交通）である。

同路線は、開業からわずか1年半後の1967（昭和42）年9月に運行休止となり、その後、復活することはなかった。もし、もう少し長く存続していたならば、1970（昭和45）年3月に湘南モノレール（大船―湘南江の島間[※1]）が開通し、大船駅は運営会社も形式も異なる2つのモノレールを乗り換えられるモノレールの「聖地」になっていたのに……。多くの鉄道ファン、モノレールファンが、そんな〝夢〟を持っているようである。

そもそもこの地になぜ、モノレールが敷設されたのだろうか。その理由として、「日本最大の遊園地」と称された横浜ドリームランド（横浜市戸塚区俣野町）が1964（昭和39）年8月にオープンしたも

横浜ドリームランドの入口付近。写真中央やや下をモノレールの軌道が横切っている（1971年8月　撮影：神奈川新聞社）

のの、最寄りの国鉄（現・ＪＲ）大船駅から５km以上も離れており、アクセスの悪さがネックになっていたことが挙げられる。

バス、タクシーだけでは輸送力が限られ、途中で国道1号線をクロスしなければならず、渋滞も予想された。従って路上交通と分離した別な交通手段が必要だったわけだが、丘陵地帯が広がる鎌倉市北西部や横浜市戸塚区の南西部に、通常の鉄道を敷設するのは不可能に近かった。そこで、簡易な構造物のみで建設でき、輸送力も比較的大きく、さらにゴムタイヤ採用により登坂力にも優れたモノレールが採用されることになったのである。

当時はモータリゼーションの進展により各地で交通渋滞が問題となる中、地下鉄よりも安価に建設できるモノレールが脚光を浴び始めていた時期であり、日本の各メーカーは海外のモノレール先進企業と技術提携することにより、モノレールの技術導入と開発を図ろうとしていた。

日立製作所は西ドイツ（当時）のアルヴェーグ式（東京モノレールなど）、川崎航空機（現・川崎重工）はアメリカのロッキード式（小田急向ヶ丘遊園モノレールなど。本章コラム参照）、三菱グループはフランスのサフェージュ式（湘南モノレール、千葉都市モノレールなど）の技術を導入。アルヴェーグ式とロッキード式は軌道桁《けた》（モノレールの線路）にまたがって走行する跨座《こざ》型モノレール、サフェージュ式は軌道桁からぶら下がって走行する懸垂型モノレールである。

ドリームランドモノレール計画の入札には複数企業が手を挙げたが、採用されたのは東芝式だった。この東芝式はアルヴェーグ式をベースとしつつ、車体と台車を

サフェージュ式の湘南モノレール

アルヴェーグ式の東京モノレール

完全に分離したボギー連接台車構造[※2]にするなど、独自の改良を加えたものだった。東芝式が採用されたのは、先行開園した奈良ドリームランドのモノレールが好調だったからであろう。

◉強引に進められた建設

ドリームランドモノレールの建設は、東芝が車両と電気設備の設計・製造（車両のボディ部分は東急車輛が製造）、三井建設が軌道の設計・建設を担当し、総工費約25億円をかけて進められた。大船駅からドリームランド駅までの路線総延長は約５・３km、両端の駅のほぼ中間地点に、交換所（すれ違い場所）である小雀信号所と変電施設を設けた。

モノレールの建設過程に関しては、神奈川新聞が何度か記事にしている。まず、１９６６（昭和41）年１月26日付の記事が、モノレール計画の全容を分かりやすく書いている。

「大船駅～横浜ドリームランド五・三キロを結ぶモノレール建設工事は総工費二十五億円をかけて着々進んでいるが戸塚区原宿町一〇二〇さきの幅四十メートルの東海道をまたぐ路線架設工事が二十五日深夜から二十六日未明にかけて行われた。（中略）

モノレール線建設は三十九年初めドリーム交通の

上下線の待ち合わせ場所として設置された小雀信号所。写真には写っていないがプラットホームもあった。右手には検修用の作業車も見える（提供：日本モノレール協会）

手でドリームランド入園者と付近の住民の輸送を目的として計画された。将来はさらに小田急線長後駅まで三・六キロ延長する計画。

使われる電車は〝馬乗り型〟一編成三両で乗車定員は百二十五人、最高速度は六十キロで全線を十分間（筆者注：実際は８分）で走る。料金は片道おとな百七十円、こども九十円、往復おとな三百円、こども百五十円の予定。

この路線は山あり谷ありの急こうばい続き、起伏に富んだ半ばケーブルカーのようにながめよい乗り心地を楽しめることになるという。

単線路線のため小雀浄水場に上下線の待ち合わせ所ができ、将来はここに途中駅を作るという。」

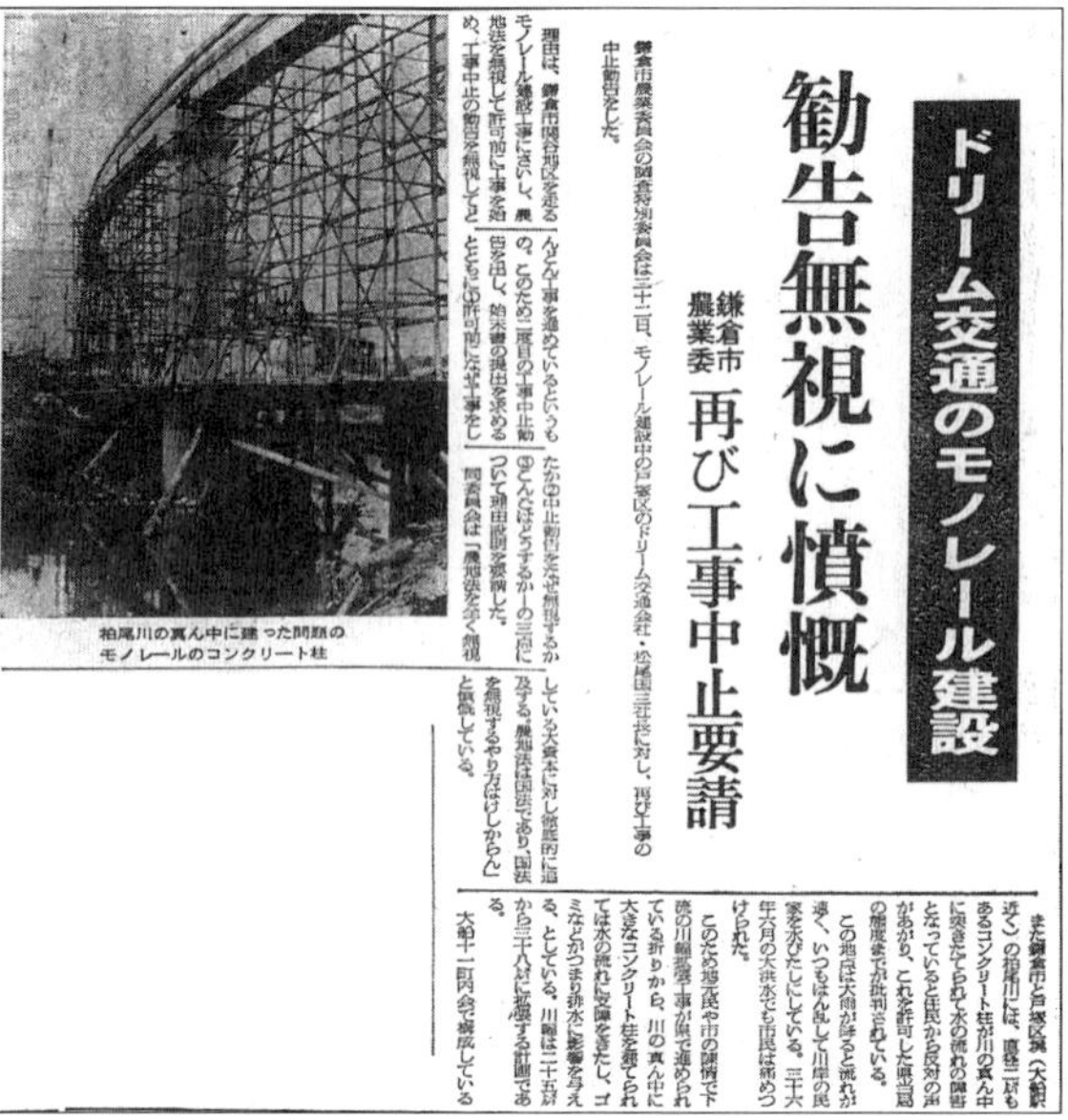

ドリーム交通のモノレール建設

勧告無視に憤慨

鎌倉市農業委 再び工事中止要請

鎌倉市農業委員会の調査特別委員会は二十二日、モノレール建設中の戸塚区のドリーム交通会社・松尾国三社長に対し、再び工事の中止勧告をした。

理由は、鎌倉市関谷地区を走るモノレール建設工事にさいし、農地法を無視して許可前に工事を始め、工事中止の勧告を無視してどんどん工事を進めているというもの。このため二度目の工事中止勧告を出し、始末書の提出を求めるとともに許可前になぜ工事をしたか、中止勧告をなぜ無視するか、今後はどうするか―の三点について理由説明を要求した。

同委員会は「農地法を全く無視している大資本に対し徹底的に追及する。農地法は国法であり、国法を無視するやり方はけしからん」と憤慨している。

また鎌倉市と戸塚区境（大船駅近く）の柏尾川には、直径二㍍もあるコンクリート柱が川の真ん中に突きたてられて水の流れの障害となっていると住民から反対の声があがり、これを許可した県当局の態度までが批判されている。

この地点は大雨が降ると流れが速く、いつもはん乱して川岸の民家を水びたしにしている。三十六年六月の大洪水でも市民は痛めつけられた。

このため地元民や市の陳情で下流の川幅拡張工事が県で進められている折りから、川の真ん中に大きなコンクリート柱を建てられては水の流れに支障をきたし、ゴミなどがつまり排水に影響を与える、としている。川幅は二十五㍍から三十八㍍に拡張する計画である。

大船十一町内会で構成している

柏尾川の真ん中に建った問題のモノレールのコンクリート柱

1966（昭和41）年3月23日付神奈川新聞記事「勧告無視に憤慨」

続いて同年3月23日付で、モノレール建設計画がかなり強引に進められた様子を伝える記事が掲載されている。

「鎌倉市農業委員会の調査特別委員会は二十二日、モノレール建設中の戸塚区ドリーム交通会社・松尾国三社長に対し、再び工事の中止勧告をした。

理由は、鎌倉市関谷地区を走るモノレール建設工事にさいし、農地法を無視して許可前に工事を始め、工事中止の勧告を無視してどんどん工事を進めているというもの。（中略）

同委員会は『農地法を全く無視している大資本に対

し徹底的に追及する。農地法は国法であり、国法を無視するやり方はけしからん』と憤慨している。（後略）」

こうした法律無視の姿勢が原因か、開業もすんなりとはいかなかった。ドリームランドモノレール開業当日の様子を伝える書籍（『横浜の鉄道物語』長谷川弘和著）によると、開業予定日の朝、駅のシャッターは下りたままだった。駅員に理由を聞くと、「まだ認可されていない由で、認可があり次第開通する」との回答で、結局、初日にモノレールが走ったのは、わずか4時間くらいだったとのことである。

◉重すぎて「無期運休」

当初からこのように、ずさんな運営がなされていたのだから、後から振り返れば開業後1年半で運休に追い込まれたのは、無理もないことだったのかもしれない。運休に至った直接の原因は、車両重量の過大であった。営業開始後、ゴムタイヤがたびたびパンクしたため、車両を計量してみると、営業許可申請時に3両固定編成で重量30トンの予定だったものが、実際には45トン以上にもなっていた。また、軌道桁のコンクリートにヘアークラックと呼ばれるひび割れが生じているのも発見された。こうした状況を危険と判断した陸運局の勧告により「無期運休」となったのである。

東芝の言い分は、「最初、現在の路線の北側の平たん地を通る予定で設計したところ、その後コースが再三変って、千分の十（筆者注：100パーミルの誤り。1000m走るごとに100m上る）という急こう配を持つ路線になったため、車両の強度を高くする必要から、車体が予定より重いものになった」（1967年9月26日付朝日新聞）、「安全のため連結器はじめ各部品をがんじょうにした。いわばていねいに作りすぎた結果重すぎるものになってしまったわけで、それほど重くなるとは思わなかった」（同日付読売新聞）というもの。

100パーミルの難所に対応するため、当初の設計よりモーターを大型に交換したのも重量増加の要因だった。

ドリームランド駅および検修工場と停車中のモノレール車両（横浜市史資料室所蔵）

これだけを見れば、車両製造者の側に全面的に非があるように思われるが、より本質的な原因を突き詰めようと他の資料を調べていくと、また違った見方も出てくる。着目すべきは、ドリーム交通の親会社だった日本ドリーム観光（松尾国三社長[※3]）の企業体質および当時の財務状況である。

当時、日本ドリーム観光は資本金76億円、大阪の新歌舞伎座や千日デパートなどを傘下に持ち、日本一の規模の興行・娯楽会社になっていたが、内情を見ると松尾社長のワンマンによるずさんな経営が行われていた。総合観光企業への脱皮を急いだのか、奈良ドリームランドに40億円、横浜ドリームランドに75億円もの資本を投下したのに加え、神戸に同社初となる大型ホテル（神戸ニューポートホテル　総工費約18億円）の建設を同時に進めるなど、ばくちに近い巨額の投資を重ねていた。

開園後の横浜ドリームランドは天候不順と交通アクセスの不備から客足が鈍く、これが大きな要因となり日本ドリーム観光は間もなく無配に転落。業績の悪化に加え、株主総会では松尾社長が過去数年間の粉飾決算を認めるなど、危機的な経営状況に直面した。ドリームランドモノレールの建設が進められていたのは、まさにこのような時期であり、再三の路線変更や農地法無視といった事態は、用地費を抑えるために山林や畑に無理矢理モノレールを通そうとした結果だったのだろう。

◉リニアで復活の夢も…

一方、車両を製造した東芝側にも当時は焦らざるを得ない事情があった。同社が奈良ドリームランドのモノレールを開業させたのは1961（昭和36）年7月であり、これは国内の跨座型モノレールの第1号だった。つまり、東芝はライバルに先んじてモノレールに着目していたのである。

ただし、奈良ドリームランドのモノレールは「遊戯物」扱いだった。地方鉄道免許による跨座型モノレール路線としては、1962（昭和37）年3月に開業した日立の犬山遊園モノレール（名鉄モンキーパークモノレール線）に先を越されてしまい、自らも出資した日本エアウェイ開発のサフェージュ式は、三菱に主導権を握られた。さらに川崎航空機も1962（昭和37）年9月以降、同社岐阜製作所構内に試験線を設け、ロッキード式モノレールの実用化に向けた実験を開始している状況だった。東芝としては、今後のモノレール受注を見据えて実績をつくっておきたいがために、多少の無理な要求を受け入れてでも工事を完成させたかったのであろう。

ドリームランドモノレールが、なぜ運行再開できなかったのかについても見ていこう。運休当初、ドリーム交通は「車体を軽いものに作りかえ、脚柱やケタの補修工事をしなければならず、工事に約1年はかかる」（1967年9月26日付朝日新聞）と、比較的早期の運行再開を見通していた。損害賠償金を原資に補修を行えば運行再開は可能と考えていたのだ。ところが、これを阻んだのが長期化した裁判である。

ドリーム交通は1967（昭和42）年11月、東芝などを相手取り損害賠償請求訴訟を提訴したが、ようやく和解が成立したのは、13年後の1981（昭和56）年1月だった。横浜ドリームランドの経営が一時赤字に陥ったのはモノレール運休の影響が大きいとする日本ドリーム観光側の主張と、車両設計・製造のミスを全面的には認められないとする東芝側の主張が真っ向から対立したのである。

車両は裁判の証拠品として遺留していたが、13年も放置する間に、駅や軌道桁などの構造物もろとも廃墟のようになってしまい、そのまま運転再開することは不可能になった。だが、横浜ドリームランドの敷地の一部に大規模な高層分譲住宅が建設されたほか、沿線の宅地化が進み、住民の足としてモノレール再開を望む声が高まったため、ドリーム交通は、以後も鉄道免許の更新を続け、橋脚などはそのまま残

1990（平成2）年頃のドリームランドモノレール大船駅。鉄骨の腐朽が進行している（提供：大竹正芳さん）

1993（平成5）年4月頃に撮影されたモノレール橋脚と軌道（撮影：神奈川新聞社）

されるという状況が続いた。

運行休止からおよそ30年が経過した1995（平成7）年6月、ユニークな運行再開計画が浮上した。常電導磁気浮上式リニアモーターカー（HSST）の導入計画である。この計画を決めたのは、流通大手のダイエーグループである。日本ドリーム観光は1984（昭和59）年に松尾社長が亡くなると創業家と新経営陣との間で内紛が勃発し、この内紛を機に同社の経営権を掌握したのが故・中内功氏率いるダイエーグループだった。(※4)

しかし、その後ダイエーの経営不振から、ドリームランド線再開に必要な200億～300億円規模の投資が難しくなったとし、2002（平成14）年8月に事業が中止された。横浜ドリームランドも、同年2月に閉園。2005（平成17）年に長らく放置されていたドリームランドモノレール構造物の撤去が完了し、この〝夢〟の跡も、ついに消え去った。

リニア、本格「浮上」へ

ドリームランド線再開決定　99年の開業を目指す

JR大船駅（鎌倉市）～横浜ドリームランド（横浜市戸塚区）間の休止中のモノレール路線再開を検討していたダイエーグループは十四日までに、常電導磁気浮上式リニアモーターカー（HSST）を導入した運行再開を正式に決めた。

地方鉄道事業免許を持つ同グループのドリーム開発（本社横浜市戸塚区）が今年九月にも事業の基本計画変更手続きを始め、一九九七年に着工、九九年の開業を予定している。総投資額は約三百億円。HSSTの実用路線としては世界でも初めて。

休止中のモノレール「大船・ドリームランド線」は遊園地・横浜ドリームランドと大船駅間（五・三キロ）を結ぶ交通アクセスとして六六年五月に開業。軌道上をまたぐ形の中形モノレールカーだったが、橋脚の構造上の問題から一年半後には営業を休止、以後免許の更新を続けながら二十八年以上、橋脚やレールなどの施設はそのまま残されていた。

その間に路線沿線は宅地化が進み、通勤通学の住民の足としてモノレールの再開を望む声が上がっていた。横浜市も地域交通としての再開を要請し、今年三月には横浜ドリームランドに隣接する地域を同路線の発着地点として交通・商業の拠点と位置付け、都市計画決定している。

HSSTは通常の電磁石で車体を浮かせる常電導磁気式リニア。同グループは常電導式の開発を進めているHSST開発（本社東京）に事業化調査を委託するなど、リニアによる再開を検討していた。

計画では運行速度は時速三十八キロで、五・三キロの路線を十二、三分間で結ぶ。車両編成は二両から四両（最大輸送量は約四百八十人）。年間二万人の利用を見込んでいる。途中駅二～三カ所の設置も検討している。

1995（平成7）年6月15日付神奈川新聞記事
「リニア、本格『浮上』へ」

常電導磁気浮上式リニアモーターカー（ＨＳＳＴ）

リニアモーターカーと聞くと、「なぜ、わずか５㎞の路線にリニアを」と思われるかもしれないが、一般にリニアと聞いて想像する超電導リニア（リニア中央新幹線など）と常電導リニアは別物である。ドイツの「トランスラピッド」の流れをくむ常電導リニアは、通常の電磁石を用いるために浮上高が０・８～１㎝程度と限られ（超電導リニアは10㎝）、地震の多い日本では車両と軌道の接触事故が懸念されるために超高速運転には適さない。

しかし、構造が比較的簡単でコストも抑えられるため、わが国にもすでに実用化された路線が存在する。２００５（平成17）年に開催された「愛・地球博（愛知万博）」を機に運行開始された愛知高速交通東部丘陵線、通称「リニモ」である。ドリームランド線の常電導リニアは１９９９（平成11）年の開業を目指していたから、実現していれば初の常電導リニア実用路線となっていたはずだ。（※５）

ドリームランド線の運行再開 ④

ドリームランド線は、営業路線として世界初の常電導磁気浮上式リニアモーターカーを導入し、平成10年度の運行再開をめざしています。運行再開が実現すると、大船駅周辺地区のターミナル性の強化やまちづくりの促進に大きな効果が期待できます。

リニアモーターカー（HSST）の導入計画（出典：鎌倉市発行パンフレット）

ドリームランドモノレール路線図

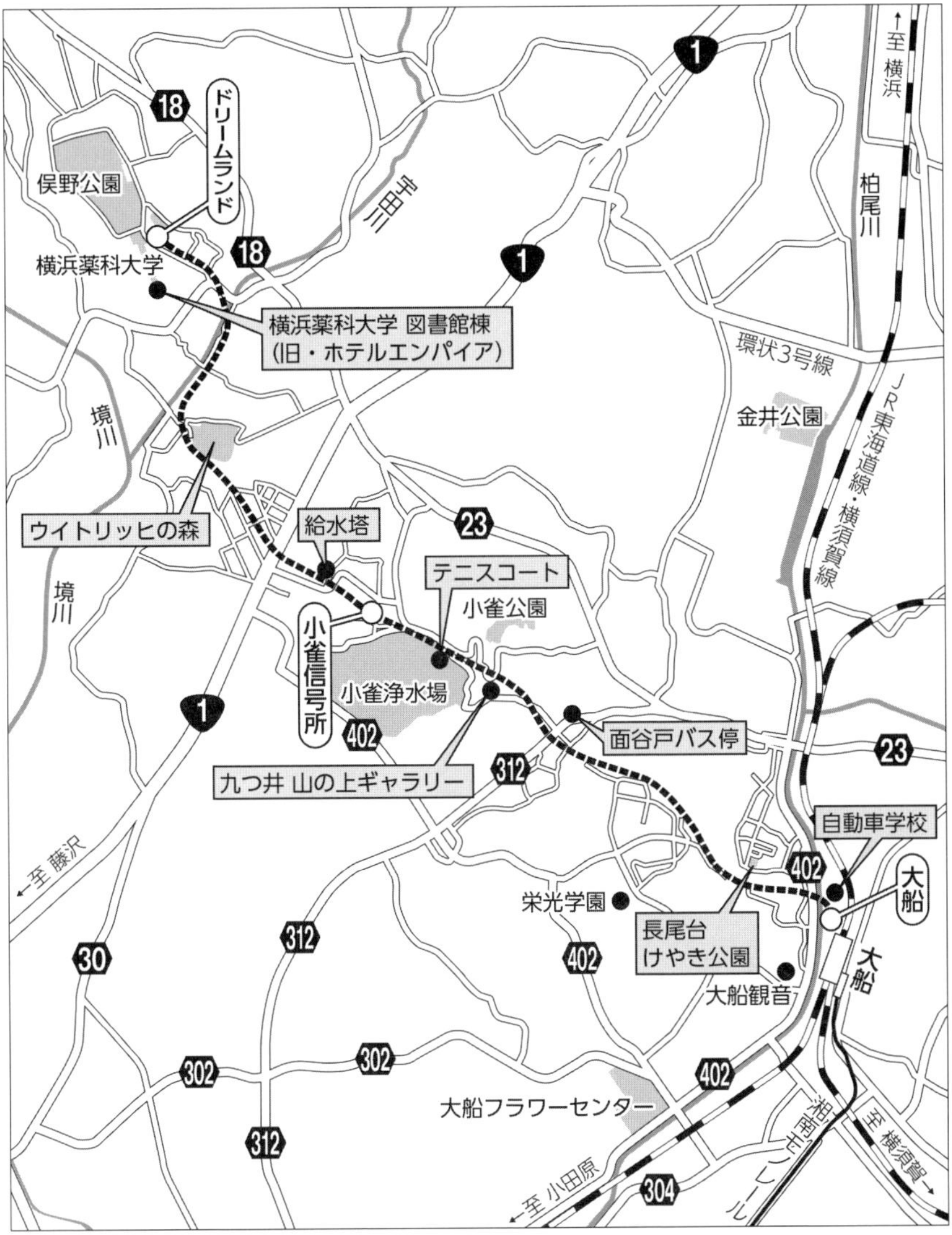

・地形および他の鉄道、道路等は現在のもの

◉〝夢〟の名残を探して

では、ドリームランドモノレールの廃線跡を実際に探索してみよう。当時の地図を見ると、国鉄の大船駅入口から柏尾川沿いを北へ300mほど行った場所にモノレール乗り場があった。駅跡は現在、鎌倉自動車学校南側のマンションになっている。

大船駅を出発したモノレールは、すぐに柏尾川を渡り、対岸の丘陵の崖に沿って、しばらくの間、ちょうど鎌倉市と横浜市の市境上を走っていた。横浜市栄区側の「長尾台けやき公園」付近に行くと、丘の上に三菱電機の旧寮が見える。この寮の建物のすぐ下の辺りをモノレールが通過していた。

次に大船観音の南側から栄光学園方面に回り込み、丘の上の玉縄5丁目の住宅地に行ってみる。この玉縄5丁目の住宅地の北辺は、両市の市境とほぼ一致している。つまりモノレールの廃線跡とも一致しているのだが、廃線跡は藪《やぶ》になっており、地形的なものを除けば痕跡は全く残っていない。

モノレールは玉縄の丘陵上を駆け抜けた後、いったん谷を下り、県道312号線(田谷藤沢線)をクロスする。場所は神奈中バスの面谷戸《おもてやと》バス停から50mほど藤沢寄りの交差点付近である。

県道312号線をクロス。左上に写っている高圧線の鉄塔は、今も変わらず同じ場所に建っている（提供:日本モノレール協会）

ここから再び丘を駆け上がるようにして、現在の「九つ井 山の上ギャラリー」の後背を通過した後、モノレールの軌道は小雀浄水場の北側へと抜けて西進し、小雀公園テニスコートの道路際を通過していた。その先の農地の一画に、上下線のすれ違い場所である小雀信号所があった。

信号所の先でモノレールは国道1号線をクロスし、現在のパチンコ店の敷地を通過して、市民の森である「ウイトリッヒの森」の南西を巻くようにして宇田川沿いに出る。この辺りまで来ると、かつて「ホテルエンパイア」（ドリーム交通の親会社である日本ドリーム観光が経営）だった和風高層建築（現・横浜薬科大学図書館棟）が見えてくる。

宇田川を渡った先、「ドリームハイツ」交差点付近の中央分離帯は、モノレールの橋脚が建っていた跡

ドリームランド跡である俣野公園と横浜薬科大学図書館棟

宇田川の川岸を北進したモノレールは、韮《にら》橋の手前で川をクロスし、今度は北西に進路を取り、上り勾配《こうばい》を駆け上がって、終点のドリームランド駅へと向かう。

ドリームランド駅跡地は現在、俣野公園・横浜薬大前バスロータリー南側に位置するドリームビルの駐車場になっている。付近一帯の横浜薬科大学、ドリームハイツ、俣野公園（墓苑を含む）の敷地がドリームランドの跡地だが、名残といえば、横浜薬科大学の図書館棟くらいしかない。

なお、ドリームランドモノレールの廃線跡は5・3㎞と、数字だけ見れば短く感じるが、山あり谷ありのコースである上に、大きく迂回しなければコースを辿れない場所も多い。本気で踏破するならば電動アシスト付きシェアサイクルなどを利用するのがおすすめだ。

※1　湘南モノレールは三菱重工、三菱電機、三菱商事、京急電鉄などの出資により1970（昭和45）年3月に大船―西鎌倉間が開業。翌1971（昭和46）年7月に湘南江の島まで全線開業。

※2　この構造の採用により、タイヤへの負荷が軽減され、タイヤの寿命が伸びるというのが東芝式のウリだった。だが、アルヴェーグ式との大きな違いといえばこれくらいで、他はそっくりであることから「アルヴェーグの特許に抵触」（「日本モノレール協会10年の歩みをふり返って」）するとして問題視された。

※3　日本ドリーム観光の創業者である松尾国三社長は、1899（明治32）年6月、佐賀県生まれ。九州の旅役者から身を起こし、興行師として名をはせ、日本ドリーム観光と雅叙園観光という2つの上場会社をつくり上げた立志伝中の人物である。1972（昭和47）年5月、日本ドリーム観光傘下の千日デパート（大阪市中央区）が火災を起こし、死者118人を出す大惨事となった。また、雅叙園観光は松尾社長の死後、仕手集団・コスモポリタンに乗っ取られるが、1987（昭和62）年10月の株価暴落（ブラックマンデー）に起因して、コスモポリタンが経営破綻。このとき雅叙園観光株が裏社会に流出したことが、戦後最大の経済事件といわれるイトマン事件の端緒となった。雅叙園観光は、1997（平成9）年1月に倒産。

※4　内紛で経営悪化した日本ドリーム観光にダイエーが資本参加し、再建に着手したのは1988（昭和63）年7月。その後、1993（平成5）年3月に吸収合併している。当時、ダイエーは福岡ドームの建設など大規模事業を推進するため、銀行から融資を引き出す必要があり、巨額の含み資産を持つ日本ドリーム観光を吸収合併したとされる。

※5　期間限定のものも含めば、1989（平成元）年に開催された横浜博覧会（YES'89）の開催期間中、会場内で常電導リニアが運行された。

コラム　珍しい「ロッキード式」が採用された向ヶ丘遊園モノレール

神奈川県は、「モノレール大国」ならぬ「モノレール大県」だったと言われて、ピンとくるだろうか。これまでに国内に敷設されたモノレールの数は、16事業者の18路線（遊戯物を除く）に上るが、都道府県別に見ると東京都、神奈川県とも4路線であり、同数で1位なのだ（よみうりランドモノレールは東京都稲城市と神奈川県川崎市に路線がまたがっていたので両方にカウント。195頁掲載の表を参照）。

しかも、神奈川県に建設されたモノレールは4路線とも異なる型式が採用されており、あたかもモノレールの見本市のようである。このうち、小田急電鉄の向ヶ丘遊園モノレールは、ロッキード式という珍しいモノレールだった。戦後のモノレールのほとんどが、騒音対策から走行輪にゴムタイヤを採用したが、ロッキード式は、通常の鉄道と同様、鋼鉄車輪が用いられた。

具体的にはコンクリート製の桁の上に、ゴムパットを介して1本の鋼鉄製のレールを敷き、その上を鋼鉄車輪（防振ゴムが挟み込まれた弾性車輪）の車両が走行するもので、バランスを取るために、上下2カ所の安定輪で側面から軌道を挟み込む機構を備えている。

この方式は、アメリカの航空機製造大手ロッキード社が考案し、日本の川崎航空機（現・川崎重工）などが出資する日本ロッキード・モノレール社が実用化したもので、世界でも向ヶ丘遊園モノレールと姫路市交通局モノレールの2路線以外に採用された例がない。(※1)

鉄車輪を使用するメリットとしては、まず、耐荷重性が優れていることが挙げられる（パンクの心配がない）。当時の運輸省の報告書によれば、鉄車輪式はゴムタイヤ式に比べて最大約1・5倍の輸送量となる。また、長距離、高速走行等の面でも有利である。さらに車両構造の面では、アルヴェーグ式は、直径の大きなゴムタイヤが客室内に突出して床面がフラットにならず、有効客室面積が狭くなるが、鉄車輪ならばこの問題が解消される。

一方、鉄車輪式の最大のデメリットはゴムタイヤに比べて走行時の騒音が大きい点にあり、都市の街路を通す場合に大きな課題となる。

小田急線の向ヶ丘遊園駅付近を走行するモノレール車両(川崎市市民ミュージアム所蔵)

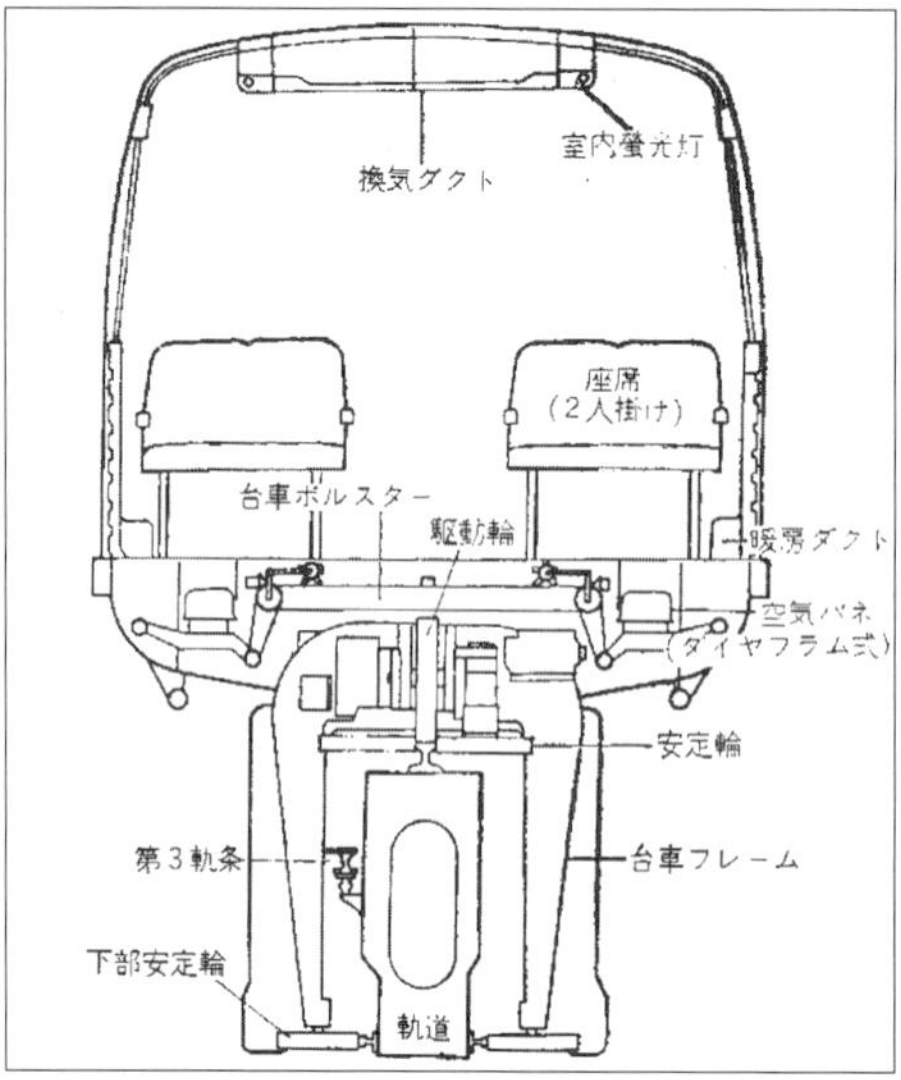

ロッキード式モノレール断面図(出典:「日本モノレール協会誌」)

これらの特徴を総合すると、ロッキード式モノレールは都市内交通よりも、一般の鉄道に近い輸送需要に向いた仕様だったと理解できる。日本ロッキード・モノレールの説明資料にも、以下の一文がある。

「国鉄または私鉄における近郊輸送の行きづまった線区において、例えば、その上下線間に本方式を増設することにより、土地の新規確《ママ》得を最小限にして効果的な輸送力の増強がはかれることにな

■国内に建設されたモノレール路線（開業年順）

事業者名	路線名	開業年（廃止年）	営業区間	距離(km)	型式	都道府県
東京都交通局	上野懸垂線	1957年（2023年）	上野動物園東園—上野動物園西園	0.3	上野式	東京都
名古屋鉄道	モンキーパークモノレール線	1962年（2008年）	犬山遊園—動物園	1.2	アルヴェーグ式	愛知県
よみうりランド	よみうりランドモノレール線	1964年（1978年）	よみうりランド駅を起点とする環状線	3.1	アルヴェーグ式	東京都 神奈川県
名古屋市交通局協力会	東山公園モノレール線	1964年（1974年）	動物園—植物園	0.5	サフェージュ式	愛知県
東京モノレール	羽田空港線	1964年	モノレール浜松町—羽田空港第2ターミナル	17.8	アルヴェーグ式	東京都
小田急電鉄	向ヶ丘遊園モノレール線	1966年（2001年）	向ヶ丘遊園—向ヶ丘遊園正門	1.1	ロッキード式	神奈川県
ドリーム交通	ドリームランド線	1966年（2003年）	大船—ドリームランド	5.3	東芝式	神奈川県
姫路市交通局	姫路市交通局モノレール線	1966年（1979年）	姫路—手柄山	1.6	ロッキード式	兵庫県
湘南モノレール	江の島線	1970年	大船—湘南江の島	6.6	サフェージュ式	神奈川県
日本万国博覧会協会	万国博モノレール線	1970年（1970年）	中央口駅を起点とする環状線	4.3	日本跨座式	大阪府
北九州高速鉄道	小倉線	1985年	小倉—企救丘《きくがおか》	8.8	日本跨座式	福岡県
千葉都市モノレール	1号線	1995年	千葉みなと—県庁前	3.2	サフェージュ式	千葉県
	2号線	1988年	千葉—千城台	12.0		
大阪モノレール	大阪モノレール線（本線）	1990年	大阪空港—門真市	21.2	日本跨座式	大阪府
	国際文化公園都市モノレール線（彩都線）	1998年	万博記念公園—彩都西	6.8		
多摩都市モノレール	多摩都市モノレール線	1998年	上北台—多摩センター	16.0	日本跨座式	東京都
舞浜リゾートライン	ディズニーリゾートライン	2001年	リゾートゲートウェイ・ステーションを起点とする環状線	5.0	日本跨座式	千葉県
沖縄都市モノレール	沖縄都市モノレール線（ゆいレール）	2003年	那覇空港—てだこ浦西	17.0	日本跨座式	沖縄県

※地方鉄道法（現・鉄道事業法）または軌道法に基づく路線のみを対象とし、遊戯物は含まない
※広島市のスカイレールサービスは、本来のモノレールの仕様から外れるため対象外とした

■ロッキード式モノレール試作車（向ヶ丘遊園）および量産車（姫路市）の諸元表

<table>
<tr><th colspan="2"></th><th>試作車</th><th colspan="3">量産車</th></tr>
<tr><td colspan="2">車種</td><td>先頭車（中間車）</td><td colspan="3">先頭車、両頭車、中間車の3車種</td></tr>
<tr><td colspan="2">列車編成</td><td>1～12両編成自由</td><td colspan="3">1～12両編成自由</td></tr>
<tr><td rowspan="7">車体</td><td>車体構造</td><td>全アルミニウム合金製半張殻構造</td><td colspan="3">全アルミニウム合金製半張殻構造</td></tr>
<tr><td rowspan="3">全長（妻板間） mm</td><td rowspan="3">13,200</td><td colspan="3">先頭車 14,400</td></tr>
<tr><td colspan="3">両頭車 14,500</td></tr>
<tr><td colspan="3">中間車 14,300</td></tr>
<tr><td>全長（連結面間）mm</td><td>13,740</td><td colspan="3">3車種とも 15,000</td></tr>
<tr><td>全高 mm</td><td>3,280</td><td colspan="3">3,025</td></tr>
<tr><td>全幅 mm</td><td>3,050</td><td colspan="3">2,900</td></tr>
<tr><td rowspan="6">台車・駆動装置</td><td>台車構造</td><td>溶接鋼板、2軸ボギー式</td><td colspan="3">溶接鋼板、2軸ボギー式</td></tr>
<tr><td>心皿間距離 mm</td><td>7,160</td><td colspan="3">3車種とも 8,850</td></tr>
<tr><td>駆動装置</td><td>直角カルダン式</td><td colspan="3">直角カルダン式</td></tr>
<tr><td>主電動機</td><td>300V、75KW×4個</td><td colspan="3">300V、75KW×4個</td></tr>
<tr><td>駆動輪</td><td>610mm 弾性車輪×4個</td><td colspan="3">610mm 弾性車輪×4個</td></tr>
<tr><td>軸距 mm</td><td>2,030</td><td colspan="3">2,030</td></tr>
<tr><td rowspan="5">安定装置</td><td>上部安定輪</td><td>460mm 弾性車輪×8個</td><td colspan="3">520mm 弾性車輪×8個</td></tr>
<tr><td>下部安定輪</td><td>460mm 弾性車輪×4個</td><td colspan="3">520mm 弾性車輪×4個</td></tr>
<tr><td rowspan="3">懸架装置</td><td>スイングリング式</td><td colspan="3">スイングリング式</td></tr>
<tr><td>ダイヤフラム式空気バネ×8個</td><td colspan="3">ダイヤフラム式空気バネ×8個</td></tr>
<tr><td>アンチローリング装置×2個</td><td colspan="3">アンチローリング装置×2個</td></tr>
<tr><td rowspan="4">定員</td><td rowspan="2">定員（名）</td><td rowspan="2">120</td><td>先頭車</td><td>両頭車</td><td>中間車</td></tr>
<tr><td>130</td><td>125</td><td>140</td></tr>
<tr><td>座席定員（名）</td><td>48</td><td>50</td><td>44</td><td>56</td></tr>
<tr><td>最大乗車人員（名）</td><td>140</td><td>225</td><td>220</td><td>230</td></tr>
<tr><td rowspan="2">重量</td><td>自重（t）</td><td>15.3</td><td>18.0</td><td>19.4</td><td>17.7</td></tr>
<tr><td>最大乗車人員時重量（t）</td><td>23.8</td><td>31.5</td><td>31.6</td><td>31.5</td></tr>
<tr><td rowspan="4">性能</td><td>最高速度（km/h）</td><td>120</td><td colspan="3">120</td></tr>
<tr><td>加速度（km/h/s）</td><td>4.8</td><td colspan="3">4.8</td></tr>
<tr><td>減速度（km/h/s）</td><td>4.8</td><td colspan="3">4.8</td></tr>
<tr><td>最大減速度（km/h/s）</td><td>8.0</td><td colspan="3">8.0</td></tr>
</table>

出典：『日本モノレール協会誌』掲載表を元に作成

る」

小田急電鉄が向ヶ丘遊園モノレールの敷設免許を申請したのは、1964（昭和39）年の11月だった。それまで向ヶ丘遊園駅から向ヶ丘遊園正門間（約1・1㎞）の来園者輸送を担っていた蓄電池式の豆電車を道路改修工事の関係で廃止せざるを得ず、これに代わる交通手段として採用が決まったのが、ロッキード式モノレールだった。

当時、モノレールの規格として有力視されていたアルヴェーグ式ではなくロッキード式が採用されたのは、建設費が安かったのが理由だと言われている。小田急の資料によれば工事費は約2億4000万円であり、豆電車の線路敷をそのまま活用したことを考慮してもなお、非常に安く感じる（参考：同時期に開業した横浜ドリームランドモノレール5・3㎞の総工費は25億円）。

導入の経緯について、小田急電鉄企画室課長（当時）の生方良雄氏が「鉄道ピクトリアル」（1970年4月号）に「（川崎航空機が）岐阜工場で試験線をつくりテストをしたが、後にそれを小田急が買い、向ヶ丘遊園の豆電車の代替として設置した」と記している。設備を含め、どこまで転用されたのかは不明だが、少なくとも車両は、客室扉の配置などに若干の改造を行った上で試験線用のものを転用している。おそらく安く譲受されたのだろう。

加えて、当時の鉄道業界が、通常の鉄道と技術的に近い鉄車輪式のロッキード式を高く評価していたことも採用の後押しになったはずだ。向ヶ丘遊園の来園者輸送は、イベント時には相当の乗客数が見込まれ、また、ゴムタイヤ方式の札幌地下鉄も開業前だった状況を考えれば、技術的な実績に基づく安全性を重視した判断がなされたと見るべきであろう。(※2)

向ヶ丘遊園モノレールが開業したのは、1966（昭和41）年の4月。本来は120㎞／hのスピードが出る車両だったが、わずか1・1㎞の路線であることから最高スピードは40㎞／hに制限され、ゆっくり、たくさんの乗客を運んだ。

その後、同じロッキード式の姫路モノレールが、経営不振から早々に姿を消した一方、向ヶ丘遊園モノレールは、2000（平成12）年2月に台車に老朽化による亀裂が見つかり運転休止されるまで、30年以上の長きにわたって運行が継続された（廃止は2001年2月）。ロッキード社がモノレール事業から撤退したため、部品供給もままならなかったはずだが、小田急は鉄道会社だけに、部品をある程度、自社工場で内製できたのだろう。

現在、向ヶ丘遊園モノレールの廃線跡の一部は、二ヶ領用水沿いの遊歩道として整備されており、遊歩道の植栽の間をよく見ると、所々にモノレールの橋脚跡であることを示す小さなプレートが埋め込まれている。また、終点の向ヶ丘遊園正門駅跡地は、「川崎市 藤子・F・不二雄ミュージアム」の敷地の一部になっている。

向ヶ丘遊園モノレールの橋脚跡に埋設されているプレート

モノレール運転士経験者へのインタビュー

向ヶ丘遊園モノレールが、実際にどのように運用されていたのか、小田急電鉄主任運転士の吉田博之さん（60）に話を聞いた。吉田さんは1982（昭和57）年に入社後、駅務係、車掌を経て運転士になり、1995（平成7）年からモノレール運転の教習を受け、約1年間モノレールの運転業務に携わった。（2024年4月9日　於：小田急電鉄海老名本社。年齢は取材時）

――モノレールの運転に、特別な免許は必要でしたか

通常の電車の運転免許と一緒です。モノレールの運転士を特に募集していたわけではなく、幹部の推薦で指名された運転士が学科と実技教習を受け、見極め試験に合格するとモノレールの運転にも携われるという流れでした。モノレール専属ではなく、例えば、午前中は本線の電車を運転し、午後はモノレールを運転するといったシフトが組まれていました。

モノレールの運転を経験した小田急電鉄主任運転士の吉田博之さん

――運転のしづらさやクセのようなものはありましたか

最初は運転席が空中に浮いているような感じがして、少し怖かったですが、すぐに慣れました。また、ツーハンドルで、当時の2400形の電車と操作性が似ていたので、違和感はなかったです。

――どのような運転ダイヤが組まれていましたか

通常は1時間当たり3往復でした。ただし、休日にショーが開催されるときなどは非常に混雑したので、前後の車両に運転士が乗車し、ピストン輸送で対応しました。単線の軌道を1編成の列車が往復するだけの単純な運行形態だったので、柔軟な対応ができたのです。それから、毎週水曜日（休園日）の午前中は運休にして、正門駅側で車両をメンテナンスしていました（注：1999年7月以降は水曜終日運休）。

――速度制限や強風時の対応はどのようなものでしたか

走行区間に応じて40、10、0km／hの速度制限の信号を受けて運転する「コード表示方式」が採用されており、最高速度は40km／hでした。また、鉄車輪だったので、どうしても通常の鉄道と同じようなキキィという音が発生します。騒音に関してご意見をおっしゃる方がお住まいの場所を通過する際には、徐行する配慮を行っていました。風速は20m／sを超えると運休でした。

――廃止時の思い出などはありますか

廃止時には、私はモノレール運転業務をすでに離れていましたが、正門駅で「さよなら展示会」（見学会）が開催され、多くのファンの方が来場されたようです。

※1　東芝式も少ないが、これは連接台車を採用した以外はアルヴェーグ式と酷似しており、アルヴェーグ式の亜流と位置づけられる。

※2　鉄道業界で高く評価されていたものの、モノレールの技術規格が統一される過程で、ゴムタイヤに比べて騒音の大きなロッキード式は都市交通には不向きであるとして、淘汰される。モノレールに期待されたのは、渋滞に巻き込まれ、機能しなくなりつつあった各地の市電に代わる、都市交通の担い手の役割だった。路上交通からの分離という意味で、同じ役割が期待された地下鉄に比べ、低予算（地下鉄の約4分の1とされた）かつ短い工期で建設可能というのがモノレール導入の主な動機だったのである。

〈主要参考文献〉
・「体質を変える日本ドリーム観光」（「ダイヤモンド」１９６３年8月5日）
・「横浜ドリームランドに賭ける日本ドリーム観光」（「実業の日本」１９６３年12月）
・「日本ドリーム観光は無配に転落」（「ダイヤモンド」１９６５年8月30日）
・「横浜ドリームランドモノレール」（「電気車の科学」１９６６年7月）
・「危機を脱したかドリーム観光」（「法律公論」１９６７年1月）
・「鉄道ピクトリアル」（１９７０年4月）
・「ダイエーが敢えて日本ドリーム観光を吸収合併した本当の理由」（「経済界」１９９２年9月）
・「横浜の鉄道物語」（長谷川弘和著　ＪＴＢ　２００４年）
・「日本モノレール協会　10年の歩みをふり返って」（日本モノレール協会主催座談会。出席者：村岡智勝＝湘南モノレール、網本克己＝日立製作所、熊谷次郎＝日本モノレール協会。引用部の発言は網本氏）……湘南モノレール技師長だった三木忠直氏の遺族から原稿を入手したため掲載誌の出版時期不明

第8章

相模線西寒川支線

砂利運ぶために敷設
今も線路残り『スタンド・バイ・ミー』の世界

西寒川支線（通称）は、相模線（茅ケ崎―橋本間）の途中駅である寒川駅と西寒川駅の間、わずか1.5kmを結んだ細々とした支線。1922（大正11）年に砂利採取専用線としてスタートし、後に旅客営業も行った。「一之宮緑道」として整備されている廃線跡には、明治、大正、昭和の３時代のレールが保存され、貴重な歴史遺産になっている。

1984（昭和59）年3月31日、西寒川支線ラストランの日に（撮影：森和彦さん）

◉1日にわずか4往復

「その日は土曜日。休日出勤から帰宅すると、警笛を鳴らしながら列車が近づいてくる音が聞こえた。急いでカメラを手にして外に出ると、鉄道ファンが線路沿いを埋め尽くす中、【さよなら運転記念'84・３・31　寒川・西寒川間】というヘッドマークを付けた朱色の気動車が、近づいてくるところだった」

寒川町観光ボランティアガイドの森和彦さんは懐かしそうに、今から約40年前、西寒川支線[※1]（通称）のラストランとなった１９８４（昭和59）年３月31日の様子を振り返る。右の写真は、そのときに森さんが、家の近所で撮影したものだ。

西寒川支線は、国鉄（現・ＪＲ）相模線（茅ケ崎―橋本間33・３km）の途中駅である寒川駅と西寒川駅の間１・５kmを結び、終点の西寒川駅を発着する旅客列車は、廃線当時、１日にわずか4往復という非常に細々とした支線だった。なぜ、このような支線が誕生したのか、相模線の歴史をひもといてみよう。

相模線は、１９２１（大正10）年９月に民営鉄道の「相模鉄道」とし

「さよなら運転」で乗務員に花束が渡された（寒川文書館所蔵）

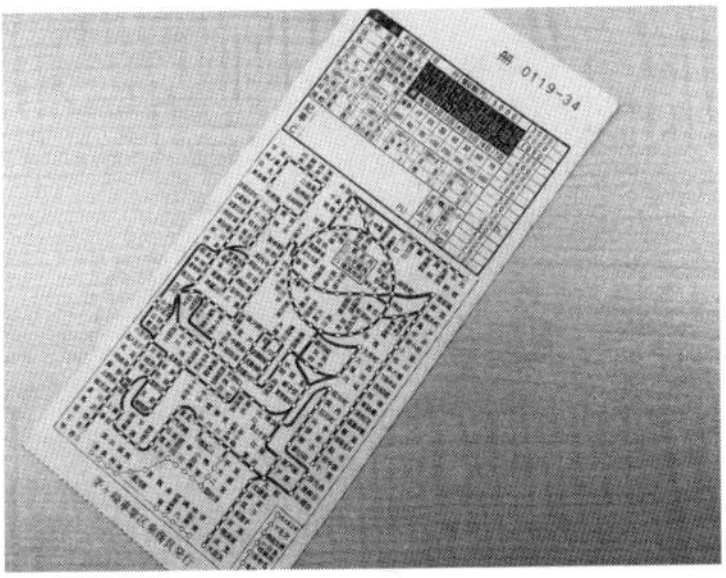
1984（昭和59）年3月31日の寒川―西寒川間の車内販売切符。西寒川駅は無人駅だったため、このような切符で乗車した（提供：鈴木昭彦さん）

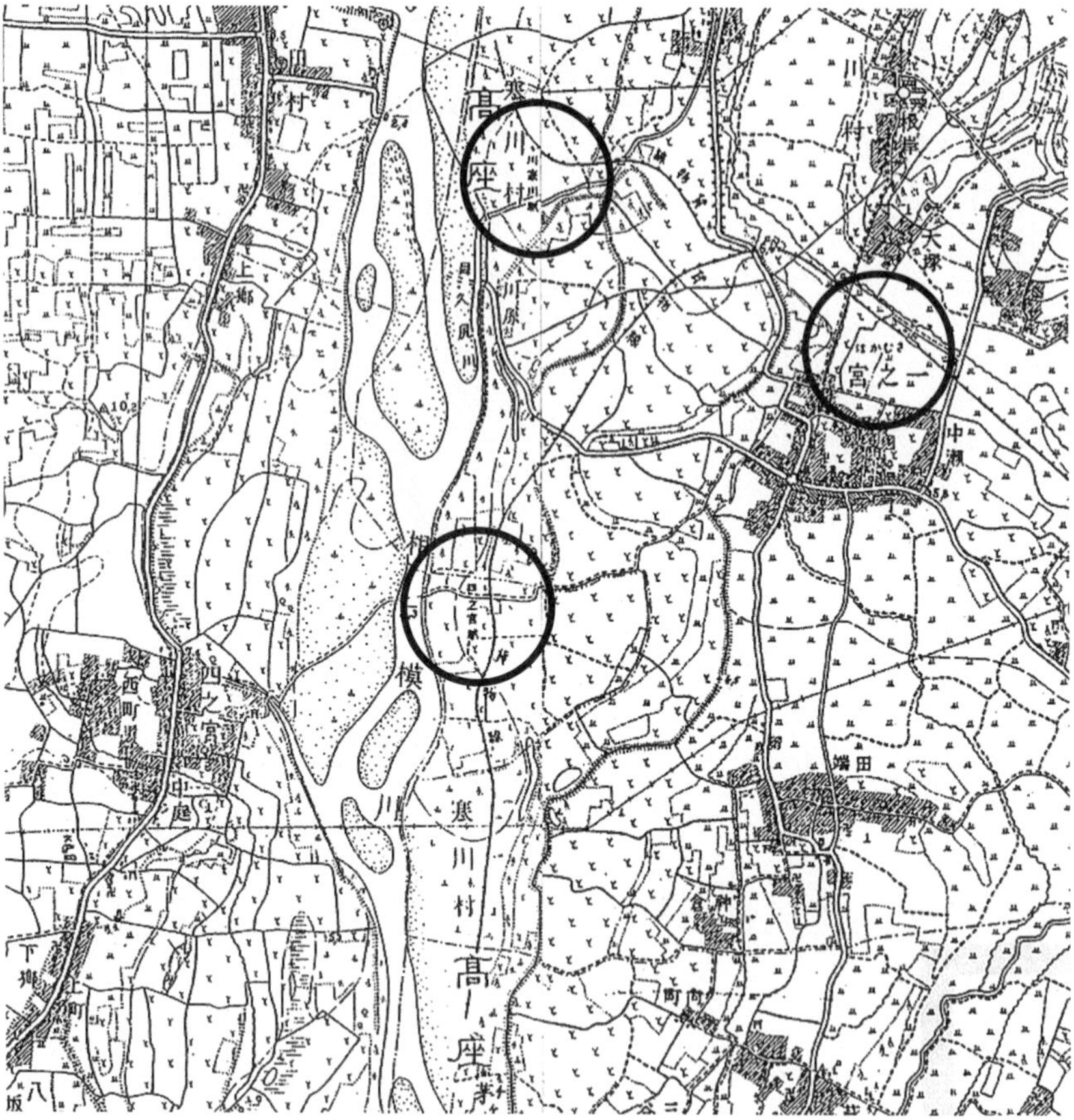

1921（大正10）年測図、1925（大正14）年に鉄道補入の「伊勢原」「藤沢」地形図を合成。右の「一之宮」の文字の上に寒川駅（さむかは）、中央に「四之宮駅」、中央上に「川寒川駅」の文字が見える（国土地理院地形図の部分を加工）

て茅ケ崎―寒川間が開通したのが始まりで、2021（令和3）年9月に開業100周年を迎えた。設立趣意書には、当時、年間で「四十七万余人」が訪れた大山阿夫《あふ》利《り》神社の参詣客や、沿線一帯の穀類、繭糸《けんし》、木材などの輸送に加え、相模川で採取される「砂利」の輸送をうたっている。

明治末から大正の初めにかけては、「砂利の需要が喚起された」（「砂利の近代史―相模川砂利を中心として（下）―」内海孝著）時代。鉄道や道路の整備、鉄筋コンクリート建築の登場による用材としての利用、[※2]さらに「浅野セメント」の浅野総一郎が主導し、鶴見・川崎地域の臨海部を埋め立て、大規模な工業地帯を造成する動き（浅野埋立）などもあり、大量の砂利が使われた。多摩川流域では一足早く、玉川電気鉄道（後の東急玉川線、１９０７年開業）、東京砂利鉄道（国分寺―下河原間、１９１０年開業）、京王電気軌道（現・京王電鉄、１９１３年開業）、多摩鉄道（現・西武多摩川線、１９１７年開業）などが、砂利輸送を行っていた。

相模鉄道は、こうした背景から茅ケ崎―寒川間の本線開通と同時に川寒川支線（寒川―川寒川間１・４㎞[※3]）、翌１９２２（大正11）年5月には、後に西寒川支線となる四之宮支線（寒川―四之宮[※4]間、本書では西寒川支線で統一する）という2本の砂利採取専用線を敷設し、川砂利の輸送を開始した。こうして、「砂利鉄」とも呼ばれる相模線の歴史が始まったのである。

◉砂利輸送の活況、やがて戦争の時代へ

開業後の相模鉄道の営業収支は、旅客・貨物ともに開業前の予想をはるかに下回り、苦しい経営が続いた。しかし、１９２３（大正12）年9月1日に関東大震災が起きると、状況が一変する。東京、横浜を中心に、震災からの復興に大量の砂利が必要とされたのだ。

横浜貿易新報の１９２４（大正13）年5月2日付の記事は、「目下両駅間（筆者注：茅ケ崎―寒川間）一日十回の客車を往復せしむるのみなるも相当乗客あり相模川の砂利運搬には河畔より茅ヶ崎駅まで毎日九十の貨車を動かし居る」と、砂利輸送の活況を伝えている。

こうして、相模鉄道の貨物輸送量は年々伸び、１９２８（昭和３）年から翌１９２９（昭和４）年にピークを迎える。この好業績の中、路線を徐々に延伸し、１９２６（大正15）年4月に倉見まで、同年7月に厚木ま

■相模鉄道運輸状況（1921年～1943年）

年度		客車		貨車	
		乗客		貨物	
		人員（人）	旅客賃収入額（円）	重量（トン）	貨物賃収入額（円）
大正	1921（大正10）年6月1日～1922年（大正11）年5月31日	40,714	4,796．81	38,097	16,443．73
	1922（大正11）年6月1日～1923年（大正12）年5月31日	81,040	9,363．00	104,019	52,836．04
	1923（大正12）年6月1日～1924年（大正13）年5月31日	68,755	7,941．38	191,164	
	1924（大正13）年6月1日～1925年（大正14）年5月31日	86,487	10,400．10	339,383	176,328．46
	1925（大正14）年6月1日～1926年（大正15）年5月31日	107,917	13,510．30	516,463	271,421．42
	1926（大正15）年　下期	144,100	19,234．73	415,964	196,027．44
昭和	1927（昭和2）年　上期	157,459	28,437．96	470,271	216,219．92
	下期	137,110	22,383．61	554,162	250,362．62
	1928（昭和3）年　上期	144,479	25,089．94	600,040	266,150．70
	下期	133,382	22,878．81	571,916	264,497．51
	1929（昭和4）年　上期	141,748	22,563．00	639,490	288,426．49
	下期	112,791	17,592．06	536,713	247,767．79
	1930（昭和5）年　上期	110,878	17,521．44	456,033	212,096．64
	下期	69,947	11,564．26	211,249	99,139．42
	1931（昭和6）年　上期	71,964	10,884．17	111,603	55,050．00
	下期	120,565	18,799．04	205,152	113,389．01
	1932（昭和7）年　上期	131,488	18,008．64	194,879	105,353．52
	下期	148,364	19,349．93	145,808	67,755．17
	1933（昭和8）年　上期	168,893	18,910．32	166,432	76,698．72
	下期	164,090	22,805．65	165,412	77,293．88
	1934（昭和9）年　上期	213,474	23,830．00	189,273	89,150．30
	下期	152,555	21,322．27	174,634	82,553．34
	1935（昭和10）年　上期	222,502	22,828．22	203,019	93,642．04
	下期	158,704	22,023．37	163,426	73,600．32
	1936（昭和11）年　上期	270,817	29,589．56	215,967	95,977．23
	下期	175,005	28,808．19	243,998	103,450．71
	1937（昭和12）年　上期	268,427	31,773．69	252,577	110,735．76
	下期	246,257	32,655．79	238,949	102,958．03
	1938（昭和13）年　上期	314,318	37,062．98	277,716	123,058．20
	下期	311,687	42,486．17	215,894	100,541．86
	1939（昭和14）年　上期	405,727	49,622．94	360,971	165,556．58
	下期	435,938	59,950．95	345,775	161,825．15
	1940（昭和15）年　上期	477,526	58,316．69	346,318	164,311．37
	下期	552,177	68,167．53	294,056	160,195．42
	1941（昭和16）年　上期	725,953	78,353．63	361,558	169,990．23
	下期	747,727	80,777．94	284,103	126,643．19
	1942（昭和17）年　上期	917,185	91,716．66	452,803	199,874．36
	下期	1,045,050	111,283．22	430,613	211,203．57
	1943（昭和18）年　上期	1,385,452	143,430．82	433,139	200,318．05

※1943（昭和18）年4月、相模鉄道は神中鉄道と合併したが、18年度上期欄には旧相模鉄道分のみ掲載

出典：「相模鉄道株式会社事業報告書」より作成

で、そして1931（昭和6）年4月には橋本までの全通を果たした。

ところが、この頃になると震災からの復興事業が一段落し、また、1929（昭和4）年に始まった世界恐慌の余波で、再び業績低迷を余儀なくされた。昭和6年度上期（昭和5年12月〜昭和6年5月）の事業報告書には、深刻な不況の打開策として「厚木、橋本間新線ノ開通ト相俟《あいま》チテ砂利ノ採取販売ヲ直営トナシ」と、砂利の直販に乗り出したことが記載されている。

その後、小田急線経由で東京方面に砂利を輸送していた競合業者を買収するなど、相模川流域における砂利業の「統制」（砂利販売価格の安定化）を図ったほか、多摩川流域での当局による砂利採取制限[※5]の影響もあり、相模川の砂利業は次第に好転していった。だが、相模鉄道の業績が本格的に回復するのは、昭和10年代に入り、沿線に市ケ谷から移転してきた陸軍士官学校をはじめとする軍施設や工場の建設が始まり、軍関係の旅客・貨物輸送が増えるのを待たなければならなかった。

西寒川駅跡に立つ「旧国鉄西寒川駅　相模海軍工廠跡」の石碑

なお、この時期に、ともに砂利採取専用線としてスタートした川寒川支線と西寒川支線の運命が分かれることになる。まず、川寒川支線は1931（昭和6）年11月に廃止になっている。廃止の理由について前出の森さんは、「明確に書かれた資料は今のところ見つかっていないが、昭和8年に日本初の広域水道となる神奈川県営水道が創設され、昭和11年には給水が開始された。おそらく川寒川の砂利採取場所と、取水場所が重なったのではないかと推測している」と話す。

一方の西寒川支線は、寒川と四之宮の間にあった貨物駅「東河原駅[※6]」（後の西寒川駅）付近に昭和産業の一之宮工場が招致されると、1939（昭和

14）年10月に東河原駅を昭和産業駅と改称し、1940（昭和15）年4月以降、通勤客を運ぶために旅客営業を開始した。この昭和産業という会社は、「大豆粕《かす》から人造羊毛を製造する『国策会社』」（『寒川町史』）であり、「それでつくった人造羊毛製軍服が冬のきびしい戦場で使用されることになっていたので、軍関係者にとっては馴染みがあった」という。（※7）

昭和産業一之宮工場は、1942（昭和17）年4月頃、海軍によって買収。1943（昭和18）年5月に平塚にあった海軍技術研究所の化学研究部（※8）を母体として相模海軍工廠《こうしょう》が同所に開設され、毒ガス、防毒マスク等を製造した。なお、海軍による工場買収後の1942（昭和17）年10月、昭和産業駅は四之宮口駅と改称されている。（※9）

◉まるで『スタンド・バイ・ミー』の世界

戦争の影が色濃くなると、相模鉄道にも大きな変化が訪れる。1941（昭和16）年6月、相模鉄道は五島慶太率いる東京横浜電鉄（後の東京急行電鉄＝東急）の傘下に入り、次いで1943（昭和18）年4月、東急主導で、同じく東急傘下に入っていた神中《じんちゅう》鉄道（横浜―海老名間）を吸収合併。さらに翌1944（昭和19）年6月、陸運統制令により茅ケ崎―橋本間の本線と西寒川支線が国有化された。なお、国有化に際して四之宮口駅が西寒川駅と改称されるとともに、西寒川―四之宮間が廃止され、西寒川が終点駅となった。

戦後は、旧・神中鉄道部分が私鉄の相模鉄道（横浜―海老名間）、旧・相模鉄道部分が国鉄相模線（茅ケ崎―橋本間、寒川―西寒川間）として歩み始め、西寒川支線は、再び貨物専用線となるが、海軍工廠跡地周辺への工場進出に伴い、1960（昭和35）年11月、旅客輸送を再開。しかし、モータリゼーションが進み、各工場も自前の送迎バスを運転したことなどから旅客輸送は振るわず、廃止2年前の1982（昭和57）年の西寒

相模線西寒川支線路線図

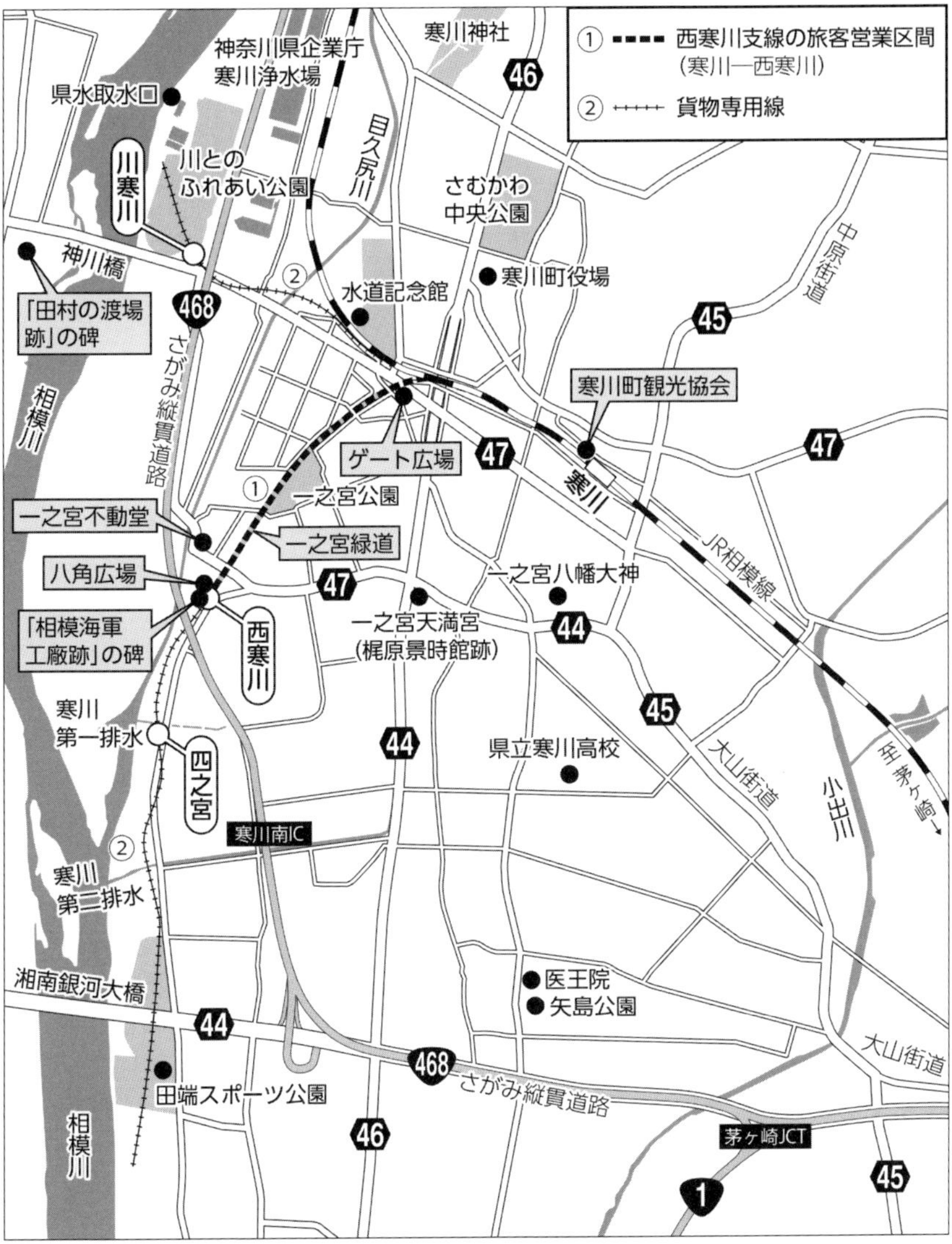

・地形および他の鉄道、道路等は現在のもの
・軌道の経路および駅の位置は一部推測による
・各支線の起点は寒川駅だが、本線からの分岐点より先のみ描写

ゲート広場の信号を模した道標

車輪を使った車止め

一之宮緑道沿いに残されたレール

猫が寝そべるレールの枕木は、だいぶ腐食が進んでいる

川駅の1日の乗降客数は、わずか135人（『寒川町史』）に過ぎなかった。

現在、西寒川支線の廃線跡は「一之宮緑道」として整備されているので、歩いてみることにしよう。今回は、前出の寒川町観光ボランティアガイドの森和彦さんに同行していただいた。

JR寒川駅の改札を出ると、正面の窓からは丹沢の大山（標高1252m）が大きく見える。南口から線路沿いに、相模国一之宮である寒川神社参道入口に位置する「大門踏切」へと歩を進める。この踏切の手前で西寒川支線は本線から分岐していた。

大門踏切前交差点で県道を渡ると、「ゲート広場」と名付けられた小さな広場が整備されている。広場に設置された信号機を模した道標に従い、「一之宮公園」と示された道へと進もう。

ゲート広場から歩き始めて5分ほどすると、実物の列車の車輪を使った車止めが現れ、その先およそ180mにわたって線路敷きが保存されているのが見えてくる。鉄道が廃止されると、レール等の構造物は撤去されてしまうのがほとんどであり、部分的ではあるものの、このように保存されているのは、とても珍しいケースだ。

一見、いつ列車が警笛を鳴らしながらやってきてもおかしくないような風景だが、よく見ると、所々、枕木の腐食が進み、枕木を枕にして猫がのんびりと昼寝している。最近、撮り鉄の危険行為が取り沙汰されることが多いが、ここでは映画『スタンド・バイ・ミー』（1986年、米）の冒険に旅立つ少年たちのように、線路の上を堂々と歩くことができる。この付近の緑道の東側一帯は「一之宮公園」として整備されており、桜が植えられているので、春先はとてもきれいだという。

子どもたちの声を反映し、レール保存

通常、鉄道が廃止されるとレールや枕木は撤去される（モニュメント的にごく短い区間に残されているケースはある）が、西寒川支線の場合、廃線跡に整備された「一之宮緑道」に、およそ180mにわたって線路敷きが残されている。

なぜ、レールや枕木が残されたのか。寒川町役場を訪問し、当時の資料を見せてもらうと、次のような経緯が記されていた。廃線跡を緑道として整備する際、地元の小中学生を対象にイメージを募集したところ、「相模線の歴史を現した掲示板」の設置や、「線路や踏切を残す工夫を」といった意見が出され、これを踏まえて整備が行われたとのことである。

映画『スタンド・バイ・ミー』のように線路上を堂々と歩くことができる

◉大山街道にまつわる史跡も

一之宮公園の先も緑道は続き、やがて、西寒川支線ラストランの日に写真を撮影したという場所で、森さんが歩みを止める。この辺りは家と家に挟まれ道幅が狭く、本当にここを列車が通過していたのだろうかと思うが、当時の写真を見ると、家の軒先すれすれを列車が通過していたのが分かる。森さんに当時の思い出を語ってもらった。

「1982（昭和57）年に、町内の別の場所から西寒川支線の沿線に引っ越してきた。ダイヤは朝8時台に1

本と、夕方に３本の１日４往復のみ。休日に横浜などに買い物に出かけた帰りに、タイミングが合えばたまに利用するくらいだったが、時刻表は頭に入っていたので、列車の音がすると『今何時くらいだな』と時計代わりになっていた」

さらに森さんは、西寒川支線にまつわる面白いエピソードも話してくれた。

「強く印象に残っているのは、運転士によってブレーキのかけ方が全然違うこと。私の家は寒川駅から来た列車が直線を走り、西寒川駅に向かってちょうどブレーキをかける辺り。運転士によっては、かなり強くブレーキをかけるので、家に振動が響いてきた。あとは、『町』で国鉄の駅が４つ（寒川、宮山、倉見、西寒川）もあったのは全国で寒川町だけだったようで、よくクイズ番組で出題されていたのも覚えている」

この少し先で緑道は県道と交差する。県道沿いにかつての大山街道にまつわる史跡があるので寄り道しよう。県道を右手に１００ｍほど行くと「一之宮不動堂（河原不動尊）」がまつられており、その前には江戸時代の大山街道の道標が立っている。

大山街道には複数の道があるが、江戸から東海道を歩き、藤沢の西端の四ツ谷（藤沢市城南）から一之宮（寒川）に進み、「田村の渡し」で相模川を渡河、そして大山に通じるこの道は、最も通行量が多く行き交う旅人たちで賑わったという。大山の阿夫利神社参拝の帰りに、当時から名勝地であった江の島や鎌倉に立ち寄るのが人気で、それらの人々がこの道を使ったのだ。

森さんによれば、こうした街道の道標は地元の人が奉納するのが通常だが、この不動堂の前の道標は江戸の人々が奉納しているのが興味深いという。観光ルートとしての大山街道が、いかに人気が高かったかの証左と言えよう。なお、この場所から相模川を挟んだ対岸の平塚市側には、「田村の渡場跡」の石碑が

かつての大山街道の名残「一之宮不動堂」

立っている。

◉明治、大正、昭和、3時代のレールは歴史遺産

さて、緑道に戻るとまもなく、「八角広場」と名付けられた八角形の噴水を中心とする広場に出る。ここがかつての西寒川駅の跡地だ。

1960（昭和35）年に撮影された西寒川駅の写真を見てみよう。停車中の気動車の背後に見える鉄塔の位置から、ホームや改札がどの辺りにあったのか、場所をほぼ特定できる。また、1984（昭和59）年に撮影された改札口の写真を見ると、列車の向こうに建つ家々の屋根の形や

1960（昭和35）年の西寒川駅。列車の背後に見える鉄塔の位置は今も変わらない。旅客列車の横に貨車が見える（撮影：高澤一昭さん）

1984（昭和59）年の西寒川駅改札（寒川文書館所蔵）.

電柱の位置は、今もほぼ変わっていないようである。近所の人に尋ねると、この付近の住宅の多くは、西寒川支線廃止直前の１９８３（昭和58）年頃に造成されたという。

　この八角広場にも、距離は短いものの西寒川支線のレールが残されている。森さんは、これらのレール自体も歴史遺産としての価値が高いという。

「一之宮公園沿いに残っている36本と、八角広場に残っている６本、合計42本のレールの『刻印』を調査した。刻印からは製造場所や製造年などが分かる。不明のもの４本を除き、製造場所はすべて九州の旧・官営八幡製鉄所だ。また、製造年は明治、大正、昭和にまたがっており、最も古いのが１９０９（明治42）年。さらに、２６０５年、２６０６年と、いわゆる皇紀で製造年が刻まれているものもある（皇紀２６０５年は昭和20年）。錆《さ》びて刻印が見えにくくなっているレールもあるが、明治、大正、昭和の３時代のレールが最後まで現役で使われていたことを示す貴重な歴史遺産だ。未来永劫残す努力をしていかなければならない」

レールに刻まれた刻印。「1909」の文字が見える

　西寒川駅の先は、戦時中は相模海軍工廠の敷地で、「イペリット」という化学兵器に使われる毒ガスなどが製造されていたという。２００２（平成14）年に付近のさがみ縦貫道路の工事現場でビール瓶に入った毒ガスが数本発見され、ニュースになった。このまま開業当初の終点駅であった四之宮駅跡（神奈中バス・下河原バス停付近）まで足を延ばせば、廃線散歩として完璧だ。

　さて、相模線西寒川支線の廃線旅、いかがだっただろうか。全国各地に数々の鉄道路線跡があるが、多くは廃線後、道路や住宅地となり、鉄道の痕跡を辿るのが難しい中で、線路まで当時のまま残っている貴重な例である。地元の寒川町観光協会も、近年は廃線跡を活用したイベントを開催したり、記念グッズを発売したりと、西寒川支線で観光を盛り上げようとしている。

※1　同じく相模線の支線として存在した川寒川支線と区別するため、本書では通称として知られている西寒川支線を用いる（国鉄は、単に「寒川・西寒川間」支線としていた）。

※2　コンクリートは、セメント・水・砂・砂利を混ぜ合わせて作られる。

※3　川寒川支線廃止時の官報に「川寒川支線零粁九分」（0・9km）とあるのは本線との分岐点からの距離と思われる。

※4　四之宮駅の位置は、大正11年5月13日付官報に寒川―四之宮間1・2マイル（1・93km）との記載があり、当時の地形図を見ると同位置に「四之宮駅」の記載がある。現在の下河原バス停の南、寒川第一排水付近である。ただし、線路は駅のかなり先、現在の湘南銀河大橋の南まで延びている。河原の砂利採取場から駅までトロッコのようなもので砂利を運び、貨車に積み替えていたのであろう。

※5　多摩川流域では、砂利の乱獲に起因し、河床面低下による農業用水の取水障害などが発生。その対策として、1934（昭和9）年以降、採取方法・量・場所が制限されるようになった。なお、多摩川や相模川では戦後も砂利が採取されたが、多摩川では1965（昭和40）年、相模川では1964（昭和39）年に全面禁止された。

※6　東河原駅の開業は1923（大正12）年2月。西寒川駅は2023（令和5）年に開業100周年を迎えた。

※7　昭和産業一之宮工場による、今でいう「公害」に関して、『寒川町史』には、以下の記述が見られる。「昭和十三年九月、一か月前に業務を開始したばかりの昭和産業株式会社一之宮工場では、三本の井戸を掘り一日五二石《こく》の水を使用したために、付近の一之宮、宮山、田端、大蔵の四部落の掘抜き井戸は『水飢饉』となって、寒川神社の御手洗にも水がない状態を現出させてしまった」「大豆から糸をとる。その糸で洋服地を織る。醤油や肥料も製造する。昭和十四年三月には、職工四〇〇人をかぞえ、広大な工場に高くそびえる煙突からは『黒い煙が空の王様の鼻息』のようにたちのぼっていた」「十四年八月には、やはり同工場から放出される毒水で、相模川中流から河口にかけて魚類が死に、その地域の漁業者の死活問題を惹起した」

※8　現在の横浜ゴム平塚製造所から平塚市総合公園一帯には、海軍火薬廠（約38万坪）の工場群があり、爆薬・火薬等を製造していた。これに隣接して海軍技術研究所化学研究部（約3・75万坪）があった（現・平塚市美術館、平塚警察署など敷地）。この化学研究部を母体として寒川に相模海軍工廠（本廠）が開設されると、化学研究部は相模海軍工廠化学実験部（平塚工場）に改組された。現在、平塚市交通安全協会敷地内に「史跡　海軍技術研究所化学研究部　相模海軍工廠化学実験部跡」の碑がある。（参考：「元第二海軍火薬廠略図」平塚市図書館所蔵）

※９　事業報告書には、昭和17年10月30日付で鉄道大臣宛に「駅名改称届」が提出されたことが記載されているが（具体的な駅名については記載なし）、町史には「昭和十七年十二月、四之宮口駅となり」とある。

コラム

相模線のもう1つの支線、川寒川支線

相模線には西寒川支線のほか、川寒川支線（1921年9月開通、1931年11月廃止）も存在したが、存続期間が10年と短かったこともあり、その実態はほとんど知られていない。ここでは、限られた資料を元にどのような支線だったのか、その姿を追いかけてみたい。

まずは地図から調べてみよう。206頁に掲載した1921（大正10）年測図・1925（大正14）年に鉄道補入した「伊勢原」と「藤沢」の地形図の部分を合成したものを見ると、2枚の地形図の境目辺りに川寒川支線と西寒川支線が描かれている。

寒川駅から西進した川寒川支線と西寒川支線は、現在の県道46号線とクロスする辺りで分岐し、西寒川支線は南西に弧を描くようにして進んでいく。一方、川寒川支線はS字を描きながら北西へ進んでいる。ちなみに相模鉄道本線の寒川―厚木間が延伸開業するのは1926（大正15）年7月であり、この地形図が測図された時点での本線の終点は寒川駅だった。

地形図上、「川寒川駅」という文字が書かれているのは現在の県道44号線と圏央道が交差する付近だ。さらに川寒川駅の先、現在の県水道の取水堰《せき》付近の河川敷まで線路が延びている。

川寒川駅については、相模鉄道の当時の事業報告書にいくつか記述が見られる。開業前の段階では単に「砂利停車場」と記載されているが、1922（大正11）年6月から「川寒川」と書かれるようになり、「第七回事業報告書」（大正12年6月～大正13年5月）には「川寒川停車場」と記載されている。

川寒川という駅名は少し変わっているが、「砂利の近代史―相模川砂利を中心として（下）―」（内海孝著）

によれば、「川端停車場」とするはずだったところ、同名の駅がすでに夕張線と和歌山線にあったために、「鉄道省は再調を相鉄（筆者注：相模鉄道）に命じ、ついに川寒川という停車場名に落着した」という。

また、「第四回事業報告書」（大正９年６月〜大正10年５月）には河川敷の砂利採取場から川寒川停車場まで、砂利の「小運搬ノ軌道」が延びていたという記述が見られる。地形図の川寒川駅の先の河川敷に描かれている線路がこの軌道であり、おそらく採取した砂利をトロッコのようなもので停車場まで運び、貨車に積み込んでいたのだろう。

川寒川の砂利採取場跡の河川敷は、現在「川とのふれあい公園」になっており、付近に県水道の施設がある

川寒川支線は１９３１（昭和６）年11月に廃止された。廃止の理由について寒川町観光ボランティアガイドの森和彦さんは、砂利の採取場所と新たに設置された県水道の取水場所が重なったのではないかと推測されている（第8章本編参照）。現地に足を運ぶと、砂利採取場所だったと思われる場所と取水堰の位置は近接しており、説得力がある。ただし、川寒川支線の廃止には、次のような相模鉄道本線の延伸とも関わる情勢も考慮すべきだろう。

相模鉄道は１９３１（昭和６）年４月に厚木－橋本間を延伸開業（全通）させ、同時に厚木以北の砂利採取場の採取権の獲得も進めた。「第二十七回事業報告書」（昭和９年12月〜昭和10年５月）には、入谷駅（当初は砂利発送用の貨物駅）の設置と座間新戸駅（現・相武台下駅）付近に敷設した砂利採取線についての次の記述が見られる。

「現在採掘中ナル寒川村及有馬村地先相模川ノ砂利ハ余命僅少トナリシヲ以テ今回上流ノ海老名村、座間村及新磯村(※)地先ノ採掘ヲ計画シ新ニ入谷停車場ヲ設置シ又座間新戸停車場ノ側線ヲ延長シテ来期ヨリ営業開始ノ予定ナリ」

橋本までの路線延伸に伴い、砂利が枯渇し始めていた下流域から中流域へと採取場所が移っていった様子が分かる。川寒川支線の廃止は、こうした変化の影響も受けたものと見るべきだろう。

※　新磯村は現・相模原市南区の一部。

〈**主要参考文献**〉

・「相模鉄道株式会社事業報告」（大正9年〜昭和19年）
・「砂利の近代史 - 相模川砂利を中心として（下）-」（内海孝著　「寒川町史研究2」掲載　1989年）
・「寒川町史7　通史編　近・現代」（2000年）

第9章

南武線にかつて存在した多くの貨物支線

多摩川の砂利、青梅の石灰石の輸送ルートとしてスタート

南武線の前身・南武鉄道が開業したのは1927（昭和2）年3月。当時、需要が旺盛だった多摩川の砂利や、セメント・鉄鋼の原料となる石灰石の川崎臨海部への輸送を担った。南武線には、かつては数多くの貨物支線が存在し、その廃線跡のいくつかは遊歩道として整備されている。辿ってみれば、今まで気がつかなかった沿線の歴史が見えてくるはずだ。

貨物線廃線跡の「さいわい緑道」の壁画に見られる「川崎河岸駅」の文字

◉起源は多摩川砂利鉄道

ＪＲ南武線には、今も現役で列車が運行されている浜川崎支線（尻手―浜川崎間４・１km）、貨物専用の尻手短絡線[※1]（尻手―新鶴見信号場―鶴見間５・４km）以外にも、かつては数多くの支線が存在した（支線名は、いずれも通称）。なぜ、南武線に多くの支線が敷設されたのか、その歴史を見ていこう。

南武線の起源は、１９１９（大正８）年５月に、沿線在住者らが中心となって鉄道院に敷設免許を出願した多摩川砂利鉄道である。当時は、第８章で見たように大量の砂利が必要とされた時代であり、多摩川流域では、早くから玉川電気鉄道（後の東急玉川線、１９０７年開業）、東京砂利鉄道（国分寺―下河原間、１９１０年開業）、京王電気軌道（現・京王電鉄、１９１３年開業）、多摩鉄道（現・西武多摩川線、１９１７年開業）などが砂利輸送を行っていた。

多摩川砂利鉄道は、こうした先行企業を追いかける形で、「一般旅客貨物ノ運輸ヲ営ミ併セテ沿線各地ニ

南武線の浜川崎支線（通称）を走行する205系。2023（令和5）年9月に新潟よりE127系が投入されたことにより、いずれ姿を消すのかもしれないが、2024（令和6）年1月現在は高頻度で運用されている

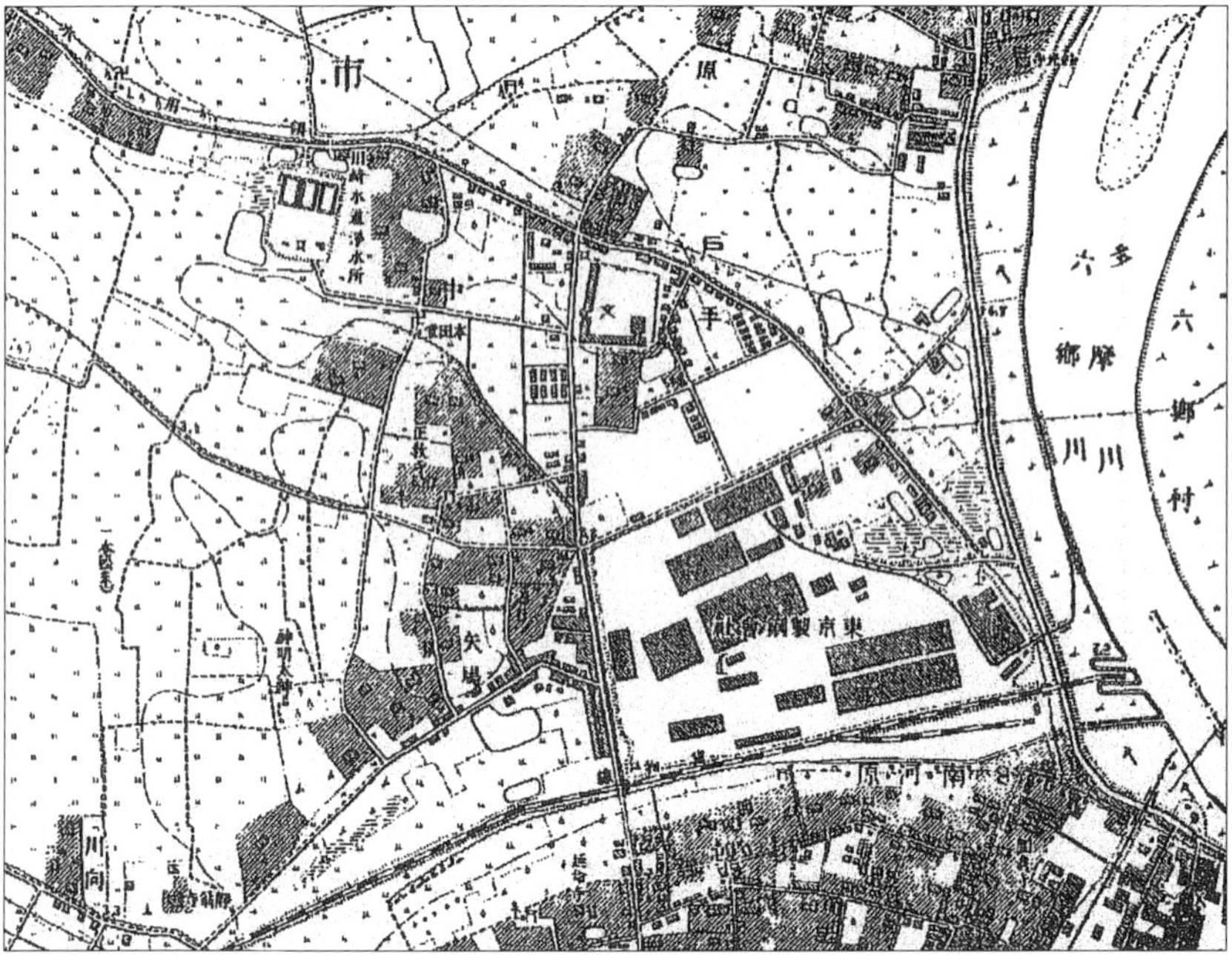

地形図の下部に、多摩川河畔に向かって進む貨物線と川崎河岸駅が見られる（出典：1928年測量「矢口」川崎市地形図部分）

於テ産スル砂利採集ヲ兼営シ之ヲ搬出」（「多摩川砂利鉄道線路敷設免許申請書」）することを目的として計画された。これだけを見ると「一般旅客貨物ノ運輸」が主で砂利輸送は兼業のように思われるが、収支目論見書によれば、総収入の８割を砂利輸送が占める計画だった。

１９２０（大正９）年１月には地方鉄道敷設免許が下付され、直後の３月に南武鉄道と改称している。旅客輸送も見込んでいるのに社名が「砂利鉄道」では、出資者を募る上で、やはり支障があったのだろう。ともあれ、翌１９２１（大正10）年３月には、創立総会を開催し、南武鉄道はスタートを切った。

ところが、当時は１９２０（大正９）年３月に発生した戦後恐慌（第一次世界大戦後の反動恐慌）の影響で財界が不振に陥っていた時期であり、資金難と用地買収の困難から、その後の建設工事は一向に進まなかった。後述するように、南武鉄道は浅野セメントの出資を得て、ようやく開業にこぎ着けるのである。

川崎―登戸間の本線（17・２㎞）および矢向―川崎河岸《がし》間の貨物支線（１・６㎞）が開業したのは、免許取得から7年が経過した１９２７（昭和２）年３月。旅客列車を川崎駅で東海道線に接続させる一方、矢向駅から貨物支線を分岐させ、その終点の多摩川の河畔に、砂利の船積み施設を備えた貨物専用の川崎河岸駅を設置した。沿線の宿河原と中野島で採取した砂利を貨物列車で川崎河岸駅まで運び、船や艀《はしけ》に積み替え、目的地まで運んだのである。

この川崎河岸駅の砂利の船積み設備について、『南武線いまむかし』（原田勝正著）に次の記述がある。

「多摩川右岸につくった船溜《ふなだまり》の上に、いくつものじょうごの口が斜めに突き出ていて、その上に貨車を引き込む線路が走っている。砂利などを積んだ貨物列車が到着すると、貨車の側板を倒す。するとそのまま、このじょうごから船に荷を卸すことができる」

◉川崎河岸駅跡へ貨物線跡を歩く

では、矢向駅から川崎河岸駅跡を目指して、貨物支線の廃線跡を歩いてみよう。矢向駅で南武鉄道本線から分岐した貨物支線はカーブを描いて東へ進路を取り、多摩川の河川敷に面した川崎河岸駅に至っていた。

現在、矢向―川崎河岸間の貨物支線廃線跡は、その大部分が「さいわい緑道」として整備されている。第６章で歩いた川崎市電跡の緑道は草生《む》し、ゴミの不法投棄も目立ったが、ここは植栽もきれいに手入れされ、気持ちよく歩くことができる。

さて、かつて貨物線が走っていた痕跡が何か残っていないか探しながら緑道を歩き始めると、地元の子どもたちの手によるものだろうか、タイルを使った壁画に「川崎河岸駅」の文字が見られた。残念ながら駅の方向を示す矢印が反対向きになっているが、ご愛嬌である。

「旧南武鉄道貨物線軌道跡」と刻まれた記念碑

さらに歩を進めると、国道1号線をクロスする手前に、「旧南武鉄道貨物線軌道跡」と刻まれた記念碑を見つけることができた。記念碑の下部に貼り付けられたQRコードをスマートフォンで読み取ると、南武鉄道とこの貨物線について説明する簡単な動画が再生される。

国道を渡った先の南河原公園には、桜の木がたくさん植えられている。花見シーズンに再訪したいところだ。そのまま小学校の裏手を進むと、間もなく広い空間がパッと開ける。ここが川崎河岸駅跡の「緑道公園」である。226頁掲載の地形図と照らし合わせてみると、駅の敷地がほぼそのまま公園として整備されていることが分かる。

川崎河岸駅が砂利の積み替え場として機能していた当時は、この先の現・国道409号線を越えて、多摩川の河畔まで線路が延びていた。地形図を見ると、多摩川の河川敷に港のドックのような掘り込み（船溜）が2本造られ、その間に線路が引き込まれている。ここで砂利の船積みが行われたのだ。だが、現在は国道を渡った先はマンションになっており、私有地のため立ち入ること

川崎河岸駅跡を整備した「緑道公園」

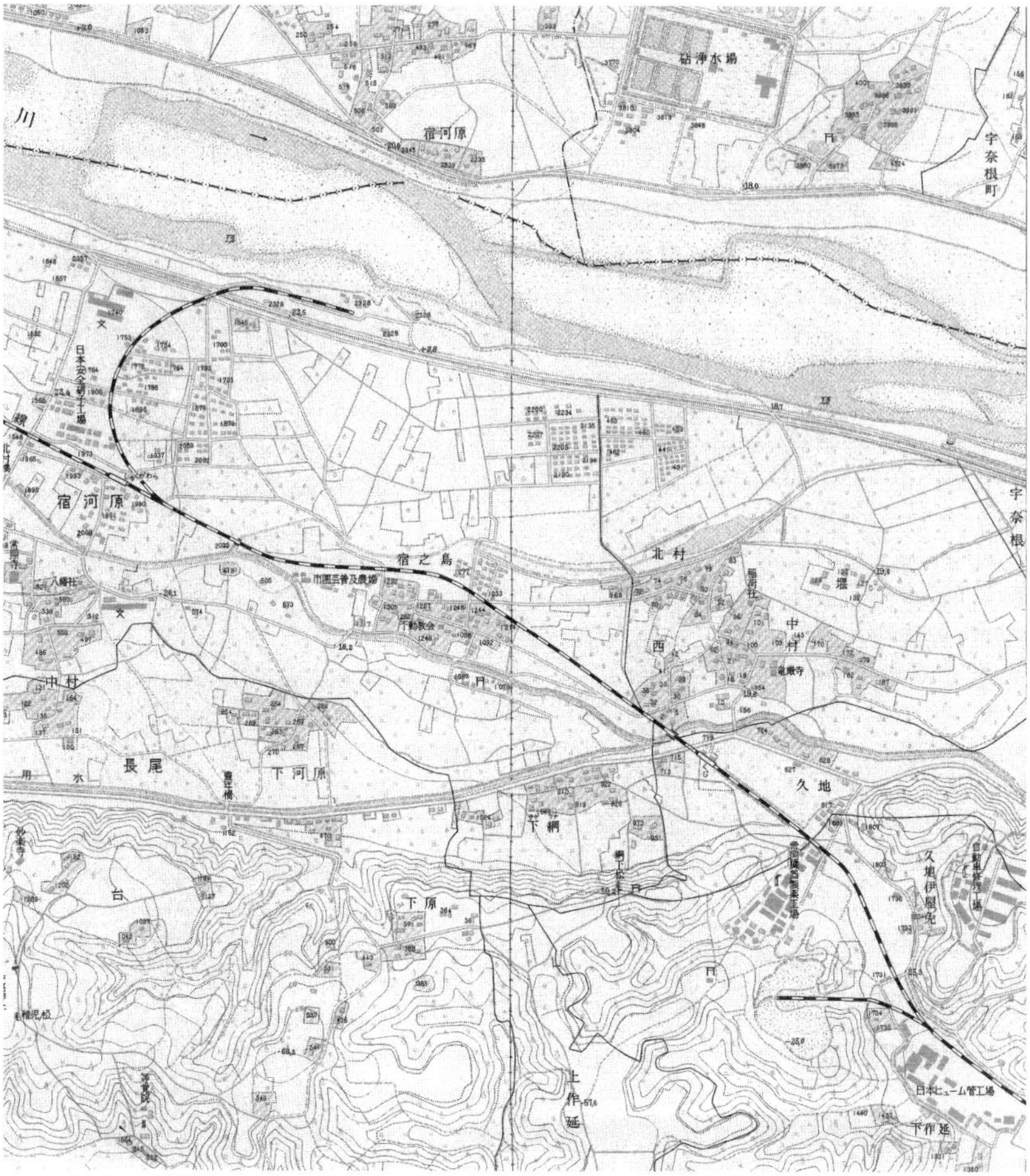

左上に宿河原の砂利採取線、右下に日本ヒューム管川崎工場の専用側線が描かれている（出典：1955年修正測量「登戸」国土地理院地形図部分）

ができない。残念ながら廃線散歩はここまでということになる。

　この川崎河岸駅が最終的に廃止されたのは１９７２（昭和47）年５月のこと。駅に隣接して存在した東京製綱川崎工場（現在の市営河原町団地敷地）が、土浦へ移転・拡張するのに伴い１９６９（昭和44）年に閉鎖されたことなどによる。

　続いて、砂利採取場の跡も見に行こう。宿河原と中野島

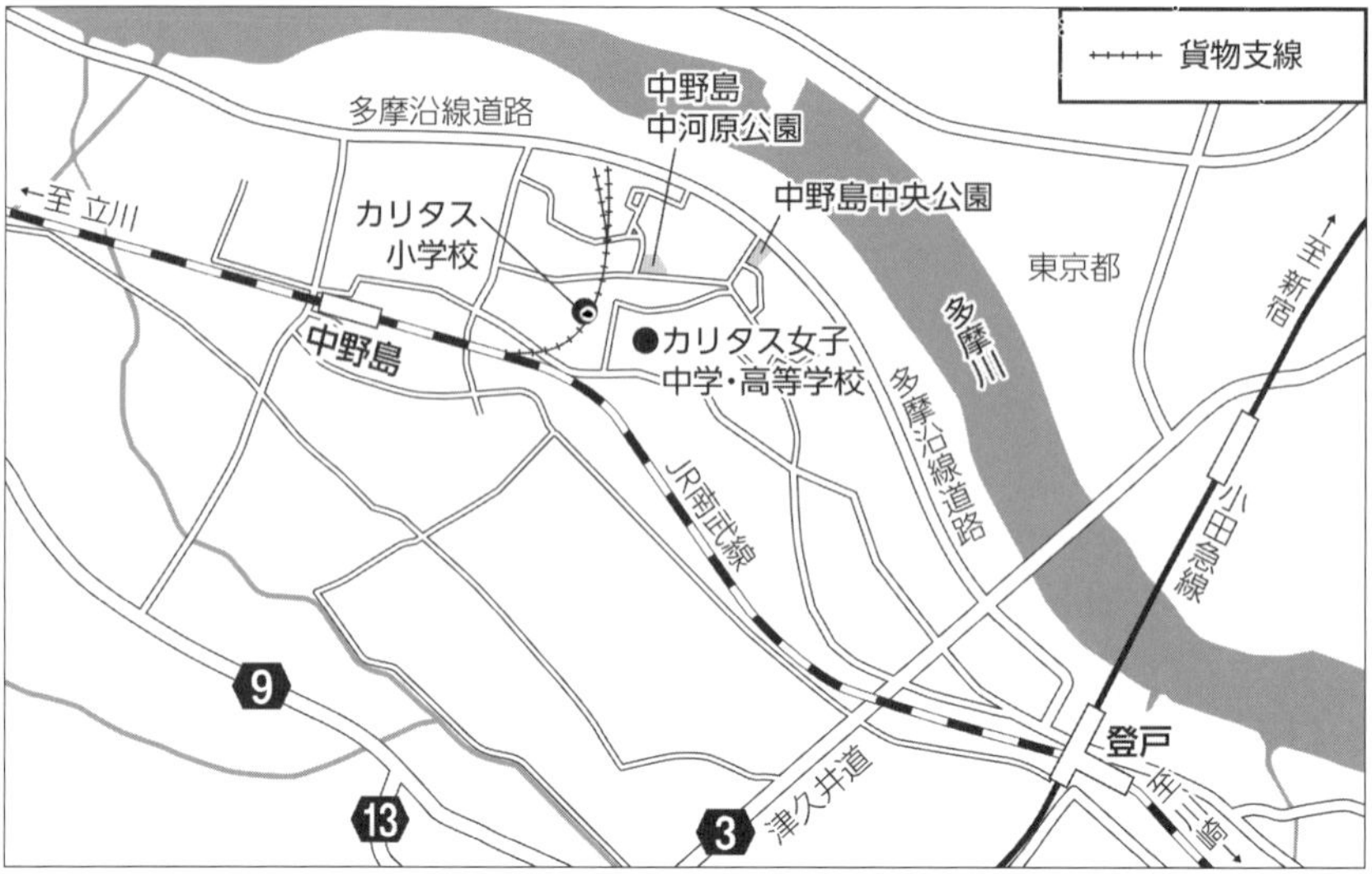

貨物支線
中野島
中河原公園
多摩沿線道路
中野島中央公園
←至 立川
カリタス
小学校
東京都
至 新宿
中野島
カリタス女子
中学・高等学校
多摩川
多摩沿線道路
JR南武線
小田急線
9
登戸
13
3
津久井道

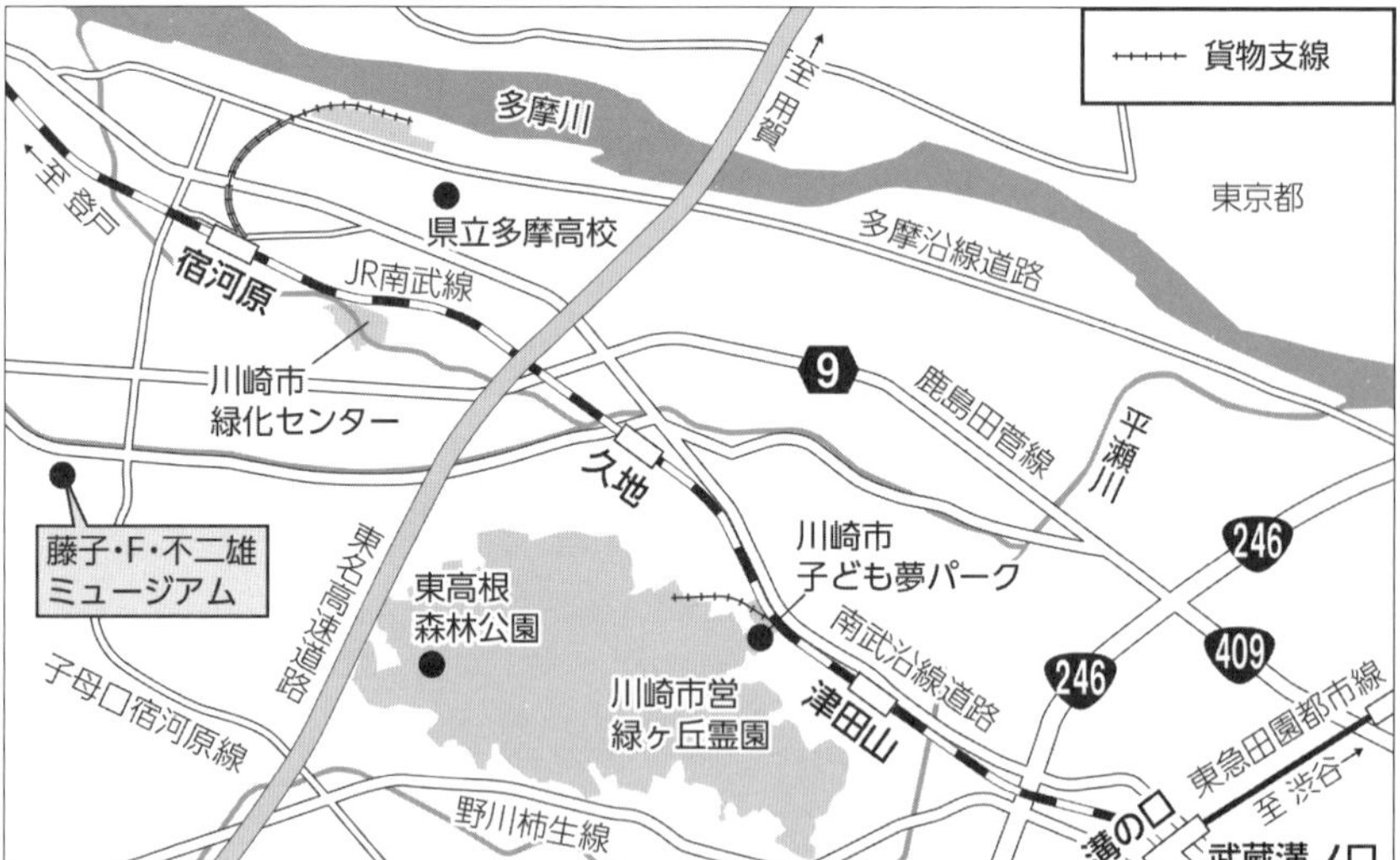

貨物支線
至 用賀
多摩川
東京都
至 登戸
県立多摩高校
多摩沿線道路
宿河原
JR南武線
川崎市
緑化センター
9
鹿島田菅線
平瀬川
久地
藤子・F・不二雄
ミュージアム
東名高速道路
東高根
森林公園
川崎市
子ども夢パーク
246
409
南武沿線道路
子母口宿河原線
川崎市営
緑ヶ丘霊園
津田山
246
東急田園都市線
至 渋谷
野川柿生線
溝の口
武蔵溝ノ口

南武線の貨物支線路線図

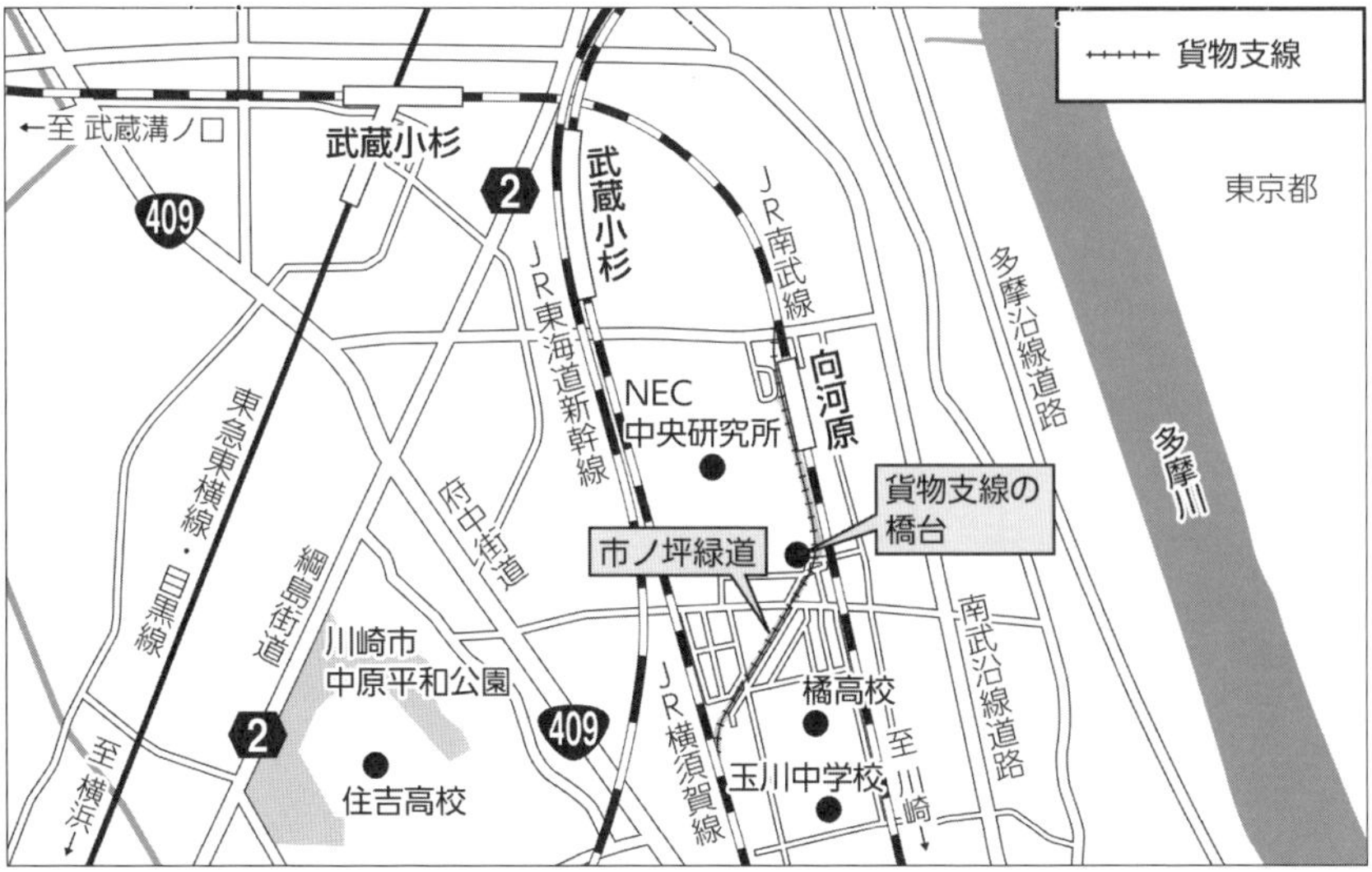

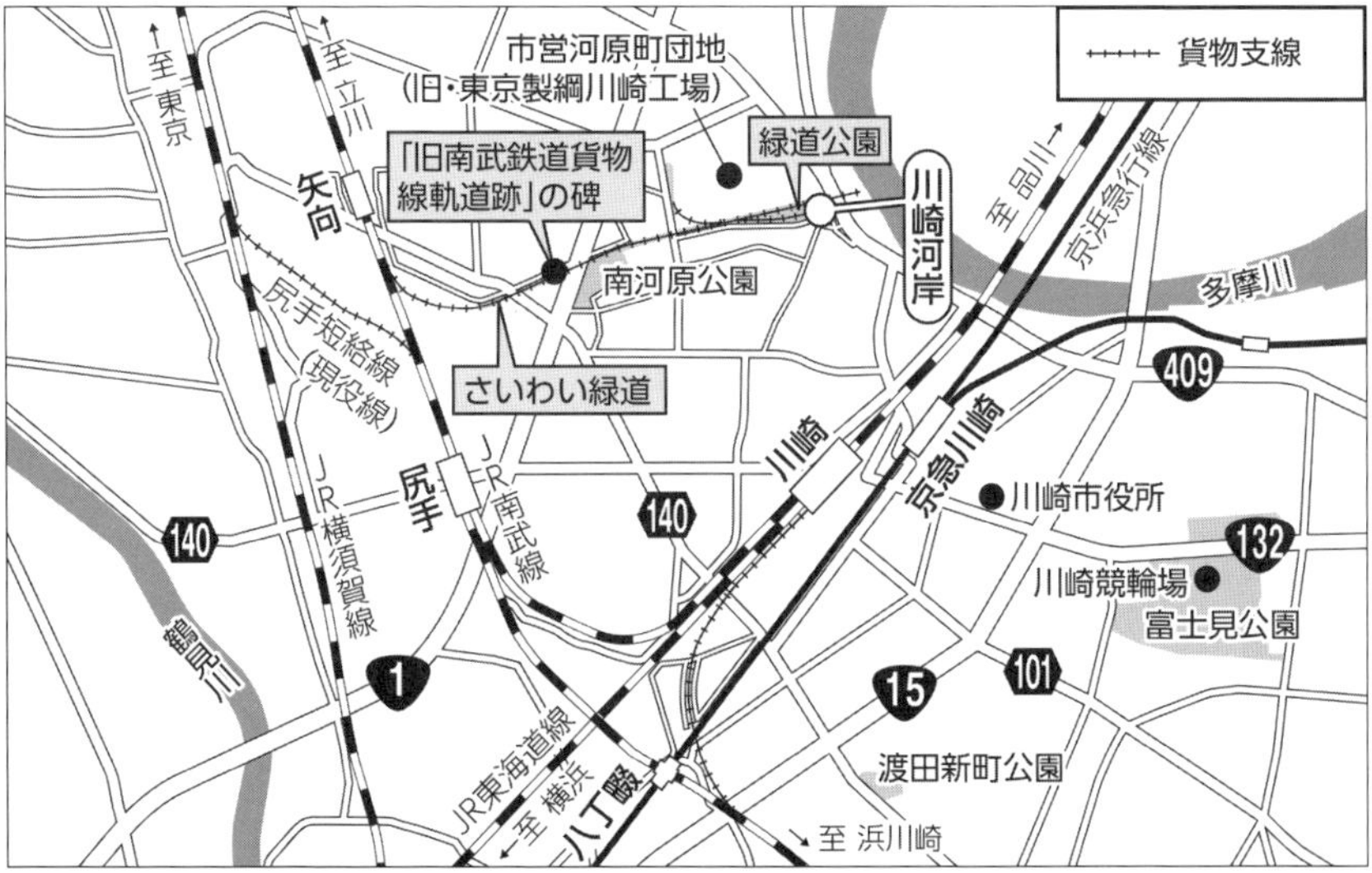

・地形および他の鉄道、道路等は現在のもの
・路線図が広範囲にわたるため4分割し、それぞれ縮尺を変更

には本線から分岐し、河原の砂利採取場へと続く砂利採取線が敷設されていた。このうち中野島の採取線跡は、宅地開発等により消滅しているが、宿河原のほうは今も廃線跡が道路として残っており、辿ることができる。

宿河原駅は「川崎市　藤子・Ｆ・不二雄ミュージアム」の最寄り駅なので、降りたことのある人も多いだろう。砂利採取線の廃線跡へ向かうには、改札を出て跨線《こせん》橋（線路を跨《また》ぐ橋）で駅北側に渡る。跨線橋上から眺めると、いかにも鉄道廃線らしい弧を描きながら多摩川河畔に向かって続く道路が見える。この道路は５００ｍほどで多摩川の堤防に突き当たる。途中、砂利採取線の跡であることを示すようなものは何もない。

こうした南武鉄道沿線の砂利採取場は多摩川下流域に位置していたため、上流域での採取が進むにつれて砂利の供給が不十分となり、１９３０年代半ばには当局による採取制限が始まった。そのため南武鉄道は「上流の青梅電気鉄道沿線で委託採掘をおこなうようになって、事業を維持」（『神奈川の鉄道　１８７２－１９９６』青木栄一ほか）したというから、宿河原・中野島の砂利採取線が活躍した期間は、そんなに長くはなかったのだろう。

弧を描いて多摩川河畔に向かって続く、宿河原の砂利採取線跡の道路

この砂利採取線跡を歩くだけでは廃線跡散策としてはいささか物足りない。せっかく宿河原まで足を運んだならば、「玉電」の愛称で親しまれた玉川電気鉄道の支線の１つ、砧《きぬた》線（本章コラム参照）や、小田急向ヶ丘

遊園モノレール（第7章コラム参照）など、近隣の廃線跡にも足を延ばし、併せて歩くことをおすすめしたい。

◉セメント原料の石灰石も重要な輸送品

南武鉄道が輸送したのは砂利だけではなかった。セメントの原料や鉄鋼生産の副原料としても使われる石灰石も重要な輸送品だった。南武鉄道が石灰石を輸送したのは、浅野セメントを中核とする浅野財閥の影響によるところが大きい。ここで我が国におけるセメント生産の歴史および浅野財閥と南武鉄道の関わりについて、触れておきたい。

１８７３（明治６）年、東京の深川に官営のセメント工場（当初は大蔵省所管の深川摂綿篤《せめんと》製造所）が設立されたことから、日本のセメント生産の歴史が始まる。だが、その後、西南戦争（１８７７年）に要した莫大な戦費のために財政難に陥った明治政府は、「明治十四年の政変」で大蔵卿に就任した松方正義による緊縮財政の下、官営工場・鉱山の一部を民間に払い下げる政策を進めた。深川のセメント工場もその対象となり、払い下げを受けたのは、後に「セメント王」といわれる浅野総一郎だった。

当時はあの渋沢栄一ですら、セメント事業の将来性には懐疑

1911（明治44）年10月に架け替えられた、鉄筋コンクリート製の吉田橋（横浜都市発展記念館所蔵）

的だったというが、浅野は自宅が全焼して財産を失った経験などから、日本の都市における不燃建築の重要性、すなわちセメント事業の有用性を見越していたのである。浅野により設立された浅野セメントは、その後、横浜港の築港（鉄桟橋《さんばし》＝大さん橋の前身の構築）をはじめ、各地の築港工事（大量のコンクリートブロックが使用された）などの公共事業にセメントを納入し、成長を遂げていく。

やがて明治末になると、我が国にも鉄筋コンクリート建築が登場するなど、さらにセメントの使途が広がる。横浜では、1911（明治44）年9月、日本初の本格的な全鉄筋コンクリート造の事務所建築とされる三井物産横浜ビル（現・KN日本大通ビル）が落成。また、同年10月、馬車道と伊勢佐木町の間に架かる吉田橋が、それまでのトラス鉄橋[※2]から鉄筋コンクリート製アーチ橋に架け替えられ、12月に馬車道—駿河橋間に横浜電気鉄道（横浜市電の前身）の路線が開業すると、吉田橋の上を電車が走るようになった。[※3]

日本初の本格的な全鉄筋コンクリート造の事務所建築とされる三井物産横浜ビル（現・KN日本大通ビル）

さらに、『浅野セメントの物流史』（渡邊恵一著）によれば、「煉瓦《れんが》や石材の接合剤からコンクリート構造材へというセメント用途の質的変化」や「小口需要の増加」によって、大正時代に入ってセメントの生産量は飛躍的に増加した。簡単に言えば、セメントが身近な建築材料として普及したのである。

このような需要増に対応するため、浅野セメントは青梅鉄道（現・JR青梅線、1894年開業）や、五日市鉄道（現・JR五日市線、1925年開業）への資本参加を通じて、その沿線の宮ノ平（青梅線日向《ひなた》和田）、雷電山（青梅線二俣尾）、勝峰山《かつぼう》（五日市線武蔵岩井＝廃駅）などで石灰石を採掘・輸送していた。だが、こうした採掘元から川崎臨海部にある浅野セメント川崎工場[※4]（1917年7月に操業開始）や日本鋼管（1913年4月に操業開始）へ輸送するには中央線、山手線、東海道線経由で大きく迂回《うかい》しなければならなかった。

そこで目をつけたのが、南武鉄道だった。川崎―立川間が開業すれば短絡ルートで石灰石を運ぶことができるようになるため、建設資金の調達に苦しんでいた南武鉄道に対し、浅野が出資したのだ。そして、1929（昭和4）年12月に本線を立川まで全線開業させ、1930（昭和5）年3月には浜川崎支線（尻手―浜川崎間4・1km）を開業。浜川崎駅で鶴見臨港鉄道とも連絡させた。これにより青梅方面から川崎・鶴見臨海部まで浅野系資本の鉄道のみによる一貫輸送体系が出来上がったのである。(※5)

■日本のセメント生産量　（1,000トン）

年度（西暦）	年度（和暦）	生　産　量
1909	明治42	430
1914	大正3	750
1920	大正9	1,219
1925	大正14	2,266
1930	昭和5	2,474
1935	昭和10	5,245
1940	昭和15	4,885
1945	昭和20	1,170
1950	昭和25	4,462
1955	昭和30	10,563

出典：『日本の地方民鉄と地域社会』（青木栄一編）

浜川崎支線は異空間？

貨物支線として開業した浜川崎支線は、開業の翌月（1930年4月）から旅客営業も開始した。現在の運行ダイヤを見ると、朝7時台は5本の列車があるものの、日中は40分間隔。都市部の川崎エリアとは思えない、まさに「都会のローカル線」という雰囲気が漂っている。

浜川崎支線に実際に乗車してみると、これがまた面白い。八丁畷《なわて》駅から乗車する際は、他社線である京急線の改札を通過しなければ浜川崎支線のホームに辿り着けない。また浜川崎駅で、道路を挟んで反対側に駅がある鶴見線に乗り換える際、ICカードを「タッチしないでくださ

浜川崎駅「タッチしないで」の珍しい案内

い！」という、珍しい案内がなされている。乗り継ぎ用のＩＣカード読み取り機ではないので、ここでタッチすると、乗り換え先の鶴見線内で初乗り運賃になってしまうのだ。はじめて乗る人は、間違いなく戸惑うであろう。

◉向河原にも貨物支線跡が

ここまでに見てきた以外にも、南武線には１９２９（昭和４）年の新鶴見操車場[※6]（現・鶴見信号場）開設に伴い、向河原駅から品鶴《ひんかく》貨物線（現・横須賀線、湘南新宿ラインルート）への短絡線として敷設された貨物支線（１９７３年廃止）や、小田急線の稲田登戸（現・向ヶ丘遊園）駅から南武線の宿河原駅までを結び、小田急線との車両の貸し借りや砂利輸送に使われた登戸連絡線（１９６７年廃止）なども存在した。

このうち、向河原の貨物支線の廃線跡は、緑道として整備されているので歩いてみることにしよう。１９４２（昭和17）年12月の地形図を見ると、向河原駅は「日本電気前」という駅名だったことが分かる。駅改札を出て、西側に目を向けると、そびえ立つＮＥＣ（日本電気）の高層ビルが際立って見え、今でも「日本電気前」という駅名がしっくり来るように思われる。

踏切を渡って駅の西側に回ると、ＮＥＣ研究所の敷地と南武線の線路

「市ノ坪緑道」入口

との間に、自転車・歩行者専用の細い道がある。これを南へ２００ｍほど進むと、進行方向右手の老人福祉施設前の道路両側に、鉄道の橋台が残っており、２つの橋台の延長線上に目をやると緑道の入口が見える。

この先の住宅地の中を進む「市ノ坪緑道」が貨物支線の跡であり、横須賀線（品鶴線）の線路手前まで２００ｍほど続いている。鉄道の廃線跡であることを示すものは、先ほどの橋台を除けば何もなく、おそらく付近の住民でも、かつてここを貨物列車が走っていたことを知らない人は多いのではないだろうか。

さて、多摩川の砂利や石灰石の輸送を主目的としてスタートした南武鉄道であったが、１９３０年代以降、大きな変化が訪れる。沿線に日本電気（向河原）、富士通信機製造（現・富士通。武蔵中原）、日本光学工業（現・ニコン。武蔵溝ノ口）といった大資本の工場が次々と進出し、通勤輸送路線としての性格を強めていくのである。

そして、戦時下の１９４４（昭和19）年４月、鉄鋼増産に欠かせない石灰石輸送の重要路線と位置づけられるとともに、沿線に軍関係諸施設・工場があり、さらに中央線と東海道線という大幹線を結ぶバイパス線でもあった南武鉄道は、戦時買収[※7]を受けて国有化され、戦後は、国鉄（現・ＪＲ）南武線となった。

本章ではかつて存在した南武線の貨物支線跡を歩いた。廃止後、すでに長い時間が経過し、残る資料や痕跡は少ないが、沿線の産業発展に貢献したのはもちろん、輸送した砂利や石灰石などが、東京や横浜など都市の復興・発展にも大きく寄与したことは間違いないのである。

※１　短絡線はバイパス線の意。首都圏の重要な貨物路線として、武蔵野南線（鶴見―新鶴見信号場―府中本町間）がある。東北方面などから来た武蔵野南線を走る貨物列車は、新鶴見信号場から尻手短絡線、浜川崎支線を経由し、東京貨物ターミナル（東京都

品川区八潮）へと短時間で向かうことができる。仮に尻手短絡線がなければ、鶴見駅で機関車の付け替え・方向転換をしなければならず、1時間は余計に時間がかかる。なお、武蔵野南線に関して補足すると、武蔵野線の本来の路線は鶴見―新鶴見信号場―府中本町―西船橋間だが、旅客輸送は府中本町―西船橋間でしか行われていない。貨物専用区間となっている府中本町以南を通称で武蔵野南線と呼んでいる。

※2　英国人土木技師のR・H・ブラントンにより架けられた吉田橋は「鉄《かね》の橋」とも呼ばれた日本初のトラス鉄橋。文明開化の象徴とされ、錦絵にも描かれた。なお、当時は派大岡川という運河（首都高建設で埋め立てられた）に架かる橋だった。

※3　関東大震災後のルート変更で市電は南側に新設された羽衣橋経由に移設され、吉田橋を通らなくなる。

※4　東京（深川）の浅野セメント工場で、煙突からの大量の降灰により周辺住民が体調を崩す被害が発生した。1903（明治36）年に導入した生産性の高い回転窯（ロータリーキルン）が原因だった。浅野セメントは地元団体と協議し、川崎への工場移転を進めるが、集塵《しゅうじん》機の導入により降灰が改善されたため、深川工場の操業継続が可能となる。川崎の新工場と併せ、結果として増産をもたらした。

※5　1923（大正12）年、浅野セメントのライバルとなる秩父セメント（現・秩父太平洋セメント）が設立される。同社は原料である石灰石の産地（武甲山）に隣接する工場立地により、低コストでのセメント生産を実現し、台頭した。浅野セメントはこれに対抗するため、1929（昭和4）年4月、五日市鉄道沿線の石灰石採掘地である勝峰山の麓に西多摩工場を開設する。その結果、川崎工場の役割が相対的に低下。一貫輸送体系の完成にもかかわらず、「南武鉄道の『石灰石鉄道』としての役割をも低下させることになった」（『浅野セメントの物流史』）。ただし、青梅線沿線（奥多摩）から南武線を経由し、浜川崎までの石灰石輸送は1998（平成10）年8月まで続いた。

※6　現在の新川崎駅およびその南側一帯の約42haを敷地とした巨大貨物操車場。貨物需要の増大に伴い、東海道線の貨物支線として建設された品鶴貨物線（現・横須賀線、湘南新宿ラインルート。1980年までは貨物専用だった）の開通と同時に操業開始。南武鉄道は新鶴見操車場に隣接して市ノ坪駅という貨物駅を開設し、省線の貨物輸送との連携を図った。市ノ坪駅は1944（昭和19）年の南武鉄道国有化（戦時買収）時に新鶴見操車場に統合・廃止された。

※7　1943（昭和18）年～1944（昭和19）年の2年間に、戦時輸送体制強化のため、全国で22の地方鉄道が国有化された。南武鉄道の兄弟会社（浅野系）ともいえる鶴見臨港鉄道、青梅電気鉄道、奥多摩電気鉄道（買収時は未成線）や、前章で見た相模鉄道もその対象となった。また、南武鉄道の被買収区間には、1940（昭和15）年10月に南武鉄道が合併した五日市鉄道（現・JR五日市線）の路線も含まれた。

コラム

神奈川県と関係あり？　玉川電鉄砧線の軌跡

第9章本編で訪れた南武線宿河原駅から、多摩川対岸のおよそ4・5㎞下流に位置する二子玉川駅へ足を延ばし、砧《きぬた》線（二子玉川―砧本村《ほんむら》間2・2㎞。1969年5月廃止）の廃線跡も歩いてみよう。

渋谷―二子玉川園（現・二子玉川）間を結び、「玉電」の愛称で親しまれた玉川電鉄(※1)（後に東急に合併）の支線の1つであった砧線は、関東大震災翌年の1924（大正13）年3月に開業し、震災からの都市復興のために大量に必要とされた多摩川の砂利を採取・輸送するとともに、旅客輸送も行った。

昭和40年代に撮影された砧本村駅と砧線車両（提供：東急）

現在の地図を基準にすると、砧線が走っていたのは、東京都世田谷区玉川・鎌田にまたがる地区であるが、この辺りは、以下のように神奈川県との関係も深い。

明治維新からまもない1869（明治2）年、現在の世田谷区域の村々は、新設された品川県または長浜県（発足当初は彦根県）に編入された。長浜県に編入されたのは彦根藩の所領（飛び地）だった村である。ただし、これは旧藩を温存した体制下での暫定的な措置であり、１８７１（明治４）年7月に断行された廃藩置県とその直後に行われた府県統合の過程で品川県は廃止。長浜県所管の飛び地は東京府または神奈川県に引き渡されることになった。そして、後に砧線の沿線となる鎌田村などは神奈川県[※2]に属することになったのである。

次に訪れた大きな変化は、１８８９（明治22）年４月以降に施行された近代的な市制・町村制の実施である。各市町村に独立の法人格を認め、条例・規則の制定権などを付与する一方、相応の資力が求められたため、町村合併が促進されることとなった。この過程で大蔵村、喜多見村、宇奈根村、鎌田村、岡本村の５カ村が合併し、新たに成立したのが神奈川県北多摩郡砧村だった。その村域は、南は多摩川沿岸から北は現在の成城・砧あたりまでを含んでいた。

この砧村が東京府に移るのは、三多摩が東京府に編入[※3]された１８９３（明治26）年４月のこと。砧線が開通するのは、そのおよそ30年後である。

それでは、砧線の廃線跡を散策してみよう。ほぼ多摩川に沿う２・２㎞の道のりは、ぶらり歩きを楽しむのにちょうどいい距離だ。

砧線の軌道は二子玉川駅を出ると、渋谷方面に戻るように弧を描きながら、現在の玉川高島屋北側の「花みず木通り」へと進んでいた。１９４２（昭和17）年12月の地形図を見ると、玉川高島屋の辺りには、田んぼマークが並んでいる。80年という歳月の長さを感じずにはいられない。

花みず木通りを２００ｍほど進んだ交差点の角には「砧線中耕地駅跡」と刻まれた石柱が立っている。二子玉川園駅から１つ目の中耕地駅があった場所だ。この駅名からも、かつて、この辺りにどのような風景が広がっていた

砧線中耕地駅跡を示す石柱

かが、容易に想像できる。なお、花みず木通りには、歩道に埋め込まれたパネル画や、レール（レプリカ）を使用したガードレール、オブジェなど、砧線にまつわるさまざまなモニュメントが設置されている。廃止から半世紀以上が経過した今も、地元の人々から愛されていることの証しであろう。

こうした地元愛が凝縮されたような「玉電と郷土の歴史館」（火・木・土・日のみ開館）には、ぜひ立ち寄ってほしい。花みず木通りの1本南側の中吉通りに面するビル1階にある同館は、地元で名の知られた店だった「そば処大勝庵」が閉店した後、店主の大塚勝利さんによって、２０１２（平成24）年に歴史館として再出発したもの。入口付近に世田谷線で活躍したデハ71号車の運転台が移設されているほか、館内には所狭しと玉電ゆかりの品々が並ぶ。

花みず木通りに戻り、さらに歩を進めると、多摩堤通りと交差した先で野川を渡るが、川の手前に2つ目の吉沢駅があった。付近のクリニックの敷地と道路の境界には、駅跡を示す昔の東急の社章が刻まれた境界杭が2本、人知れず立っている。大塚さんによれば、かつては3本あったが、危険防止のためか1本が撤去されてしまったという。その先、野川に架かる吉沢橋の歩道上に設置されている案内碑には、橋を渡る砧線の電車の写真と共に、吉沢橋と砧線に関する説明文が記されている。

野川を渡った少し先の右手に鎌田一丁目公園という小さな児童公園がある。近くのバス停名は「三角公園」。敷地が三角形なので、三角公園というのが通称なのだろう。当時の地形図には何も描かれていないが、この辺りに、「１９４０年から１９４２年の間だ

吉沢橋の歩道上に設置されている案内碑

2018（平成30）年訪問時の砧本村バス停

け伊勢宮河原という駅が存在した」（大塚さん）という。

さらに歩を進めると、右手に東京都市大学の総合グラウンドが見えてくる。このグラウンドの入口付近に、戦前に廃止された大蔵という駅があり、砂利の採取と積み込みが行われていた。

さて、ここまで来れば終点まであと少しだ。二手に分かれる道を右（バス通り）へ進むと、やがて正面に公園の入口が見えてくる。この鎌田二丁目南公園および隣接する砧本村バス停（折り返しロータリー）が、かつての砧本村駅跡である。

ここで、残念なお知らせがある。筆者は2018（平成30）年の夏にも砧線跡を歩いたが、当時は砧本村駅の上屋の一部がバス停に転用され、活用されていた。しかし、2024（令和6）年2月に訪れるとこれがなくなり、新しい待合所が建てられていた。近年、老朽化のために撤去されてしまったらしい。

廃止後、長い年月が経過しているので仕方のないことではあるが、各地の鉄道廃線跡から、こうした遺構が少しずつ、姿を消していっている。このような状況からすれば、廃線跡を巡るならば少しでも痕跡が残っているうちにと、気持ちがはやる鉄道ファンも多いはずだ。

※1　玉川電鉄は1907（明治40）年までに渋谷―玉川（現・二子玉川）間が開業、1938（昭和13）年4月に東京横浜電鉄（現・東急）に合併された電鉄会社。玉川電鉄には玉川線、砧線のほか、後に東急世田谷線となる下高井戸線、東京都に譲渡された天現寺橋線および中目黒線、東急大井町線に編入された溝ノ口線（現在は田園都市線の一部区間）があった。玉川線と砧線は、1969（昭和44）年5月に廃止。玉川線の路線は新たに建設された地下鉄として継承され、東急新玉川線となったが、2000（平成12）年8月に東急田園都市線に編入され、その名称も消滅した。

※2　当時の東京府と神奈川県の様相は、現在の東京都と神奈川県とは大きく異なっていた。現在の23区と島嶼《とうしょ》部を除く、東京都西部のいわゆる三多摩が神奈川県に属した一方、神奈川県西部は足柄県という別な県の管轄だった。つまり、当時の神奈川県は、北は現在の奥多摩町から南は三浦半島に至るまでを県域とする縦長の県だったのである（足柄県は1876年に神奈川県・静岡県に分割統合され廃止）。

※3　三多摩は、江戸時代以来、江戸・東京の水がめだったため、水源の確保・管理の必要性があったこと、また、甲武鉄道（現・JR中央線）の開通を機に東京との結びつきが強くなったことなどから、神奈川県から東京府に編入された。

〈主要参考文献〉

・「神奈川の鉄道　1872‐1996」（野田正穂、原田勝正、青木栄一、老川慶喜　日本経済評論社　1996年）
・「南武線いまむかし」（原田勝正著　1999年）
・「浅野セメントの物流史」（渡邊恵一著　2005年）
・「日本の地方民鉄と地域社会」（青木栄一編　2006年）

第10章

東急東横線と桜木町駅周辺の鉄道遺構

廃止から20年
東急東横線の横浜市内廃線区間の「今」を歩く

東京と横浜という大都市間を結ぶ交通の大動脈である東急東横線にも「廃線跡」が存在する。2004（平成16）年1月末、横浜高速鉄道みなとみらい線との直通運転開始により、横浜―桜木町間が廃止に。同時に横浜駅が地下に移設され、東白楽―横浜間の線路も地下化された。その線路跡は、今どのようになっているのか、あらためて歩いてみることにした。

桜木町駅の国鉄根岸線ホームから見た東横線ホーム（1972年1月　撮影：神奈川新聞社）

◉交通の大動脈にも3つの廃線跡

「えっ、もうそんなに経つのか！」と思った。横浜高速鉄道みなとみらい線（横浜—元町・中華街間）との直通運転開始により、東急東横線の横浜—桜木町間（約２・１km）が廃止になってから、２０２４（令和６）年1月末でちょうど20年だという。

筆者は東横線沿線の大学に通い、綱島駅の近くにアパートを借りて住んでいたので、東横線には数々の思い出がある。渋谷での飲み会の帰りに車内で眠り込み、気がついたら電車は桜木町駅に。そのまま再び眠り込んでしまい、渋谷に戻ったところで、ようやく酔いが覚めて途方に暮れたこともあった。

今から20年前の２００４（平成16）年1月末、横浜—桜木町間の廃止と同時に横浜駅が地下に移設。これに伴い、東白楽—横浜間（約２・１km）の線路も地下化され、沿線の風景は一変した。(※1) 東白楽—横浜間、横浜—桜木町間の線路跡は、今どのようになっているのか、あらためて歩いてみることにした。

最初に向かったのは東白楽駅。東横線の地上区間の最南端に位置する駅である。駅名になっている「白楽」という一風変わった地名は、この辺りに神奈川宿（東海道の宿場）の伯楽が多く住んでいたことに由来するという。伯楽というのは馬喰《ばくろう》（馬の治療や売買・仲買をする者）のこと。学生時代は気にも留めなかったが、地名というのは調べてみるとなかなか面白い。

東白楽の駅前を横切る県道12号線（横浜上麻生道路）上を、かつて横浜市電の六角橋線が走っていた。市電六角橋線が廃止になったのは１９６８（昭和43）年のこと。もはや大昔だ。この県道を渡った先に、東横線の地上線跡を活用して整備された「東横フラワー緑道」の入口がある。

「東横フラワー緑道」入口

緑道に足を踏み入れると、ちょっとしたせせらぎもあって、都会のオアシスといった感じだ。先へ進むと、まもなく前方に東横線が地下へと潜り込む開口部が見えてくる。黒くポッカリと開いた口へ何本もの電車が吸い込まれ、また吐き出されてくる。なんだか異世界への入口のようだ。

開口部に設けられた跨線《こせん》橋から先は、横浜方面へ向かって地下を走る東横線の真上に緑道が延々と続いている。緑道を歩いていると、時折、通気口を通じて地下を通過する電車の轟音が聞こえてくる。

緑道を２００ｍほど進むと、やや広めの道路と交差する。うっかりすると気づかずに通り過ぎてしまうが、実はこの場所は東横線の重要な史跡である。交差点の角のマンションの植栽に、駅の乗り場案内のプレートを模した「新太田町駅跡」と書かれた小さな案内板が設置されているのを探してみよう。

「新太田町駅跡」を示す案内板。日本貿易博覧会開催中のわずかな期間のみ復活したので〝幻の駅〟とも言われる

東急東横線路線図①（東白楽から横浜まで）

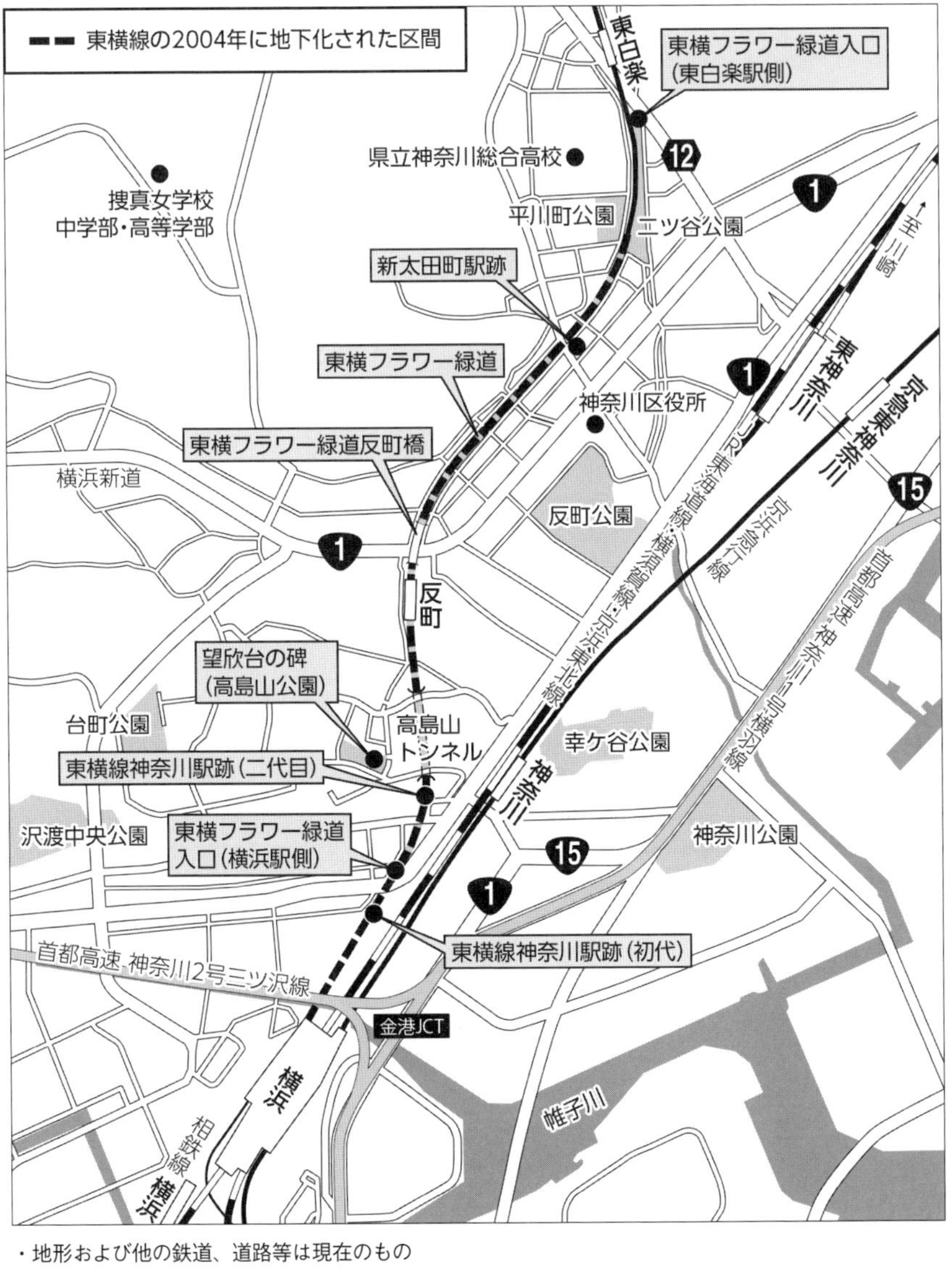

・地形および他の鉄道、道路等は現在のもの

◉わずかな期間のみ復活した〝幻の駅〟

新太田町駅というのはかつて存在した東横線の駅である。案内板は表面が劣化しており、文字が読み取りづらくなっているが、新太田町駅について、次のように記されている。

「東京急行電鉄東横線新太田町駅は、１９２６年（大正15年）２月14日に開設され、１９４５年（昭和20年）５月29日の空襲で被災したため６月１日より営業を休止し、翌年１９４６年５月31日廃止となりました。その後、新太田町駅跡は、１９４９年（昭和24年）日本貿易博覧会が反町《たんまち》付近で開催(※2)されたときには、会期中（昭和24年３月15日～６月15日）に『博覧会場前』駅として旧駅を利用して臨時駅が開設されたこともありました。」

廃止後、わずかな期間のみ復活したことから、〝幻の駅〟とも言われているようだ。

ボードウォークにレールがはめ込まれている区間も

散歩を続けよう。鉄道廃線跡を辿ろうとすると殺風景な景色の中を歩く場合も多いが、この道は「フラワー緑道」というだけあって、色彩豊かなさまざまな草木が目を楽しませてくれる。また、足元を見れば、部分的にではあるがボードウォークにレールがはめ込まれている区間もあり、廃線旅の気分も味わえる。

新太田町駅跡から３００ｍほど歩を進めると、反町駅の手前に、国道１号線（横浜新道）を跨《また》ぐ橋がある。この橋（東横フラワー緑道反町橋）は、かつての東横線の鉄道橋を活用している。

反町駅を過ぎると、やがて前方に「高島山トンネル」が見えてくる。このトンネルも、かつての東横線の遺構である。『東京急行電鉄50年史』には、高島山トンネル開削時の難工事の様子が、次のように記録されている。

「高島山隧道《ずいどう》は、当時、関東私鉄では例のない延長1７３・72メートルの複線隧道であった。当初は、大正15年1月に竣工の予定であったが、竣工まぎわになって隧道頂部に亀裂がはいったため遅れ、ようやく2月14日の開業日に間に合わせた」

このトンネルが貫く高島山（神奈川区高島台）は、横浜の実業家で易学者でもあった高島嘉右衛門《かえもん》（「高島

「高島山トンネル」入口

高島嘉右衛門が完成させた海上の築堤によって路線の大幅な短縮が実現した。手前が神奈川駅、奥が現・桜木町駅方面。この弓なりの土地は「高島町」と命名された（横浜開港資料館所蔵）

易断」の祖、1832～1914年）ゆかりの地だ。嘉右衛門は洋学校「高島学校」の開設や、ガス事業をはじめ、都市としての横浜の形成期に大きな功績を残した、「横浜の恩人」の1人とも言われる人物である。

嘉右衛門は鉄道との関係も深く、新橋―横浜（現・桜木町）間に敷設された日本初の鉄道建設工事に際し、力を尽くしている。袖ヶ浦とよばれる深い入江で工事の難所とされた、現在の神奈川区青木町付近から桜木町駅（初代横浜駅）手前までの海面埋め立て（築堤）を請け負い、その工事を高島山（当時は大綱山とよばれた）から指揮監督した。嘉右衛門によって造成された埋立地は「高島町」と命名され、今もその名を残している。[※4]

なお、高島山の頂上部にある「高島山公園」には、嘉右衛門を顕彰する「望欣台《ぼうきん》の碑」が立てられている。実業界から身を引いた嘉右衛門が、かつて埋め立て工事を指揮したこの高台に大規模な山荘を築き、横浜の繁栄する様子を望みながら、「ひとり欣然《きんぜん》として心を癒やした」（「望欣台の碑」の説明板）ことに由来するという。

高島山公園の「望欣台の碑」

◉3つも存在した神奈川駅

高島山トンネルを通り抜けた先には、かつて東横線の神奈川駅が存在した。1926（大正15）年2月に東横線（当時は東京横浜電鉄）が、丸子多摩川（現・多摩川）―神奈川間で開業したときの終点駅であり、省線（現・JR東海道線）の神奈川駅との接続を図った。この東横線の神奈川駅も、省線の神奈川駅も後に廃止さ

1901（明治34）年頃の高島台（高島山）から見た神奈川駅（横浜開港資料館所蔵）

れ、現存しない。どんな駅だったのだろうか。

まず、省線の神奈川駅は、１８７２（明治５）年の新橋―横浜（現・桜木町）間の鉄道開業時に、途中駅として設置された駅である。[※5] 場所は青木橋と現在の横浜駅の中間付近だった。しかし、その後、横浜駅が１９１５（大正４）年８月に高島町へ移転（二代目横浜駅）し、さらに１９２３（大正12）年９月の関東大震災で二代目横浜駅舎が焼失した後、１９２８（昭和３）年10月に三代目となる駅が現在の横浜駅の場所に開業。この三代目横浜駅との距離が近すぎたため、神奈川駅は廃止された。

東横線の神奈川駅は、１９２７（昭和２）年の地形図（次頁掲載）を見ると、当初は省線・神奈川駅のすぐ西側に設置されていたことが分かる。だが、開業から２年半後の１９２８（昭和３）年10月に省線の神奈川駅が廃止されると、高島山トンネル出口付近に場所を移された。その後、前述の新太田町駅と同様、戦時中に空襲で被災して営業休止後、１９５０（昭和25）年に廃止されている。

なお、京浜急行電鉄には、いまも神奈川駅が存在す

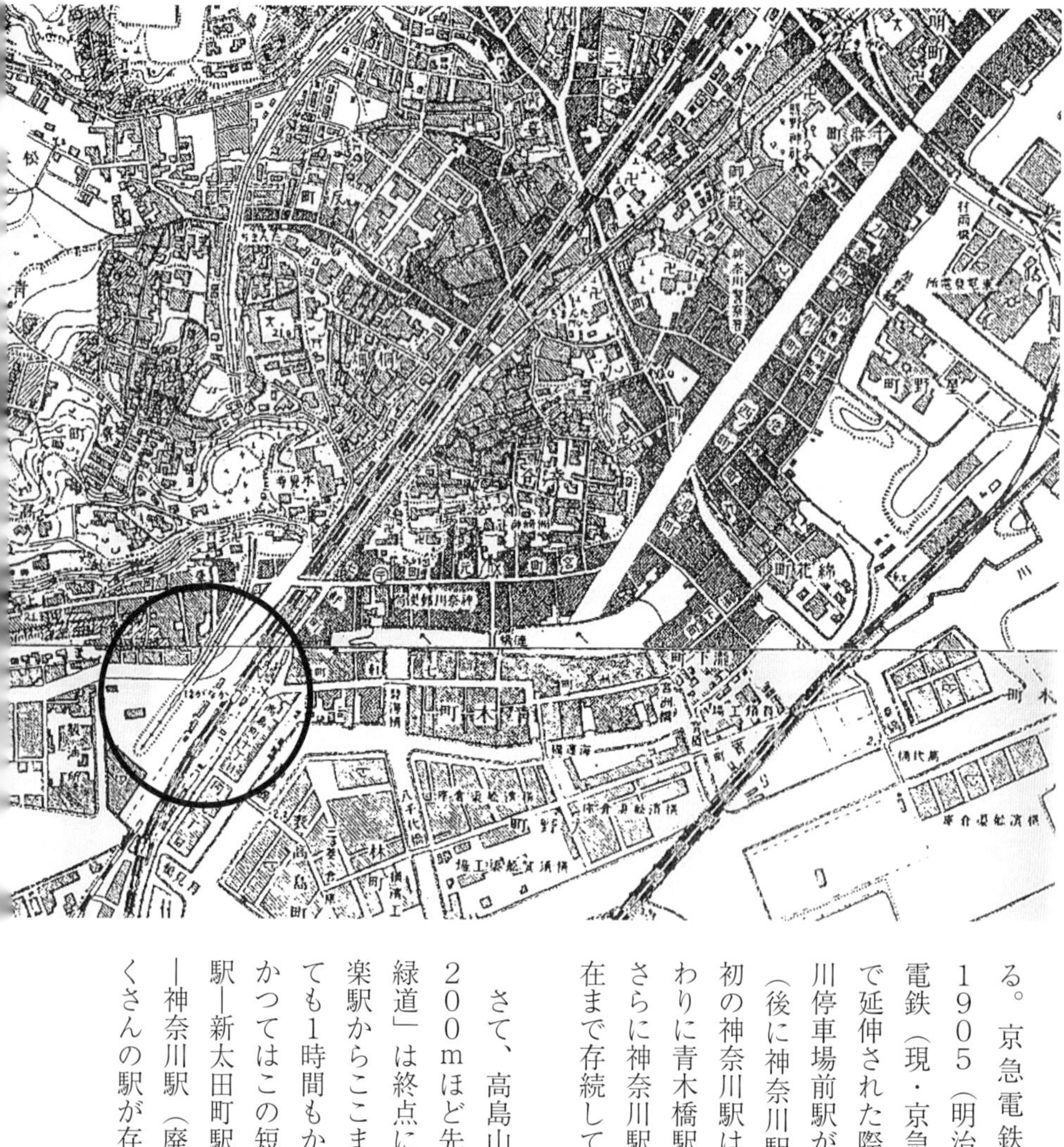

る。京急電鉄の神奈川駅は、1905（明治38）年12月に京浜電鉄（現・京急電鉄）が神奈川まで延伸された際に設置された神奈川停車場前駅が、その起源である（後に神奈川駅に改称）。この当初の神奈川駅は後に廃止され、代わりに青木橋駅が京浜神奈川駅、さらに神奈川駅へと改称され、現在まで存続している。

さて、高島山トンネル出口から200mほど先で、「東横フラワー緑道」は終点になっている。東白楽駅からここまで、ゆっくり歩いても1時間もかからない。しかし、かつてはこの短い区間に、東白楽駅―新太田町駅（廃駅）―反町駅―神奈川駅（廃駅）―横浜駅とたくさんの駅が存在したのだ。

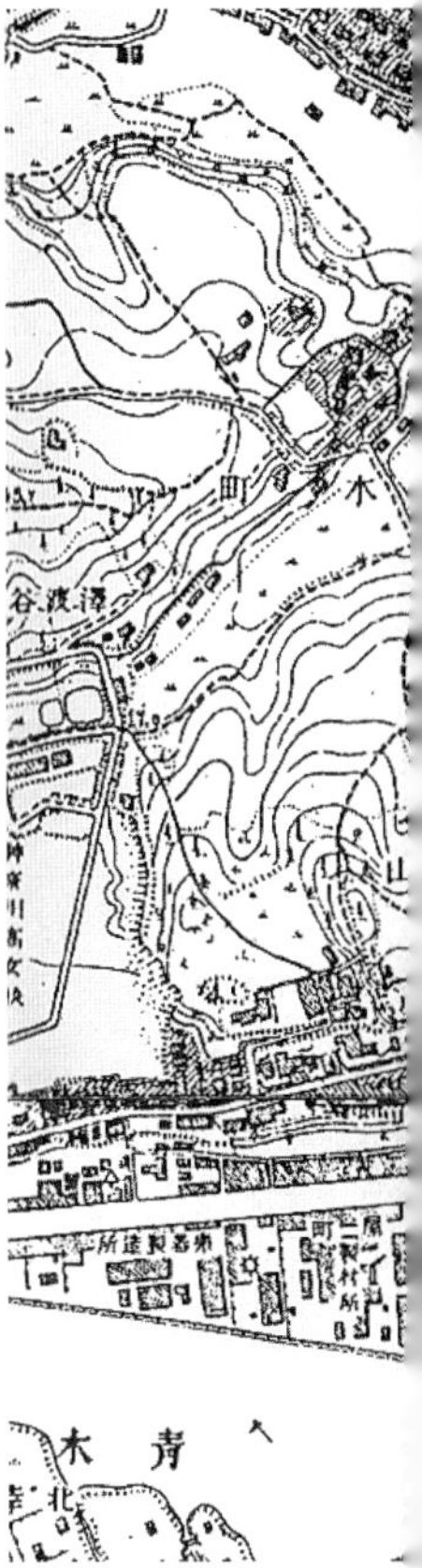

1927（昭和2）年時点の反町駅（中央上）から神奈川駅（中央下）の地形図。省線神奈川駅西側に東京横浜電鉄（現・東急東横線）の神奈川駅、東側に京浜電鉄の神奈川駅および市電の停留場が見られる（出典：国土地理院地形図「神奈川」「横浜」を合成・加工）

みなとみらい線の開業日は語呂合わせ？

東横線の東白楽―横浜間の地下化工事は、1996（平成8）年に着工。地下トンネルを掘り進め、途中の反町駅を地下駅化し、新たに構築する地下の横浜駅で、みなとみらい線とドッキングさせる工事である。

その仕上げとなる地上線（高架線）から地下線への切り替え工事は、2004（平成16）年1月30日の深夜から翌31日の未明にかけて行われた。仮線を設けずに営業線の直下で地下線へ切り替える「線路直下地下切替工法＝STRUM工法」[※6]が用いられ、わずか4時間足らずで完了。31日は渋谷―横浜間での営業運転を実施。その間に点検と開業準備を行い、2月1日から新規開業したみなとみらい線との直通運転を開始した。ちなみに開業日を2月1日としたのは「みなとみらい21」との語呂合わせの意味があったという。

◉8年で消えた二代目横浜駅

続いて、横浜―高島町―桜木町間の廃線跡を見に行こう。同区間は、ほぼ廃止時のまま高架橋が残されており、この高架橋を活用した遊歩道を整備する計画が立てられている。だが、これまでに市の財政状況の悪化などを理由に何度か工事が延期されてきた経緯があり、廃止から20年が経過した現在に至っても、桜木町駅前から紅葉坂交差点付近までのわずかな距離（約140m）が公開されるに留まっている。

では、残りの紅葉坂から横浜駅まで約2㎞の整備・公開予定はどうなっているのだろうか。整備を担当する横浜市都市整備局都市交通課に2023（令和5）年4月に問い合わせると、「高架構造物の耐震性を点検したところ、コンクリートの剥落《はくらく》等が見られたため、補修や一部構造物の取り壊しが必要となった。特に旧・高島町駅付近では構造物に大きな傷みが見られたため活用を断念し、現在取り壊しを進めている箇所がある。こうした状況から、これまでの計画は一度リセットし、令和4～6年にかけて基本計画を練り直している。その後に整備を進めるため、公開時期は今のところ未定」との回答だった。

当面の間、遊歩道が公開されることはなさそうだが、この区間の沿道には鉄道関係のさまざまな遺構があり、それらを巡る散歩は、なかなか楽しい。

まず、高島町交差点の角に建つマンションの敷地内

営業最終日となった2004（平成16）年1月30日の東横線高島町駅高架。この時点で、すでに構造物に傷みが見られる（撮影：神奈川新聞社）

東急東横線路線図②（横浜から桜木町まで）

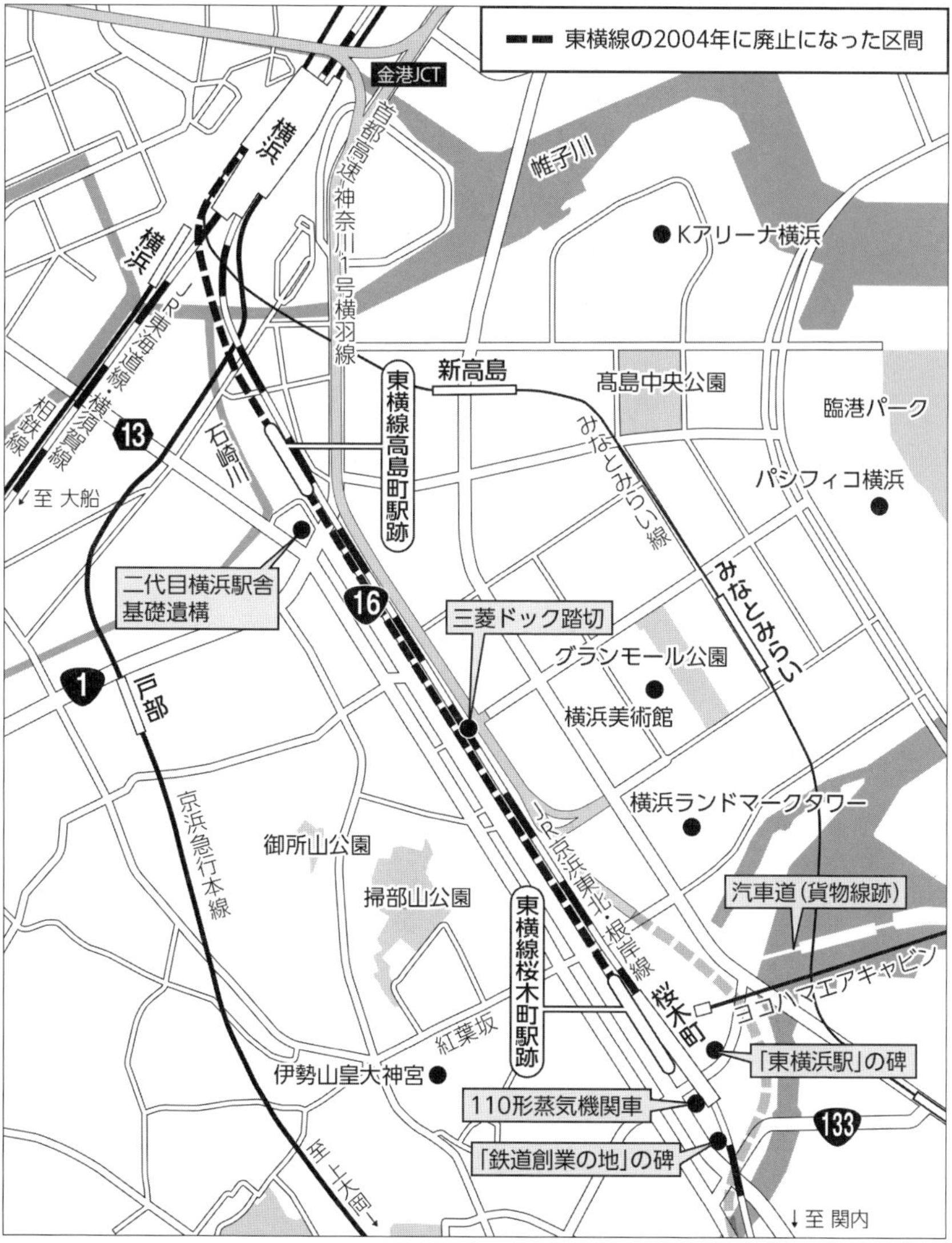

・地形および他の鉄道、道路等は現在のもの

に、二代目横浜駅舎の基礎部分のレンガ遺構が公開されている。マンションの敷地と聞けば、立ち入って大丈夫なのかと思うかもしれないが、心配ない。横浜市の市街地環境設計制度により、「公開空地」とされているので自由に見学できる。

二代目横浜駅の駅舎は、鉄骨2階建てレンガ造り、前年の1914（大正3）年に開業した東京駅丸の内駅舎とよく似た瀟洒《しょうしゃ》なデザインだった。だが、完成からわずか8年後の1923（大正12）年9月の関東大震災で焼失してしまう。この駅もまた、〝幻の駅〟である。

次に高島町と桜木町のちょうど中間地点、桜木町六丁目交差点付近に、ちょっと面白いスポットがあるので立ち寄ってみよう。旧・東横線、JR根岸線、首都高の高架の陰に隠れるようにして、小さな踏切が設置されているのだ。

この踏切は、高島線（鶴見駅—東高島駅—桜木町駅間を結ぶ貨物線の通称）の踏切で、「三菱ドック踏切」と名付けられている。かつてこの付近に「ハマのドック」の名で親しまれた、三菱重工横浜造船所の正門があったのが名前の由来である。そして、この造船所跡地を中心に開発されたのが、「みなとみらい」なのである。

横浜のビル街の一角の単線の小さな踏切を、時折、貨物列車がガーゴトゴトと音を立てながら走り行く。ちょっと驚きの光景だが、埠頭《ふとう》や工場を結ぶ貨物線が発達した港町横浜ならではの風景ともいえるかもしれない。

◉かつて存在した広大な貨物駅

さらに桜木町駅まで歩を進めてみよう。桜木町駅の東口（海側）駅前広場一帯が、かつて東横浜駅という大きな貨物駅だったと言えば驚くだろうか。同駅は、1915（大正4）年12月に桜木町駅から貨物機能を分離

二代目横浜駅舎の基礎遺構は、2003（平成15）年に都市基盤整備公団（現・都市再生機構＝UR）所有地で、再開発に向けた地下部分の調査中に発見された
（撮影：神奈川新聞社）

遺構の案内板に描かれている二代目横浜駅舎

「三菱ドック踏切」は、今も人々の往来が盛んだ

桜木町駅ホームに入線中の「青ガエル」こと東急の5000系（初代）。隣の根岸線ホームの向こうに東横浜駅が広がる（1972年2月3日　撮影：神奈川新聞社）

大岡川対岸から見た東横浜駅。左奥に見えるのが桜木町駅ホーム（撮影：神奈川新聞社）

して開業。その後、長い間、日本の〝海の玄関〟である横浜港と内陸を結ぶ貨物輸送基地としての役割を担ったが、1965（昭和40）年頃を境に貨物扱い量が激減し、1979（昭和54）年10月、新規開業した横浜羽沢駅に貨物駅機能を引き継ぎ、廃止となった。

現在、駅前広場の片隅に東横浜駅の記念碑が立てられており、その碑文には、横浜の貨物鉄道史が端的に刻まれている。長い文章ではないので、ここに全文を引用しよう。

ここに駅があった　大きな貨物駅だった
往時は六十五万トンが発着し　多くの人が働き汗を流した
ある時代は生糸だった　ある時代は疎開荷物だった
ある時代は進駐軍輸送　それに輸入食糧だった
そしてこの駅はいつの時代も　市民の生活とともにあった
一九七九年十月この駅の使命は終った
かつて日本の鉄道開業の　栄えをになった駅
追憶のなかに永遠
東横浜駅

東横浜駅を行き交った時代ごとの貨物の内容が記されている。横浜港を代表する輸出品であった生糸に始まり、多くの人々が荷物を抱えて地方に疎開した戦時を経て、戦後は進駐軍の司令部が置かれた横浜税関庁舎に場所が近かったことから、その荷物や食糧の輸送拠点になったというのである。

この東横浜駅からは、横浜赤レンガ倉庫やハンマーヘッドクレーンなどのある新港《しんこう》ふ頭を経由し、山下ふ頭まで貨物線が延びていた。その貨物線跡は現在、「汽車道」「山下臨港線プロムナード」という遊歩道として整備されている。横浜港の貨物線については、次章で詳しく紹介する。

他にも、桜木町駅周辺には、駅ビル「CIAL桜木町ANNEX」1階に展示されている鉄道開業時に新橋―横浜間で使用された英国製の「110形蒸気機関車（10号機関車。後に110号に改番）」や、新南口（市役所口）の改札外に立てられている「鉄道創業の地」の碑など、鉄道の盛時をしのぶ遺構が数多く残る。

桜木町駅周辺を歩いていると、人々の喧噪《けんそう》の中に、ふと、陸《おか》蒸気の汽笛の音が、今も聞こえてくるような気がする。

英国製の110形蒸気機関車は、鉄道創業時に「10号機関車」として新橋－横浜間で使用された我が国最古の機関車の1つ

新南口（市役所口）の改札外に立つ「鉄道創業の地」の碑

磁気自動改札、関東地方では東横線桜木町駅が初

自動改札機を世界ではじめて開発したのは立石電機（現・オムロン）で、１９６７（昭和42）年３月に阪急電鉄の北千里駅に実験的に設置されたのが始まり。当初は磁気式ではなく、定期券の券面にパンチ穴を開けて情報を読み取らせたり、券の大きさが異なる定期券と切符を同じ機械で処理できなかったりと使い勝手が悪かったが、徐々に改善され、駅の混雑・人手不足の解消、キセル乗車や期限切れ定期券の締め出しに力を発揮するようになった。関東では関西よりやや遅れて、１９７１（昭和46）年2月20日に、東横線の桜木町、学芸大学、祐天寺の３駅に登場したのが初となった。

東横線
〝キセル〟絶対だめ
3駅に自動改札登場

東横線の桜木町、学芸大学、祐天寺の三駅に二十日、自動改札装置がお目見えした。この装置、自動用磁気式の定期券と普通乗車券を投入口に入れると〇・八秒後に進行方向の出口から出て来てバー（桿）が上がり、改札口を通り抜けられるという仕掛け。すでに関西の私鉄三社でこの装置を採用しているが、関東地方では初めて。

この日、桜木町駅では「乗客がまごついては…」と雨宮駅長が改札口に立ってサービスに当たっていたが、事前のPRが徹底したためか、トラブルもなく、早朝からアマカメラマンや見物人までつめかけた、という。

現在、同駅には改札口が六つあって、このうち自動改札装置が取り付けられたのは三つ。将来は全部この装置に切り替えていく方針といわれ、雨宮駅長は「機械の監視は正確で、情状抜きなので、キセル乗りや期限切れ定期の使用は締め出すことが出来、人手不足にも役立つ」と話している。

自動化された改札口。入り口（中央奥）で入れた定期は手前の返還口へ出てくる＝東横線桜木町駅で

1971（昭和46）年2月21日付神奈川新聞記事
「〝キセル〟絶対だめ　3駅に自動改札登場」

※１　東横線には同じようなケースとして、２０１３（平成25）年3月に東京メトロ副都心線との相互乗り入れに伴い地下化された渋谷―代官山間の地上線跡があり、「ログロード代官山」という商業施設になっている。

※２　野毛山公園（第一会場）と反町公園（第二会場）の2会場で開催された。

※３　石崎川の河口付近、現在の市営地下鉄・高島町駅付近。

※４　現在、地名として横浜市西区高島、駅名として市営地下鉄の高島町駅、横浜高速鉄道の新高島駅などがある。

※５　厳密には、新橋―横浜間正式開業（新暦10月14日）前、仮開業中の7月10日（新暦）に川崎駅とともに開設された。

※６　ＳＴＲＵＭ：Shifting Track Right Under Method。東急では、東白楽―横浜間工事の施工前に、この工法による工事のいくつかの実績があった。ＳＴＲＵＭ工法は、工事の難易度は上がるが、仮線方式で懸念される用地確保に伴う予算増・事業遅延リスクを低減できる（都市部では、そもそも仮線用の用地を確保できないケースが多い）。

コラム

みなとみらい線が東横線と直通になった経緯

ここでは、２０２４（令和６）年2月で20周年を迎えた、みなとみらい線開業の背景や、なぜ東急東横線との直通運転が行われることになったのかについて、整理しておくことにする。

みなとみらい線は、東急もしくは横浜市営地下鉄の１路線だと思っている人もいるかもしれない。だが、同線を保有・運行（電車の運転業務は東急電鉄に委託）する横浜高速鉄道は、横浜市、神奈川県、東急などが出資する独立した第三セクターの鉄道会社[※1]である。

みなとみらい線は、１９８０年代から造成が進められた「みなとみらい21」地区へのアクセス確保を主な目的とする路線である。同地区は、かつて三菱重工横浜造船所や国鉄の貨物ヤード（高島貨物駅）などが広がる、一般人は立ち入れないエリアだった。そのため、関内、伊勢佐木町などの旧来の市街地と横浜駅を中心とする新しい繁華街は、長い間、分断された状態にあった。

そこで、１９６５（昭和40）年に提案された横浜市の活性化を目的とする大規模な都市計画「横浜市六大事業」の１つとして、高速鉄道（市営地下鉄）の建設[※2]、港北ニュータウンの造成などと並んで、横浜都心部の強化（現・みなとみらい21地区の開発・造成）が掲げられた。

その後、オイルショックなどの影響から開発計画はしばらく進捗しなかったが、１９８３（昭和58）年3月に三菱重工横浜造船所の本牧・金沢地区への移転が完了した後、同年11月にようやく着工に至った。

みなとみらい21地区の開発がいよいよ具体化し、同地区への輸送需要が見込まれるようになると、１９８５（昭和60）年7月の運輸政策審議会答申第7号に、東神奈川駅からみなとみらい21地区を経由して元町付近（山下町）に至る「みなとみらい21線」が、早期に新設すべき区間として盛り込まれ、同時に元町から本牧経由、根岸線の根岸駅までが、今後、建設を検討すべき区間とされた。

　ここで注目すべきは、路線の起点が東神奈川駅になっている点だ。当初、みなとみらい線は国鉄（現・JR）横浜線との直通を念頭に計画されたのである。だが、当時は1987（昭和62）年の国鉄民営化を直後に控え、財政面に課題を抱えた国鉄はそれどころではない状況に置かれていた。

　そこで浮上したのが、東急東横線との直通運転だった。しかし、横浜駅には京急、相鉄という他の大手私鉄も乗り入れているが、なぜ東急になったのか。それにはいくつかの理由が挙げられるが、まず鉄道輸送面に着目すると、横浜―桜木町間の輸送密度の低さと、東横線横浜駅（地上2階にプラットホームがあった）の拡張性の低さがあった。

　当時、渋谷方面から電車に乗り、横浜駅に到着するとほとんどの乗客が降りてしまい、横浜―桜木町間は、乗客もまばらだった。また、構内にカーブもある横浜駅プラットホームは上下線とも手狭で、しかも造作物の一部が国鉄線路上にはみ出しているような状況にあり、乗降客がさらに増えた場合の拡張の余地は、ほぼゼロだった。

　さらに東急グループ全体で見れば、新たな商圏に自社ブランドで進出する足がかりになるというメリットがあった。東急はみなとみらい21地区に社有地がなかったため、当初はこのエリアをあまり重視していなかったようである。だが、みなとみらい線への乗り入れが横浜市から打診されたのを契機に、積極姿勢に転換した。

『東急100年史』には、当時の五島昇社長の次の言葉が記されている。

「（みなとみらい21事業は）東急グループの事業エリアのまん中で展開される事業であり、保有地がないからと座視していては、横浜駅西口を〝失った〟と同様なキズあとを、後世に残すことになる。しかも、都市開発事業には東急グループは実績もあり、これから大きな柱にしていこうとしている部門だ。この際、東急グルー

上：営業最終日となった2004（平成16）年1月30日、東横線高島町駅。記念に切符を買う人などで大行列ができた
中：多くのファンに見送られて桜木町駅を出発する最終電車
下:営業終了し、桜木町駅のシャッターが閉まる
（撮影：神奈川新聞社）

プ版〝みなとみらい21〟プランを作成して、積極的に売り込むぐらいのことをやってみてはどうか」

その後、東急グループは住友グループと連携して、みなとみらい駅に直結する24街区を対象とする「クイーンズスクエア横浜」（4・4ha）開発プロジェクトに参画している。

このようにみなとみらい線との直通運転により、東急は得たものが多いように思われるが、一方で横浜駅がそれまでの地上駅から、かなりの深さの地下駅（ホーム上面までが22m、ホーム等の構造物下部までが25m）となり、横浜駅利用者の目線で見るならば不便になったと言わざるを得ない面もある。

※1　横浜高速鉄道はみなとみらい線以外に、こどもの国線を保有している。こどもの国線は上下分離式で、第三種鉄道事業者としての横浜高速鉄道が線路等の施設を保有し、東急電鉄が第二種鉄道事業者として旅客運送事業を行っている。

※2　現在のみなとみらい線の路線構想は、横浜市六大事業に含まれていた市営地下鉄の建設計画に端を発する。当初計画では、市営地下鉄3号線は本牧―関内駅―桜木町駅―横浜駅―新横浜駅―勝田（港北ニュータウン）間を結ぶものとされた。後に、みなとみらい線計画と重複することになった区間は、調整の結果、建設を断念した。

〈主要参考文献〉

・「東京急行電鉄50年史」（東京急行電鉄＝現・東急　1973年）
・「東急100年史」（東急　2023年）

第11章

横浜臨港貨物線

横浜港の発展とともに支線拡張
埠頭《ふとう》や工場つないだ物流の「血管」

国際貿易港・横浜港の発展、京浜工業地帯の拡大とともに、専用線まで含めれば数えきれないほどの貨物線が臨港エリアに敷設され、埠頭《ふとう》や工場をつないだ。人体に例えるならば、物流の血管の役割を果たしたのである。こうした臨港貨物線の多くは、今も現役貨物線として活躍している高島線（鶴見―東高島―桜木町間）の支線として敷設された。高島線沿線を歩きながら、かつて隆盛を極めた貨物線の痕跡を辿ってみよう。

1970（昭和45）年10月、横浜の臨港貨物線（現・汽車道）を力走する「さよなら蒸気機関車号」（撮影：神奈川新聞社）

◉神奈川の発展支えてきた「150年」の歴史

新橋―横浜間の鉄道開業から150年を迎えた2022（令和4）年は、各地でさまざまなキャンペーンが行われるなど大いに盛り上がった。この「鉄道開業150年」というのは、旅客列車の運行が開始されてから150年の意味である。

では、貨物列車の始まりはいつかといえば、旅客列車よりも約1年遅れて1873（明治6）年9月15日に、同じく新橋―横浜間で運行が開始された。2023（令和5）年は「貨物鉄道輸送150年」の記念すべき年だった。

鉄道による貨物輸送は、神奈川県の産業・貿易の発展に大きく貢献してきた。国際貿易港・横浜港の発展、京浜工業地帯の拡大とともに、専用線まで含めれば数えきれないほどの貨物線が臨港エリアに敷設され、埠頭《ふとう》や工場をつないだ。人体に例えるならば、物流の血管の役割を果たしたのである。

こうした臨港貨物線の多くは、今も現役貨物線として活躍している高島線（鶴見―東高島―桜木町間を結ぶ貨物線の通称）の支線として敷設された。従って、本章では高島線沿線を歩きながら、かつて臨港エリアに網の目のように張り巡らされていた貨物支線群（通称・横浜臨港貨物線）の廃線跡を探索してみようと思う。しかしながら、貨物線は市販の路線図には掲載されていないため、多くの読者は、どのような経路を走っているのかご存知ないと思う。そこで、まずは高島線とはどのような路線なのか、簡単に説明する。

高島線は東海道線の貨物支線の1つで、鶴見駅を起点に東海道線（旅客線）よりも海側のルートを走り、貨物専用の東高島駅（神奈川区星野町）を経由して、桜木町駅までの約11・2kmを結んでいる。鶴見駅では東海

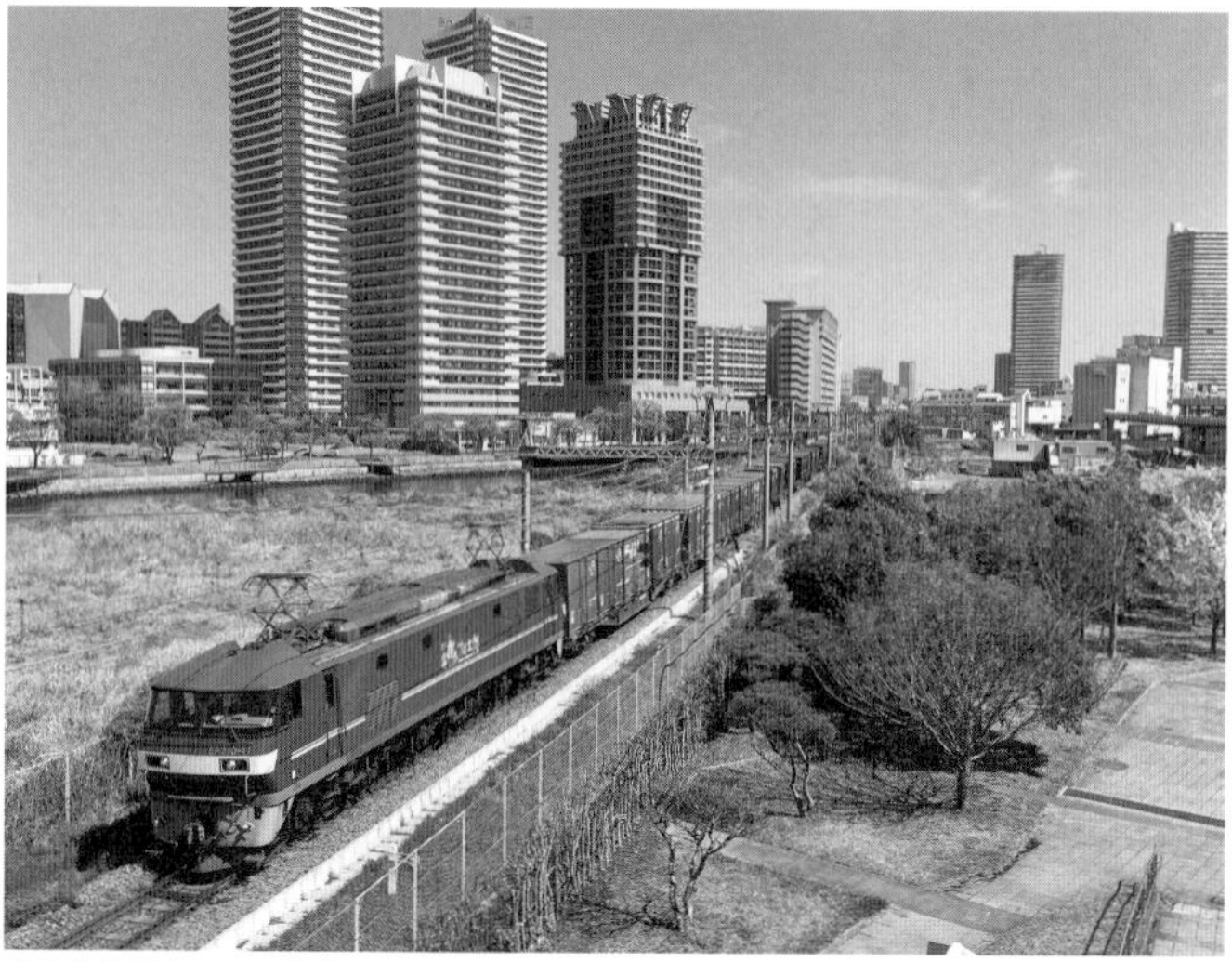

高島線を行く、1日1往復のコンテナ列車

高島線を行く、根岸線根岸駅発着の石油タンク貨車

道貨物線および武蔵野南線（鶴見―府中本町間の貨物線の通称）と、桜木町駅では根岸線と接続しており、高島線経由の貨物列車が行き来している。根岸線の関内駅や桜木町駅ホームで電車を待っていると、時折、貨物列車が通過していくが、あの貨物列車は高島線へ乗り入れているのだ。

高島線の現在の輸送内容は根岸線・根岸駅発着の石油タンク車がメインで、平日を中心に1日10往復ほどが運行されている。行き先を見ると、「竜王」「八王子」「坂城《さかき》」「倉賀野」「宇都宮貨物ターミナル」など、北関東および山梨県、長野県の地名が並んでおり、内陸部での石油製品の安定供給を担っている。また、貨物専用の神奈川臨海鉄道（※1）本牧線（根岸―横浜本牧―本牧埠頭間）から根岸線経由で乗り入れているコンテナ列車（東京貨物ターミナル行き）が、休日を除いて1日1往復している。

営業キロ日本一の鉄道事業者

営業キロが日本一長い鉄道事業者はＪＲ貨物である。同社サイトによると、２０２４（令和６）年４月１日現在の営業キロは７８０５・５㎞だという。これは東京からオーストラリアのシドニーまでの距離（約７８１０㎞）に匹敵する。ただし、ＪＲ貨物は原則として他の鉄道事業者から線路を借用して列車を運行する第二種鉄道事業者であり、線路を保有して列車を運行する第一種鉄道事業者としての区間は、わずか29・１㎞に過ぎない。ちなみに第一種鉄道事業者として営業キロが最長の鉄道事業者は、ＪＲ東日本の７４１８・７㎞（ＢＲＴ＝バス高速輸送システム＝区間を含む）。逆に最短の事業者は、鋼索線や貨物専用線を除く第一種鉄道事業者に限れば、千葉県の芝山鉄道で、東成田駅（旧・成田空港駅）から芝山千代田駅までの２・２㎞しかない。

◉物流の担い手、次々に拡張された路線網

この高島線は、東海道線の貨物支線の中で最も古い歴史を持つ。以下、高島線とその支線（横浜臨港貨物線）の歴史を概説する。

明治の終わり頃、貿易の伸展に伴い横浜港の拡張が必要とされ[※2]、現在も横浜赤レンガ倉庫やハンマーヘッドクレーンなどの歴史的構造物が残る新港《しんこう》ふ頭の造成が行われた。この新港ふ頭に敷設された通称・税関線が、横浜臨港貨物線の始まりである。税関線は現在の桜木町駅に隣接して存在した貨物専用の東横浜駅と新港ふ頭内の横浜港《みなと》駅間を結んだ。

また、税関線の敷設とほぼ同時期に、東神奈川駅と海神奈川駅（横浜市神奈川区千若《ちわか》町）を結ぶ貨物線が横

横浜臨港貨物線路線図

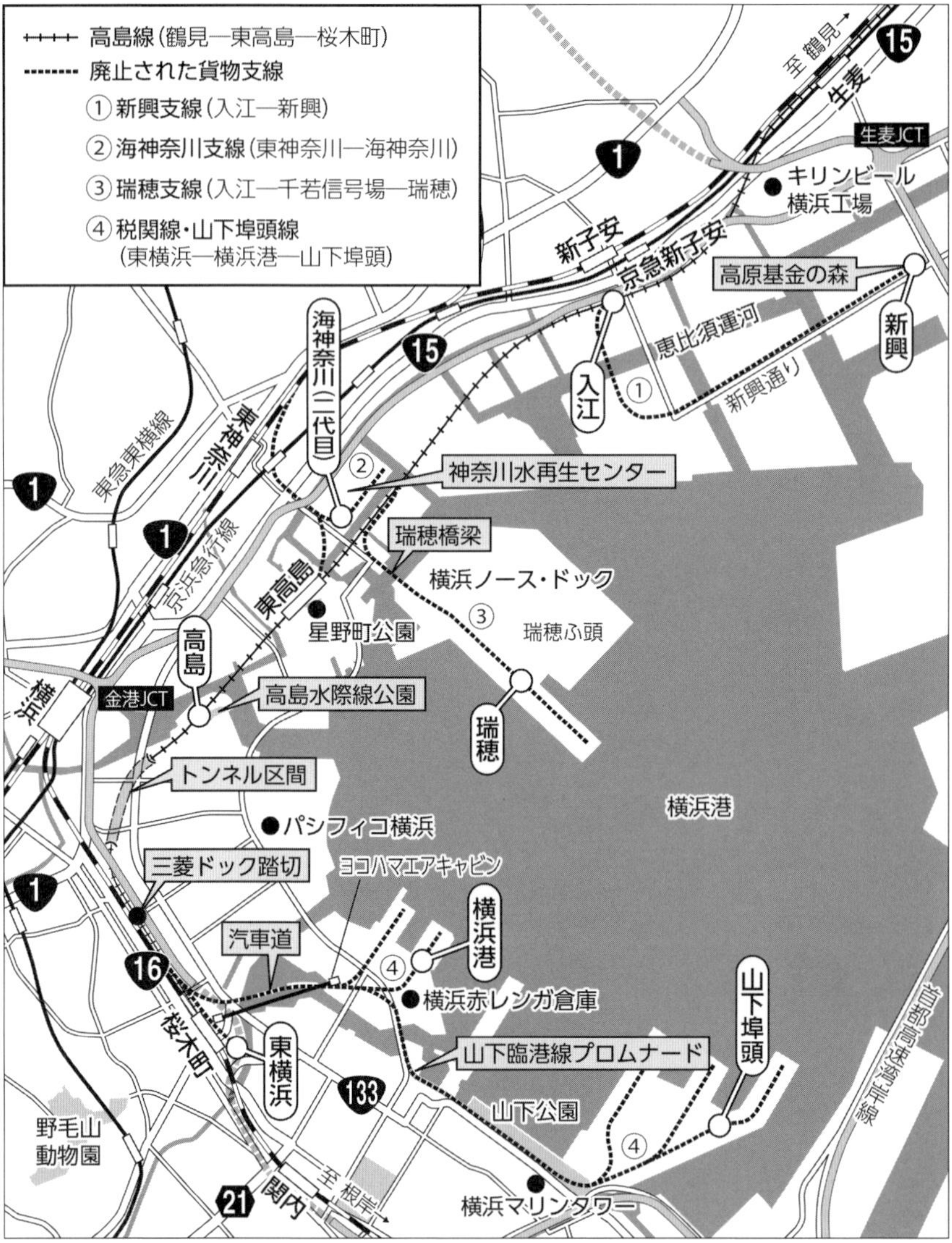

・地形および他の鉄道、道路等は現在のもの
・表高島、中央市場等の貨物支線は省略
・市営地下鉄、みなとみらい線は省略

■明治末～大正期にかけての横浜の貨物関連設備の拡充過程

1911（明治44）年	9月	横浜港荷扱所（後の横浜港駅）開設。初代横浜駅（現・桜木町駅）と横浜港荷扱所間を結ぶ通称・税関線が開通
1912（大正元）年	時期不明	税関線の線路を本土側の横浜税関構内まで延長
1913（大正2）年	6月	新港ふ頭内に貨車入換スペースがなかったため、表高島の地に高島荷扱所（後の高島駅）開設
1915（大正4）年	8月	横浜駅が高島町に移転（二代目横浜駅）
	12月	旧・横浜駅を旅客用の桜木町駅と貨物用の東横浜駅に分離
		高島荷扱所が高島駅として開業し、高島―程ヶ谷間を結ぶ貨物線が開通。初代横浜駅構内にあった横浜機関庫が高島駅に移転して高島機関庫となる
1917（大正6）年	6月	鶴見―高島間の貨物線（現・高島線の主要部）が開通。これにより1915（大正4）年に開通していた高島―程ヶ谷間と合わせて東海道線の鶴見駅―程ヶ谷駅間の貨客分離が実現（旅客列車は横浜駅経由、貨物列車は高島駅経由）
1920（大正9）年	7月	横浜港荷扱所が横浜港駅として開業。以後、東京―横浜港間で海外渡航者向けの旅客列車「ボート・トレイン」が運転されるようになる
1923（大正12）年以降		関東大震災からの復興期に、激増する貨物量に対応するため貨物線についても抜本的な再編が進められる

浜鉄道[※3]（現・ＪＲ横浜線）によって敷設された。当時の我が国の主な輸出品であった生糸を八王子方面から輸送し、さらに港まで運ぶのが目的だった。

大正に入ると、横浜駅の移転と横浜市街地の鉄道路線・駅の再編が進められた。その経緯はとても複雑なので詳細は省くが、貨物線に関して簡単に整理すると、１９１７（大正６）年６月までに鶴見駅から高島駅（貨物駅）を経由し、程ヶ谷駅（現・保土ケ谷駅）までを結ぶ貨物線（高島線の主要部）が完成。これにより鶴見―程ヶ谷間で東海道線の貨客分離が実現し、高

1965（昭和40）年に開業した山下臨港線（撮影：神奈川新聞社）

島線は東海道線の貨物バイパス線という役割を担うことになった。

しかし、関東大震災からの復興期における貨物線の再編の過程で、品川―鶴見間の品鶴《ひんかく》貨物線（現・横須賀線、湘南新宿ラインルート）および新鶴見操車場が整備されるのと同時に、鶴見―程ヶ谷間に旅客線と並行して新たな貨物線が建設されると、不要となった高島―程ヶ谷間が１９２９（昭和４）年９月に廃止され、高島線は行き止まりの貨物線（鶴見―高島―東横浜―横浜港間）になった。

その後、昭和の戦前期には横浜港の埠頭整備がさらに進む中、新興駅（鶴見区大黒町）、表高島駅（西区高島）、横浜市場駅（神奈川区山内町）、瑞穂駅（神奈川区瑞穂町）への支線が相次いで建設され[※4]、そこからさらに数多くの専用線が枝分かれし、毛細血管のような貨物支線群が形成された。

戦後も路線の拡張は続く。１９６４（昭和39）年５月に根岸線が開業すると高島駅―桜木町駅間を開業（高島―東横浜間を単線化し、そのレールを転用）し、根岸線に接続。根岸湾埋め立てにより造成された工業地帯の貨物輸送の一翼を担った。[※5] また、山下ふ頭開業後の1965（昭和40）年7月には、通称・山下臨港線（または山下埠頭線）が、山下埠頭駅まで延伸された。

だが、その後のモータリゼーションの進展などにより鉄道貨物の衰退が進むと、こうした支線群は次々と廃止され、鶴見─桜木町間の現在の高島線区間のみが残ったのである。

なお、大正から昭和初期に造成された鶴見・川崎臨海部の埋め立て地における貨物輸送は、以上で見たような国有の貨物線ではなく、私鉄の鶴見臨港鉄道によって行われた（第4章参照）。

横浜地区の貨物輸送改善

1873（明治6）年に最初の貨物列車が走った5年後の1878（明治11）年度には約10万トンに過ぎなかった鉄道貨物輸送量は、1888（明治21）年度には約60万トン、1898（明治31）年度には約992万トン、そして1908（明治41）年度には約2546万トンにまで飛躍的に増加した（「本邦鉄道の社会及経済に及ぼせる影響」鉄道院資料。数字は官営・私鉄の合計）。これに伴い、東京─横浜間の貨物輸送量も当然のことながら激増した。

ところが、この間、線路・駅・貨車等の設備はさしたる増強がなされず、1897（明治30）年頃になると、横浜駅（現・桜木町駅）では次のようなひどい貨物滞留が発生していたという。「横浜停車場の滞貨量は、二〇〇〇トンないし三〇〇〇トンであり、その内容は外国輸入品たる洋綿糸・織物・鉄物・器械・肥料・麻・南京米・砂糖・石油・雑貨などといった商品であって（中略）横浜駅構内に数日滞留するのは通例のことで、ひどい時は数週間、山積または雨ざらしになる場合もあったといわれている」（『横浜市史第四巻　上』）。税関線の敷設は、こうした状況の改善に向けた、横浜港周辺の貨物設備の本格的拡充の第一歩だった。

◉今も残るレールや鉄道橋などの遺構

それでは、実際に高島線の沿線を歩きながら、かつて存在した支線群がどのようなものだったのかを見ていこう。

高島線は鶴見駅が起点だが、東海道本線と分岐するのは京浜急行電鉄の生麦駅のやや横浜寄りなので、生麦駅から歩き始める。国道15号線を横浜方面に少し歩くと、左手にキリンビールの工場の看板が見えてくる。元々は山手にあった工場が、関東大震災後、ここに移転してきたのだ（第5章参照）。

この付近で、頭上を高島線の高架が、さらにその上を首都高速の高架が通過する面白い景色が見られる。高島線の高架橋の桁を支える擁壁はレンガ造りで、支柱も年季が入っている。かなり古い構造物であるのは一目瞭然だ。なお、横浜市電生麦線の終点、生麦停留場は、この高架の手前（京急電鉄の生麦駅寄り）にあった。[※6]

その先、新子安駅付近で頭上を通過する神奈川産業道路（市道子安守屋町線）を南へと歩を進め、恵比須運河に架かる恵比須橋から西に目を向けると、運河を渡る新興支線（2010年に廃止）の線路が見て取れる。新興支線は入江駅（廃駅・現在は京急バス新子安営業所）で高島線の本線と分岐した後、大きなU字を横倒ししたような経路を描きながら新興駅に至っていた。

現在、新興支線の廃線跡の一部は緑道になっており、レール・鉄道橋など、鉄道が走っていた痕跡がわずかながら残っている場所もある。また、

国道上を高島線と首都高速が通過。左奥にキリンビール工場

新興駅跡地は公園（高原基金の森）として整備されており、駅の廃止後、だいぶ時間が経っているにもかかわらず、駅跡付近の交差点名は「新興駅」、バス停名は「新興駅前」と名残を留めている。

次の目的地は旅客列車の駅でいうと東神奈川駅（京急線は京急東神奈川駅）が最寄りだ。東神奈川までは電車で移動してもいいが、歩いてみるのも面白い。路地を行くと、時折、家々の間から小さな運河を渡りながら、ゆっくりと走り行く高島線の列車の姿が垣間見られる。また、渡った先が工場専用地になっているため行き止まりの小さな踏切が存在するなど、いかにも臨海エリアらしい景色が広がっている。

交差点名は今も「新興駅」のまま、かつての名残を留めている

東神奈川駅前から南東に向かって延びる道路の先には、戦後、米軍の接収を受

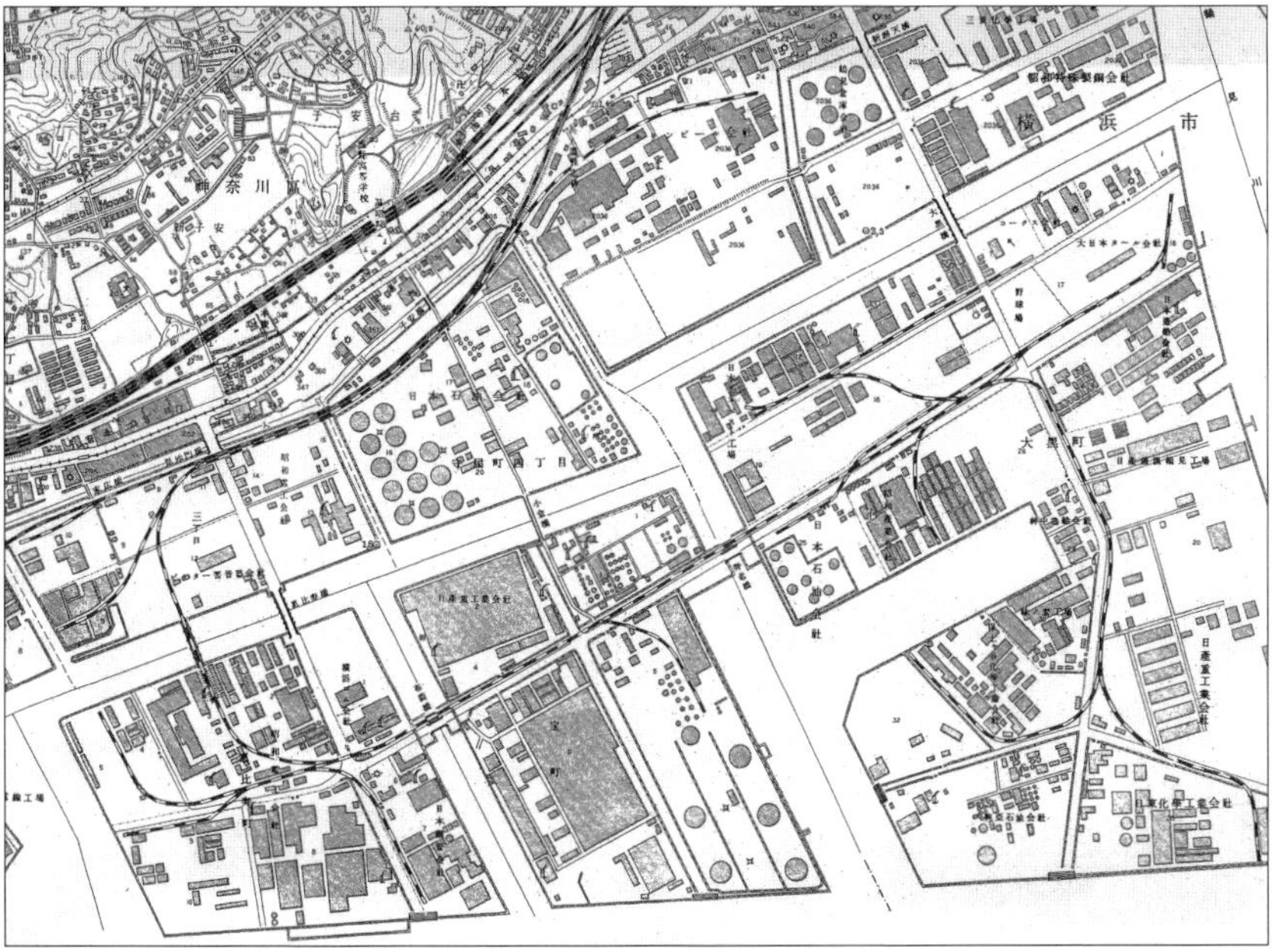
1954（昭和29）年発行の生麦エリアの地形図。中央上で東海道本線から高島線が分岐し、さらに入江駅で新興線が分岐。新興線から多くの専用線が分岐している（出典：国土地理院地形図）

け、現在も「横浜ノース・ドック」として米軍が使用している瑞穂ふ頭がある。埠頭に向かう途中、左手に神奈川水再生センターという下水処理施設があるが、ここが横浜鉄道によって建設された海神奈川支線（東神奈川―海神奈川間、1959年に廃止）の終点・海神奈川駅の跡地だ。ちなみに海神奈川駅は昭和初期に場所を移転した経緯があり、神奈川水再生センターは二代目駅の跡。初代の駅は、もっと海岸側にあった。

◉日本初の溶接鉄道橋「瑞穂橋梁」、解体の危惧も

神奈川水再生センターの先の千鳥橋踏切で現在の高島線の線路を渡ると、左後方から別の線路が迫ってくる。これがかつての瑞穂支線（1958年に廃止）だ。また、正面に目を向けると、瑞穂ふ頭へと続く瑞穂橋（道路橋）の大きなアーチ構造が見える。この瑞穂橋に並行して架かっている赤錆びた橋が、日本初の溶接

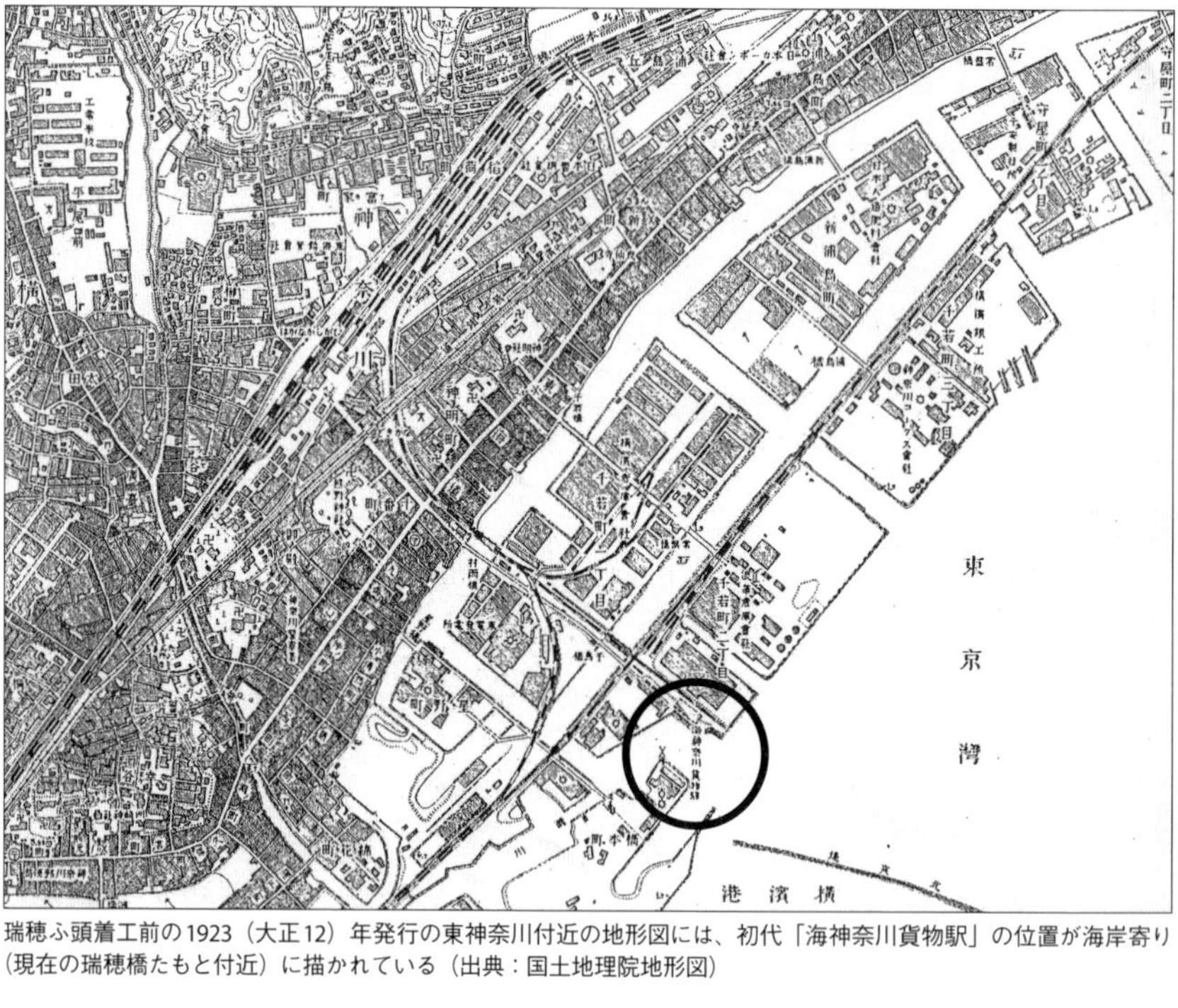

瑞穂ふ頭着工前の1923（大正12）年発行の東神奈川付近の地形図には、初代「海神奈川貨物駅」の位置が海岸寄り（現在の瑞穂橋たもと付近）に描かれている（出典：国土地理院地形図）

鉄道橋として知られ、「かながわの橋１００選」にも選ばれている瑞穂橋梁だ。橋を渡った先は米軍施設なので、立ち入ることができない。

実は、この瑞穂橋梁および付近の鉄道側線敷地（瑞穂支線廃線跡）は、２０２１（令和３）年３月末をもって日本へ返還された。返還時の窓口となった防衛省南関東防衛局に問い合わせたところ、瑞穂橋梁は現在、財務省管理になっているという。また、同時に返還された鉄道側線敷地のうち陸側（約１２００㎡）はＪＲ貨物が地権者、埠頭側（約２００㎡）は国有地になっている。

瑞穂橋梁は貴重な鉄道遺産だ。現況、レールも残されている（2023年3月取材時）

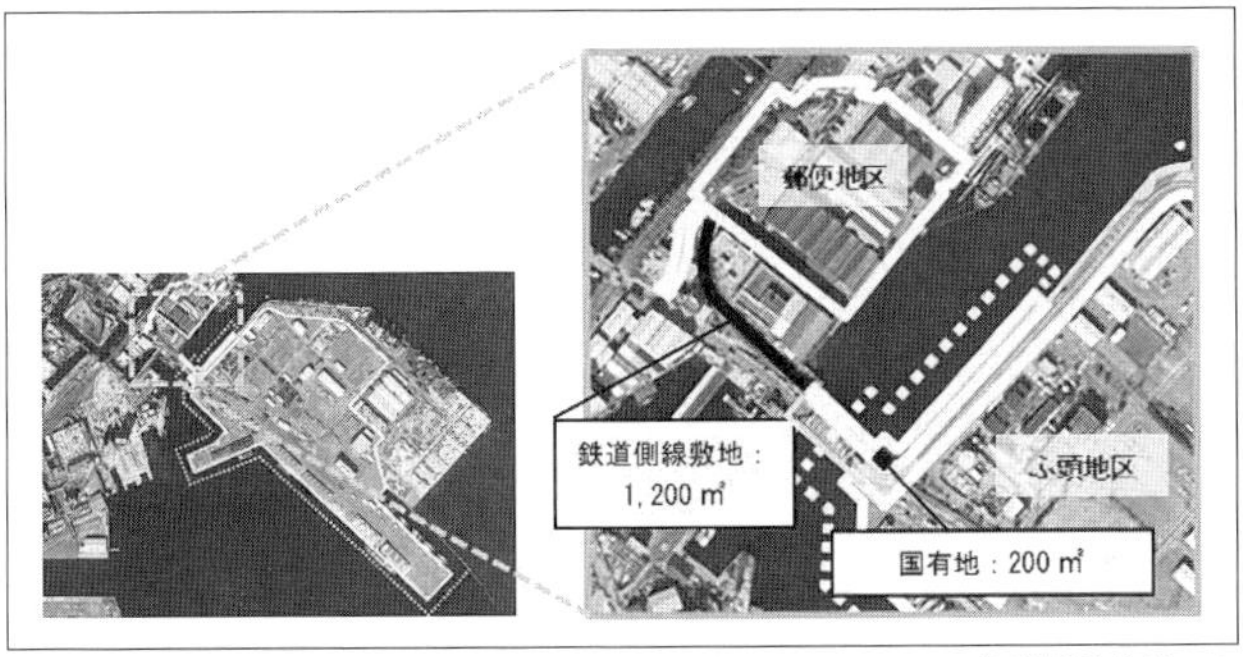

2021（令和3）年3月31日付横浜市記者発表資料より。返還された鉄道側線敷地および国有地の位置を図示

つまり、瑞穂橋梁の橋脚は、陸側は民有地（ＪＲ貨物用地）、埠頭側は国有地上にあり、「民有地に関しては構造物を撤去し、原状復帰させるのが原則」（横浜市政策局基地対策課）であるため、今後、瑞穂橋梁は解体される可能性がある。保存には国、横浜市、ＪＲ貨物の一体協議が必要となろうが、貴重な鉄道遺産をなんとか保存できないものだろうか。

さて、瑞穂橋梁の西側の運河を渡った先には、現在の高島線の唯一の中間駅である東高島駅があるが、貨物駅なので立ち入ることはできない。

東高島駅から南西の帷子《かたびら》川を渡った先には高島水際線《すいさいせん》公園がある。付近一帯は1995（平成7）年2月に廃止された貨物駅・高島駅の跡地だ。公園内に設置されている高島線の線路を跨《また》ぐ歩行者用の跨線《こせん》橋は、直線区間を走る貨物列車の撮影スポットとして知られている。橋上で後ろを振り返ると、公園の先でトンネル区間に入る貨物列車が、みなとみらいのビル群の中へ消え行くのが印象的だ。

高島線の線路が再び地上に現れるのは、市営地下鉄の高島町駅付近。その先、桜木町駅とのちょうど中間地点、桜木町六丁目交差点付近には前章で紹介した「三菱ドック踏切」がある。踏切を過ぎると高島線は高架に上がり、根岸線と合流。根岸駅まで乗り入れている。

高島水際線公園跨線橋上より。トンネル区間に入る貨物列車が、みなとみらいのビル群の中へ消え行く

◉鉄道による貨物輸送に復活の兆しも

桜木町駅から先へも足を運んでみよう。桜木町駅の海側の駅前広場が、かつて存在した東横浜貨物駅跡であることも、前章で紹介した。

東横浜駅から新港ふ頭へ向かう税関線（1987年に廃止）の廃線跡は、現在「汽車道」として整備されており、運河を渡って多くの人々が行き来している。ここに架かる3つの橋のうち、桜木町駅側の港一号橋梁と港二号橋梁は、税関線開通時に鉄道院によって架橋されたアメリカン・ブリッジ社製のトラス橋。残る港三号橋梁は、税関線廃止後、汽車道の整備時（1997年開通）に、旧・大岡橋梁の一部を転用したものである。[※7]

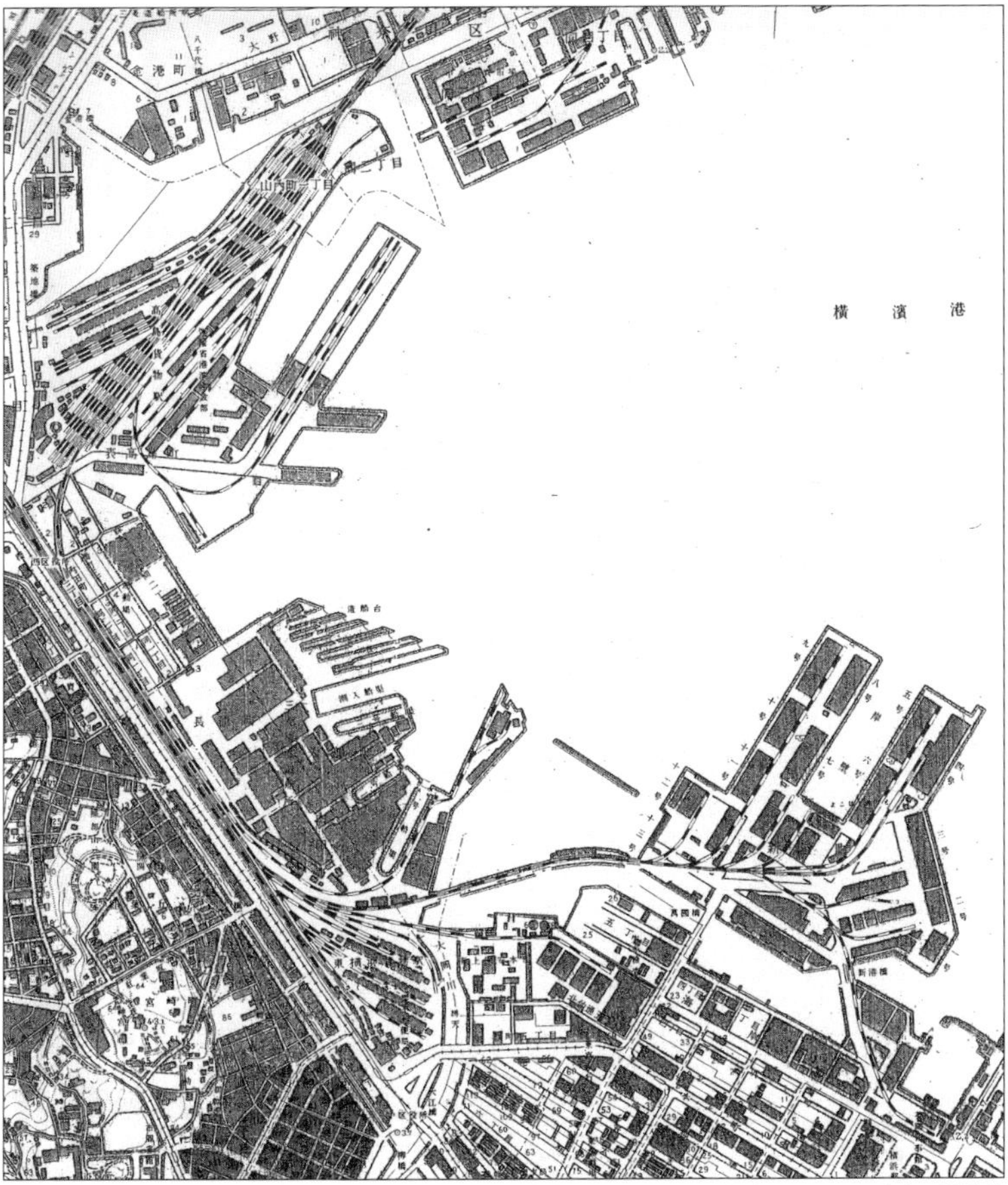

1954（昭和29）年発行の横浜港エリア地形図。左上が高島貨物駅、右下が新港ふ頭。この時点で臨港線（税関線）は大さん橋手前まで延びている（出典：国土地理院地形図）

橋を渡った先の新港ふ頭の赤レンガパーク内には、戦前および戦後の一時期、海外渡航者向けの旅客列車「ボート・トレイン」[※8]（東京―横浜港間）が発着した旧・横浜港駅のプラットホームが復元・保存されている。高島線は1970（昭和45）年9月に電化されたが、蒸気機関車の運用終了を記念して同年10月、東京駅と横浜港駅の間で「さよなら蒸気機関車号」が運転された。これはボート・トレインを再現したものであった。

　さて、税関線の線路は、横浜赤レンガ倉庫の脇から再び運河を渡り、本土側の横浜税関構内へと続いていた。[※9] そして、１９６５（昭和40）年７月には、山下臨港線（横浜港―山下埠頭間）が開通し、山下ふ頭まで線路が延びた。だが、山下臨海線開通当時、すでに鉄道による貨物輸送はピークを迎えつつあり（その後、斜陽化）、また、本牧ふ頭などの開業によって山下ふ頭の相対的重要度が落ちたことから、山下臨港線は開通からわずか21年後の１９８６（昭和61）年11月に廃止された。

　現在、その廃線跡の高架構造を活用し、遊歩道「山下臨港線プロムナード」が整備されているが、山下公園内の高架は２０００（平成12）年までに撤去されたため、高架は公園手前で途切れている。山下臨港線の痕跡

1957（昭和32）年8月28日、氷川丸の出航に合わせ、戦後、初の運行となるボート・トレインが横浜港駅に乗り入れた（撮影：神奈川新聞社）

1970（昭和45）年10月、高島線の蒸気機関車通常運用が終了したのを記念し、東京─横浜港間でボート・トレインを再現した「さよなら蒸気機関車号」が運転された（横浜港駅　撮影：神奈川新聞社）

がどこかに残っていないか探してみると、山下公園の東側、埠頭入口部分の道路を横切るように、レールがわずかに残っていた。

　最後に、少し離れているが本牧市民公園（横浜市中区本牧三之谷）へも足を運んでみる。公園の一角に蒸気機関車Ｄ51《デゴイチ》形５１６号車が保存されており、その説明板には「５１６号車は、昭和16（１９４１）年、当時の鉄道省大宮工場で製造され大宮機関区に配置されました。東北本線などで活躍し、その後昭和44（１９６９）年、新鶴見機関区に配置され、昭和45（１９７０）年11月28日に廃車となりました」とある。

　この説明文だけだと分からないが、この５１６号車も高島線と関係がある。横浜の鉄道・市電研究で知られる故・長谷川弘和さんのレポート「横浜港の貨物線ものがたり」（「鉄道ピクトリアル」１９９７年３月掲載）によれば、５１６号車は「臨港貨物線で活躍していた」という。おそらく、新鶴見機関区配置後、高島線が電化され、蒸気機関車の運用が廃止されるまで貨物列車を引いていたのであろう。高島線は首都圏で最後まで蒸気機関車が運転されていた路線だが、その電化により活躍の場を失い、11月に廃車になったものと推測される。なお、５１６号車の脇には、横浜機関区（※10）で実際に使われていた転車台《ターンテーブル》も保存されている。

本牧市民公園に保存されているD51形516号車

　さて、ここまで横浜の貨物線廃線跡を見てきた。国鉄の貨物輸送は１９７０（昭和45）年頃をピークに、その後は斜陽化した。だが、近年、鉄道による貨物輸送復活の兆しが見られる。二酸化炭素（CO_2）排出削減の世界的潮流であるカーボンニュートラルの動きから、モーダルシフト（環境負荷の小さな輸送手段への転換。鉄道のCO_2排出量は、営業用トラックの約11分の1、船舶と比べてもおよそ半分とされる）の機運が高まっているのだ。また、トラックドライバーの担い手不足、トラックドライバーの時間外労働時間の上限を年間960時間に規制する「物流の2024年問題」などの観点からも、鉄道による貨物輸送が見直されつつある。

ただし、こうした動きを手放しでは喜べない事情もある。激甚化している自然災害により、貨物列車の主要線区が長期間、不通になる問題などへの対応が迫られており、トラック・船舶等による代替輸送をいかにスムーズに行えるかが課題となっている。結局のところ、陸海空の各輸送モードが互いの弱点を補い合うことで共存していく「モーダルコンビネーション」の考え方を推し進めていく以外に、問題を克服する道はない。

ボードウォークの下からレールが出現？

2024（令和6）年のゴールデンウィーク。歩き慣れた汽車道を訪れると、なんだかいつもと様子が違う。一部区間のウッドデッキの木材が、改修工事のために取り外されているのだ。市によると、これまでも補修は行ってきたが、これほどの大規模な工事ははじめてだという。普段はレールの頭部しか見ることができないが、枕木も含めた線路を直に見ることができる貴重な機会となった。この線路上を幾多の貨物列車やボート・トレインが行き交ったのだと思うと、実に感慨深い。

2024（令和6）年のゴールデンウィーク中、普段はウッドデッキの下に隠れている枕木もお目見えした

※1　1964（昭和39）年3月、塩浜操駅（現・川崎貨物駅）の開業と同時に営業開始した第三セクターの貨物鉄道会社（JR貨物グループ）。川崎臨海部と横浜の本牧ふ頭における貨物輸送を担っている。本章コラム参照。

※2　それまで簡易な波止場しかなかった横浜港に、1896（明治29）年5月、初の本格的な埠頭である鉄桟橋（現・大さん橋の前身）が完成した。しかし、その後も横浜港の貨物取扱量の増加は目覚ましく、新港ふ頭の構築へとつながっていった。

※3　横浜鉄道は1917（大正6）年10月に国有化され、横浜線となった。

※4　新興駅は1934（昭和9）年3月に開業。表高島駅は同年6月に開業。横浜市場駅は同年6月に山内町駅として開業後、1944（昭和19）年12月に横浜市場駅に改称。瑞穂駅（神奈川区瑞穂町）は1935（昭和10）年7月に開業。

※5　根岸線は、本来は根岸湾埋め立てにより造成された臨海工業地帯の貨物輸送を主目的として建設されたが、実際には通勤輸送が主になった。

※6　市電の生麦車庫・営業所の跡地は、現在、市営バスの鶴見営業所（市営生麦住宅が併設）になっている。

※7　この橋梁は元々、北海道炭礦《たんこう》鉄道夕張線（後の石勝線夕張支線）の夕張橋梁（1906年竣工）として製作された。この夕張橋梁が1928（昭和3）年、横浜の旧・生糸検査所引込線用に架設された大岡橋梁（現・北仲橋の位置）に転用された。大岡橋梁は3連のトラス橋で、うち2連は総武鉄道江戸川橋梁、残りの1連（東横浜駅寄り）が夕張橋梁からの転用だった。1994（平成6）年、みなとみらい21計画の新道建設に伴い大岡橋梁は撤去され、夕張橋梁に由来する1連が港三号橋梁に再転用された。なお、架け替え前、港三号橋梁の位置には「川崎造船所製の30フィートのプレート・ガーター橋」（「横浜港の貨物線ものがたり」）が架かっていた。

※8　「ポート・トレイン」とも。日本郵船のシアトル航路、東洋汽船のサンフランシスコ航路の出航日に限り、不定期で運転された（後に東洋汽船は日本郵船に客船事業を譲渡。サンフランシスコ航路も日本郵船が運航）。戦中は途絶えたが、戦後は「氷川丸」（横浜―シアトル間）の出航に接続する列車として1957（昭和32）年8月に復活し、1960（昭和35）年8月まで存続した。

※9　ここに架かっている新港橋梁は、イギリスのトラス橋を模した日本製（大蔵省設計部による設計。1912年竣工）である。

※10　1915（大正4）年12月、高島駅開業に伴い、初代横浜駅構内にあった横浜機関庫を高島駅に移転して高島機関庫と改称。「11線収容の扇形」（「横浜臨港線の軌跡」長谷川弘和著）の車庫だった。1936（昭和11）年9月、鉄道省の職制改正により、それまでの機関庫を機関区に改称（高島機関区）。さらに1947（昭和22）年10月、鉄道開通75年の記念日に高島機関区を横浜機関区に改称。

コラム

石灰石輸送で活躍した神奈川臨海鉄道水江線

第11章本編で見たように、神奈川の貨物線の多くは明治末から昭和の戦前期にかけて建設されたが、戦後になってから新たに開業した貨物鉄道会社もある。１９６３（昭和38）年6月に設立された、川崎市臨海部および横浜市本牧エリアの貨物輸送を担う神奈川臨海鉄道だ。同社の開業には、次のような経緯がある。

戦後の川崎市臨海工業地帯における貨物輸送は、川崎市電および京急大師線の線路を3線軌条化し、国鉄の貨物列車が浜川崎駅から乗り入れることで対応していた（第6章参照）。しかし、水江町・千鳥町に続いて浮島町の造成が完了すれば、そのような変則的な輸送方法では貨物輸送量の増加に対応しきれなくなるのは目に見えていた。また、浜川崎駅の貨物処理能力も限界を超えていた。

こうした背景から１９６４（昭和39）年3月、新たに塩浜操駅（現・川崎貨物駅）が開業。浜川崎駅と塩浜操駅の間を国鉄の貨物連絡線でつなぎ、さらに塩浜操駅と水江・千鳥・浮島の3地区との間を第三セクター方式で新たに設立した神奈川臨海鉄道(※)の貨物線（水江線・千鳥線・浮島線）で結ぶ輸送体系が構築されたのである。

開業からまもなくして、同社は横浜へも進出する。横浜港では戦後、海外貿易の増大に伴い新たな埠頭の建設が進められ、１９６３（昭和38）年に山下ふ頭、１９７０（昭和45）年には本牧ふ頭が完成した。このうちの山下ふ頭の貨物輸送を担うために、横浜港駅から山下埠頭駅まで延伸・開業したのが国鉄の山下臨港線（または山下埠頭線。１９６５年7月開業）だった。神奈川臨海鉄道は、国鉄からこの山下埠頭駅の業務運営を受託するなどし、横浜進出の足がかりとする。そして、１９６９（昭和44）年10月には自社線として本牧線（根岸駅―横浜本牧駅―本牧埠頭駅間）を開業し、横浜への本格進出を果たした。

その後、同社は鉄鋼生産の副原料である石灰石や輸出用自動車の輸送が盛んだった１９８０年代初頭に年間輸送量のピーク（４００万トン）を迎えるが、まもなく、国鉄末期のいわゆる「国鉄改革」に伴う輸送体系の再編に直面する。それまで国鉄の貨物輸送は操車場（ヤード）で貨車を組成し直しながら目的地へと運ぶヤード系輸送方式だったが、貨物輸送合理化（台頭するトラック輸送への対応）の一環として、拠点間直行輸送を主とする輸送体系への見直しが行われた結果、国鉄貨物の輸送量が減少。その影響で神奈川臨海鉄道の輸送量も減少し、対策として経営合理化や、情報システム事業への進出など事業の多角化が進められた。

神奈川臨海鉄道浮島線の貨物列車。石油タンク車を牽引

そして、１９８７（昭和62）年４月の国鉄分割民営化によりＪＲ貨物グループの一員となり、２０１７（平成29）年９月には水江線が廃止。現在は川崎地区の千鳥線（営業距離４・０㎞）、浮島線（同３・９㎞）、横浜地区の本牧線（同５・６㎞）の計３路線を営業している。また、自社線での業務のほか、ＪＲ貨物からの駅業務等の受託も行っており、神奈川県内の貨物列車の入換作業がある駅のほとんどで、同社の社員が業務に携わっている。

神奈川臨海鉄道の現在の輸送品目を見ると、開業以来、大きなウェイトを占めているのが石油であり、現在も年間の全輸送量（156万3000トン）のうち83％に当たる129万6000トンを占めている（2023年度実績）。浮島線の輸送は、この石油を輸送する石油タンク列車が中心となっている。また、特徴的な輸送品目として「クリーンかわさき号」が運ぶ一般廃棄物がある。川崎市が市北部の家庭から分別収集した可燃ゴミやプラスチック類、紙類の一部と、処理施設で発生する焼却灰を、武蔵野南線（鶴見—府中本町間の貨物専用線の通称）の梶ヶ谷貨物ターミナル駅から浮島線末広町駅まで専用コンテナで運び、浮島処理センター等で処理や資源化を行っているのだ。

千鳥線は沿線の工場で製造された化成品を運ぶタンクコンテナの輸送がメイン。本牧線は海外向けに輸出する用紙などの紙製品や、輸入コーヒー豆をはじめとする農産・畜産品などを積載したコンテナ貨車を運行するほか、横浜市営地下鉄・東京メトロ・都営地下鉄などの甲種鉄道車両輸送にも利用されている。

最後に2017（平成29）年9月に廃止された水江線について見ると、同線はかつて、造船・セメント・鉄鋼・石油などの各企業の引込線と結ばれ、大量の貨物を運んだ。特に国鉄の奥多摩駅および東武大叶《おおがのう》線（1986年10月に廃止）の大叶駅から輸送する日本鋼管（現・JFEスチール）向けの鉄鋼の副原料となる石灰石輸送は華々しかったが、1988（昭和63）年3月に石灰石輸送が廃止。以後は荷主がなくなり、保守用機関車が1日1往復するのみとなっていた。

この水江線の廃線跡を歩くには、JR川崎駅から川崎市営バスの「川

現役当時の水江線（提供：神奈川臨海鉄道）

10系統」水江町行きを利用するのがおすすめだ。この路線はかつての市営トロリーバスと同じ経路を走っている。途中、池上町バス停を過ぎた辺りから、車窓左手の道路脇に水江線の廃線跡が現れる。水江線の廃線跡敷地は道路拡幅用地となっており、いずれ道路の一部となってしまうので、見学するなら今のうちだ。川崎貨物駅付近の一部区間には、今もレールや信号機などがそのまま残されている。

※「臨海鉄道」という名称には特別な意味がある。全国各地で臨海工業地帯の造成が進められた当時、内陸部への大量輸送体制の整備の必要性から臨海部における貨物線の早期建設が要請された。しかし、当時の国鉄の財政事情では、多額の建設費を負担しての早期建設には即応できなかった。そこで国鉄法の一部を改正し、国鉄、地方公共団体、関係企業の共同出資（第三セクター方式）で地方鉄道法による鉄道の建設整備を進める制度が設けられた。これが、いわゆる「臨海鉄道方式」と呼ばれるもので、神奈川臨海鉄道は千葉県の京葉臨海鉄道（１９６３年９月開業）に次ぐ２例目として誕生。臨海鉄道は、全国に13事業者が設立され、２０２４（令和６）年４月現在、９事業者が営業している。

〈**主要参考文献**〉

・「本邦鉄道の社会及経済に及ぼせる影響」（鉄道院　１９１６年）
・「横浜市史第四巻　上」（１９６５年）
・「横浜臨港線の軌跡」（長谷川弘和著　「レイル」１９９０年４月）
・「横浜港の貨物線ものがたり」（長谷川弘和著　「鉄道ピクトリアル」１９９７年３月）
・「貨物時刻表　２０２３年３月ダイヤ改正」（公益社団法人 鉄道貨物協会）

資料編

「人車鉄道に関する熱海地区調査報告書」（熱海における人車鉄道を調べる会作成）より。1931（昭和６）年作成の公図に人車・軽便鉄道の経路を書き込んだもの

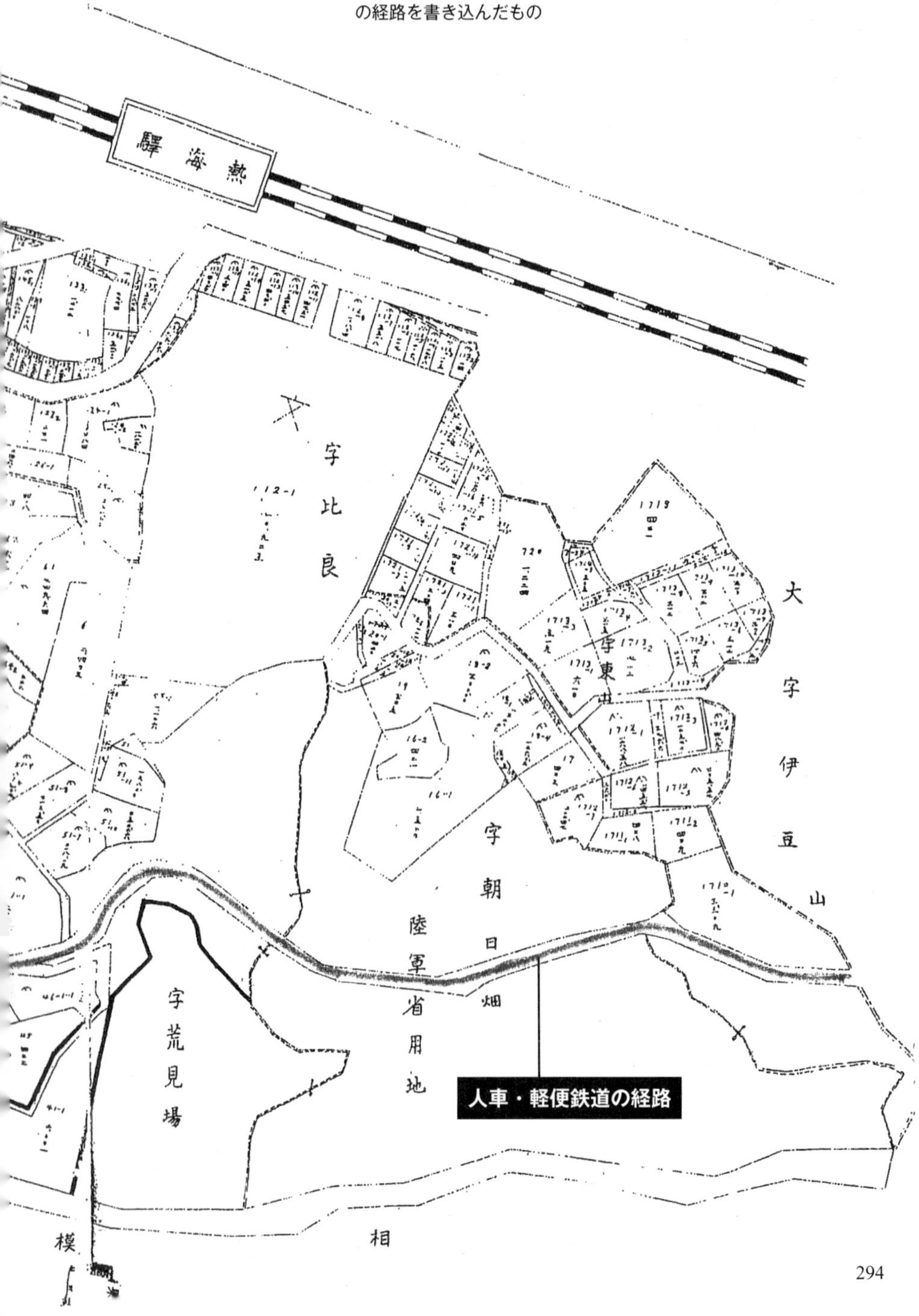

大字熱海	縮尺千五百分之一（以一分爲三間）							
	車田畑	荒見場	塩見場	横磯	比良	池畑	藤沢	東山
	自 6	自 41	自 64	自 85	自 112	自 133	自 182	自 1710
	至 0	至 63	至 84	至 110	至 130	至 166	至 217	至 1721

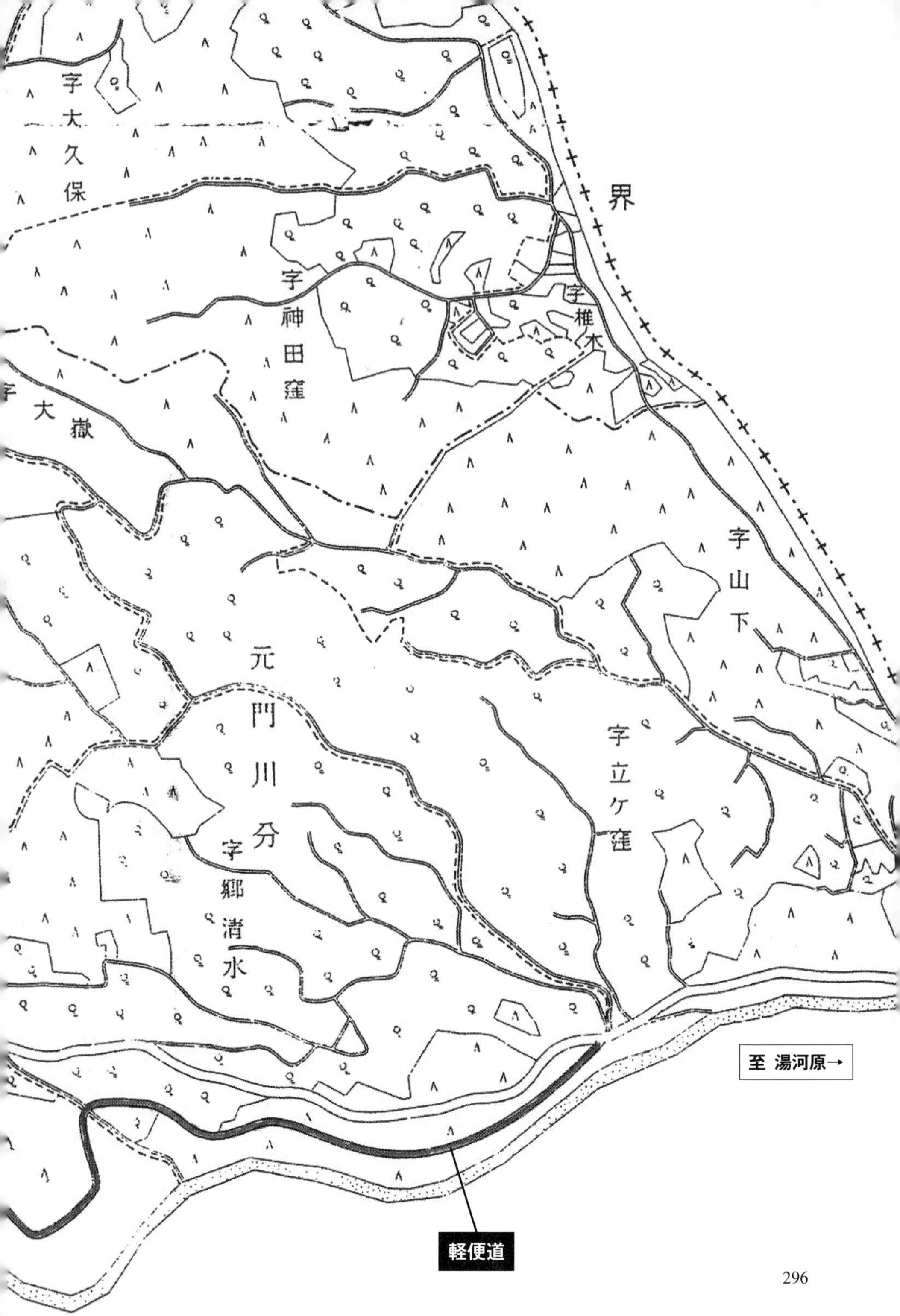
字大久保
界
字神田窪
字椎木
字大嶽
字山下
元門川分
字立ケ窪
字郷清水
至 湯河原→
軽便道

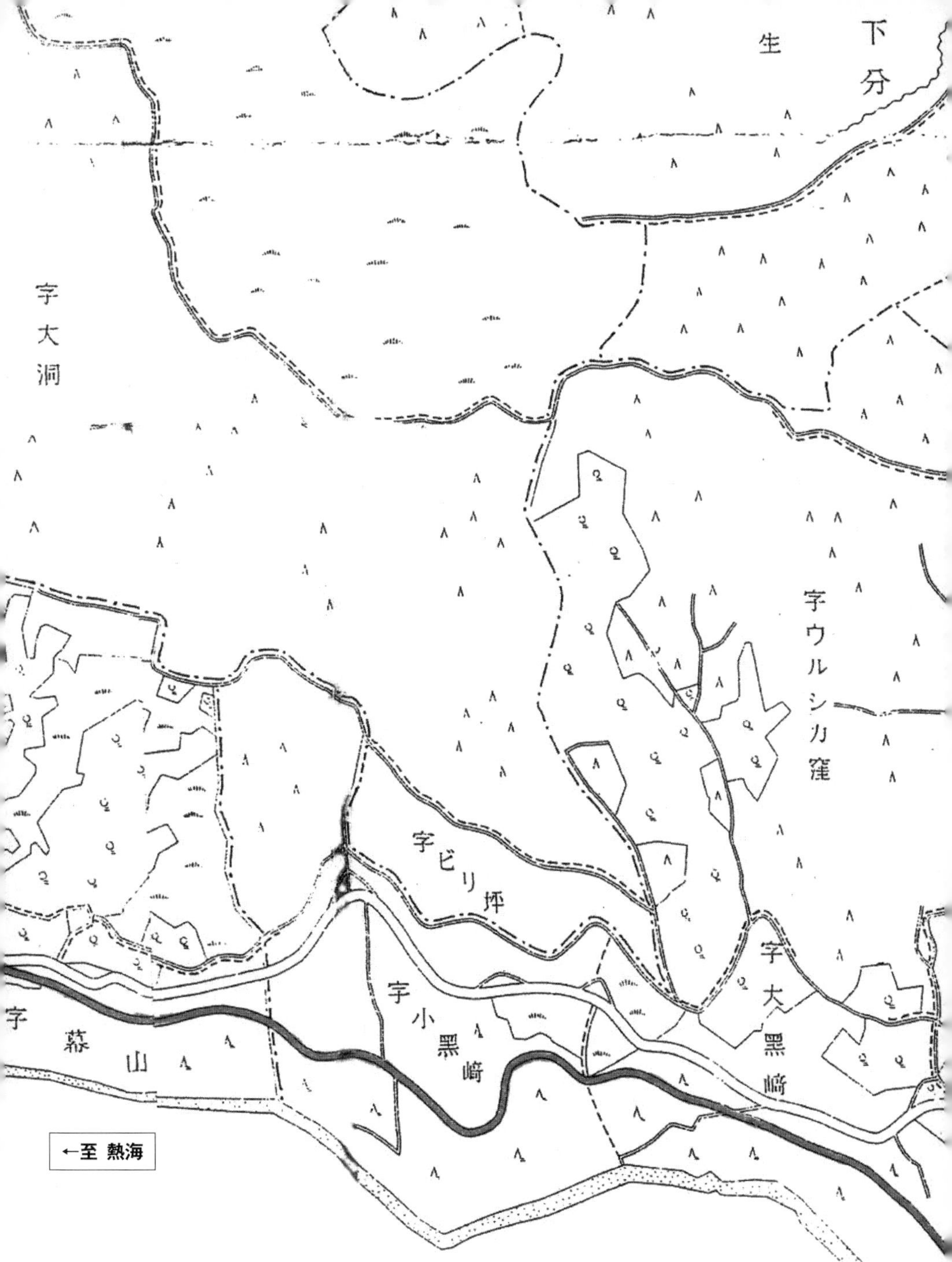

「各字明細 最近熱海町全図」（熱海市立図書館所蔵）の
複写に「軽便道」を鉛筆でなぞった

湘南軌道株式會社海岸線延長線路豫測圖
縮尺貳万分壹
化粧坂
大磯駅

関東大震災直前の1923（大正12）年６月に申請された大磯方面への湘南軌道の「海岸線延長線路予測図」を一部加工。ほぼ国道（東海道）上に路線が描かれている（二宮町教育委員会所蔵）

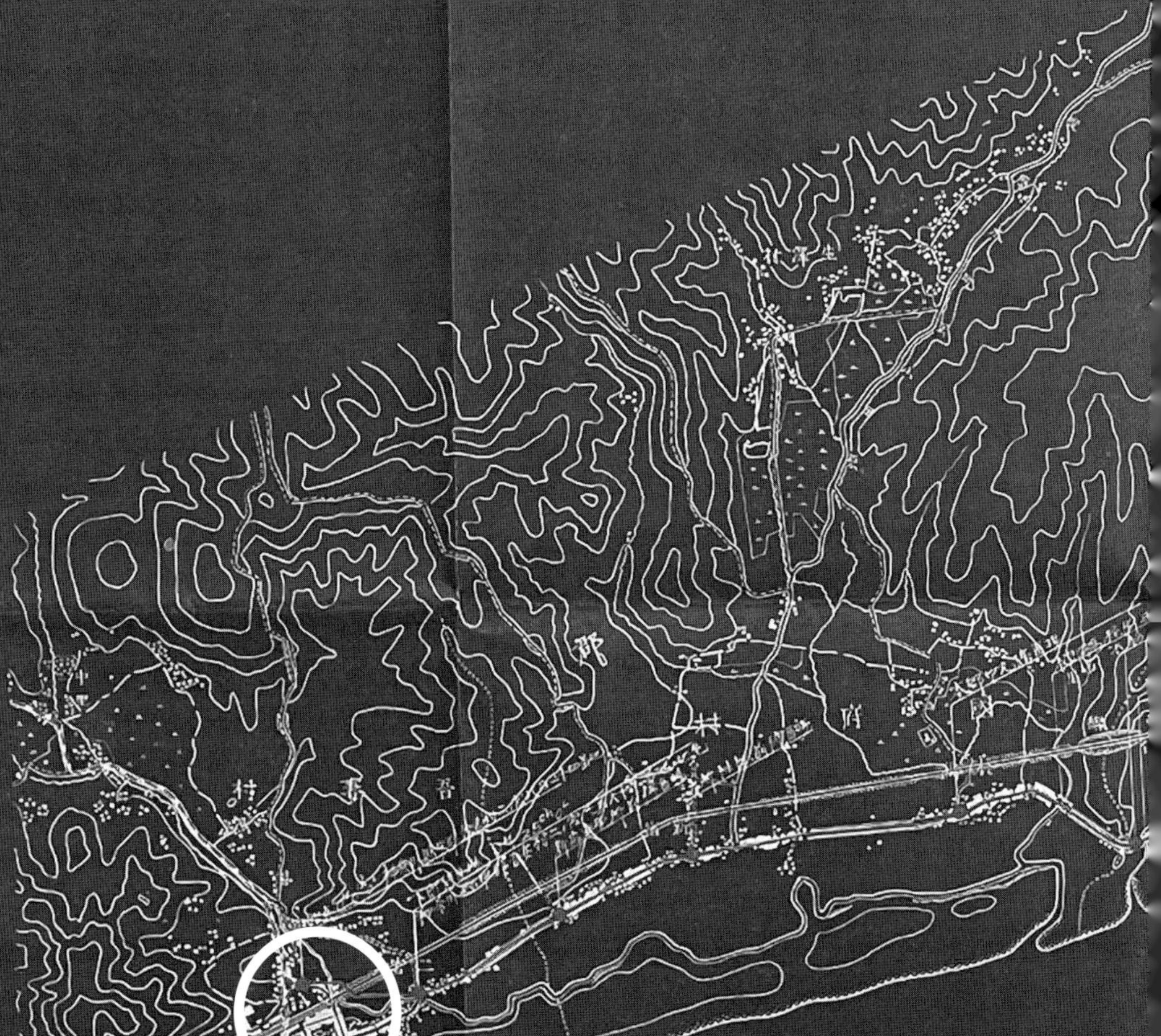

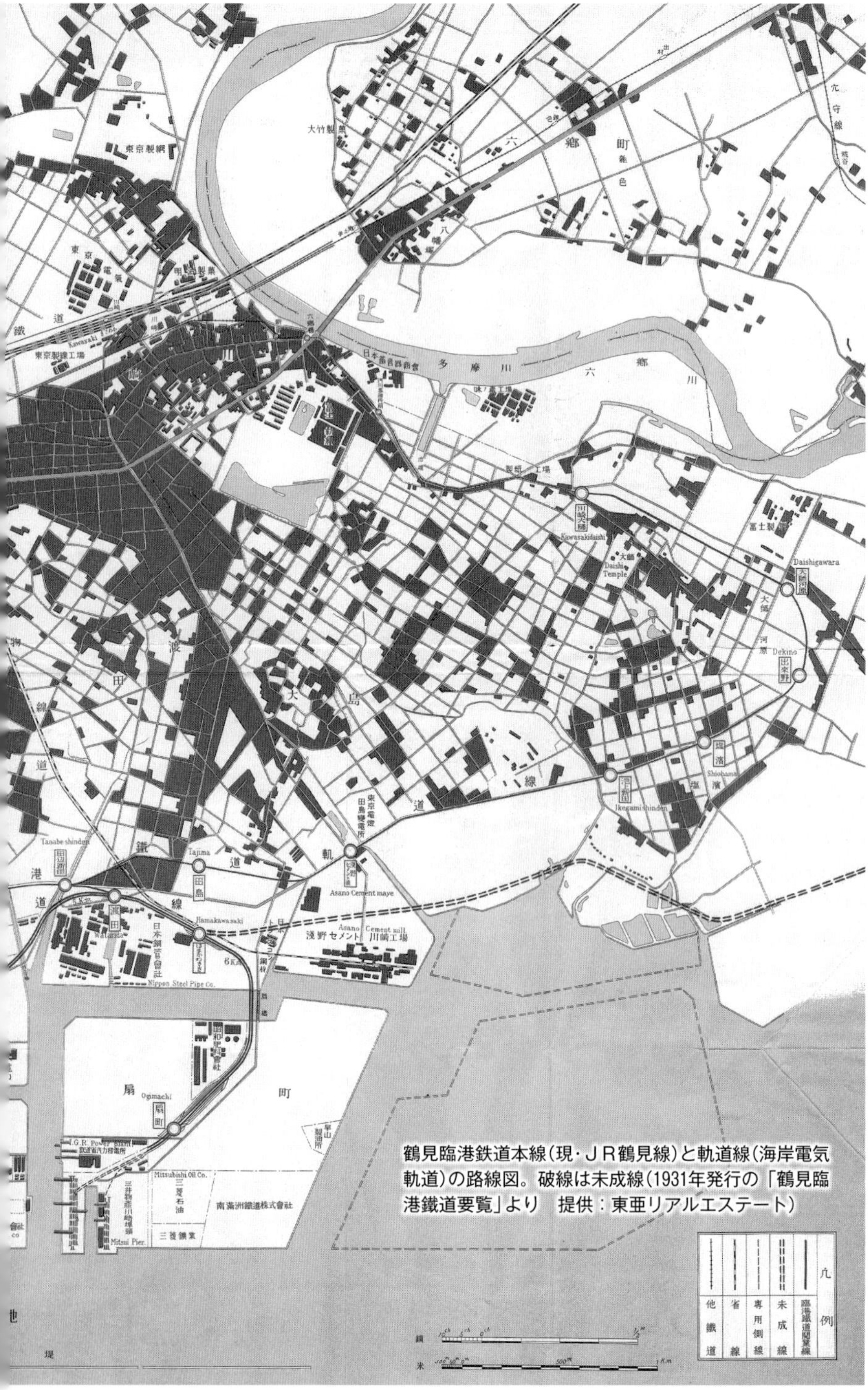

鶴見臨港鉄道本線（現·ＪＲ鶴見線）と軌道線（海岸電気軌道）の路線図。破線は未成線（1931年発行の「鶴見臨港鐵道要覧」より　提供：東亜リアルエステート）

鶴見臨港鐵道一覽圖

矢向
鶴見操車場
I.G.R. Tsurumi Shunting yard
南矢向
横濱市
川崎市
旭町
品川
カスケード
森永製菓
鶴見
東海道
I.G.R. Tokaido Line.
貨物線
京濱電鐵
Kei-Hin Ry.
寺尾町
總持寺
Sojiji
花月園
Honzan
本山
Sojiji
鶴見川
國道
鶴見川
キリンビール
下野谷
Shitanoya
潮田
Ushioda
Bentembashi
入船
Irifune
Kwansei
寛政
Kaigan Line.
Shimoshinden
下新田
日本化學工業
富士電機
Fuji Electric Works.
末廣町二丁目
鶴見木工
昭和石油
旭硝子
Asahi Glass Co.
辨天橋
浅野造船所
Asano Ship Building yard.
浅野
Asano
沖電氣
Anzendori
安善通
ヒュームコンクリート
秋田木材會社
Tokyo Gas Co.
東京瓦斯株式會社
安善町一丁目
Anzencho
白石
Standard Oil Co. of N.Y.
安善町二丁目
大川
スタンダード石油
末廣町二丁目
ライジングサン石油會社
Sekiyu
石油
Shibaura Engineering
芝浦製作所
Nippon Oil Co.
Rising sun Oil Co.
稅關派出所
Nisshin Flour mill
Okawa
横濱市
川崎市
錨
防波

東海道線
石油溜場
石油タンク鉄管
万里橋
船渠
神奈川県官舎
青木
宮脇町
普門寺
久保町

1908（明治41）年発行「市区改正横浜実測新図」部分（横浜開港資料館所蔵）
太実線が横浜電鉄の路線

…査表

横浜市交通局

	電動機					全負荷時牽引力 (Kg)	全負荷時速度 (Km)	制御器		制動器		製造
…)	種類	電圧	個数	出力	総出力			種類	型式	種類	型式	年月
		(V)	(個)	(Kw)	(Kw)							
59	MB 172LR	600	2	37	74	1,200	22.5	直接制御	川崎 K.S	空気制動	直通空制[illegible]	昭和 3.8
90	MB172LR MB172NRA	600 750	〃 〃	37 45	74 90	1,200 1,100	22.5 31.7	〃 〃	三菱 KR-8	〃	〃	〃 11.12
3	TDK599P TDK526-A	600 300	〃 4	30 25	60 100	720 1,120	30.5 38.2	〃 〃	泰平 K-14	〃	〃	〃 27.9
14	TDK599P	600	2	30	60	720	30.5	〃	泰平 K-14	〃	〃	〃 28.8
29	TDK599P	〃	〃	30	60	720	30.5	〃	泰平 K-14	〃	〃	〃 30.6
20	TDK508A (MB172NRB)	〃 (750)	〃 (〃)	37 (45)	74 (90)	1,060 (1,100)	25.5 (31.7)	〃 〃	泰平 K-14	〃	〃	〃 17.3
20	MB172NRB (HS-311-Ar)	750 (300)	〃 (4)	45 (25)	90 (100)	1,100 (1,120)	31.7 (32.2)	〃	三菱KR-8 東洋K-14	〃	〃	〃 22.1
0	(MB172NRB) TDK508A	(750) 600	(2) 〃	(45) 37	(90) 74	(1,100) 1,060	(31.7) 25.5	〃	泰平 KR-8	〃	〃	〃 23.11
5	TDK 526A	300	4	25	100	1,120	32.2	間接制御	MMC -L5A	電気空気	〃	〃 26.4
90	K6 353A	600	2	26	52	800	24	直接制御	三菱 KR-8	空気制動	〃	大正 14.8
1	GE 265G	〃	〃	〃	〃	660	27	〃	東洋K-14 川崎KS	〃	〃	昭和 3.3
8	GE265G (TDK599P)	〃 (〃)	〃 (〃)	〃 (30)	〃 (60)	660 (720)	27 (30.5)	〃 〃	東洋K-14 泰平K-14	〃	〃	〃 22.5
6	MB 82L	〃	〃	〃	〃	726	27	〃	三菱KR-8 泰平K-14	〃	〃	〃 16.3
5	TDK 599P	〃	〃	〃	〃	720	30.5	〃	三菱KR8 東洋K-14 泰平K14	〃	〃	〃 22.5
31	GE 265C	600	2	26	52	700	27	〃	川崎KS	手動電気	〃	昭和 22.12
3 5 8	GE265C 〃 ―	〃 〃 〃	〃 〃 〃	〃 〃 〃	〃 〃 〃	〃 〃 〃	〃 〃 〃	〃 〃 〃	泰平K14 川崎KS 東洋K14	〃 〃 〃	〃 〃 〃	大正[illegible] 昭和 28.[illegible] 28.[illegible]

昭和 27.3.31. 製作.

軌間　1372メートル
架線電圧　600　ヴォルト

電車調

車号	車種	台数	車庫配属数			台車	自重	定員	最大寸法
			滝頭	生麦	麦田	型式	(瓲)	(人)	長x巾x高(粍
1000	半鋼製ボギー車	20	14	6		ブリル 76E2	17.27	120	13.400x2.438x4.2
1100	〃 〃	5		5		LH	16.2	95	11.400x2.438x4.2
1151~5 1156~60	〃 〃 〃 〃	5 5			10	FS-54	15.5 16.0	100	12.000x2.443x4.1
1161~70	〃 〃	10		7	3	KL-21	15.5	〃	12.000x2.443x4.
1171~2	〃 〃	2			2	KL-21C KBD-13	15.5	〃	12.800x2.443x4.
1200 (1205)	〃 〃	5	5			KLD-13	18.0	120	13.400x2.443x4.
1300 (1327)	〃 〃	30	6	12	12	D#14	16.5	120	13.620x2.480x4.
(1401) 1400	〃 〃	10	10			ブリル 76E3	17.0	120	13.600x2.443x4.
1500	〃 〃	20	20			KL-20	16.5	100	12.100x2.443x4.0
ボギー車計		112	55	30	27				
400	木造製單車	8			8	ブリル 79E2	8.63	70	9.144x2.286x4.
500	半鋼製單車	45	24	7	14	〃	9.14	75	9.144x2.438x4.
600 (610, 615)	〃 〃	15		15		〃	〃	〃	9.144x2.438x4.
700	木造製單車	17	5	10	2	〃	8.0	60	8.600x2.258x4.
800	半鋼製單車	7	4	1	2	ブリル 21E2	11.0	90	10.600x2.321x39
單車計		92	33	33	26				
有蓋貨車		3	1	1	1	ブリル 21E	9.0	5 瓲	7.968x2.211x4.
無蓋貨車		1 3 3	1 1 3	1	1	〃 〃 〃	7.0 8.63 9.0	6 〃 5 〃 5 〃	7.300x2.159x4. 7.922x2.330x4.2 7.968x2.992x4.
貨車計		10	6	2	2				
總計		214	94	65	55				

横浜市電「電車調査表」（昭和32年３月31日　横浜市交通局製作 森田満夫さん所蔵）

おわりに

鉄道の廃線跡を歩くのが、ライフワークのようになってきた。これまでに、どれくらいの廃線跡を取材しただろう。

定期的に原稿を寄稿しているネットメディアに、鉄道廃線のレポート記事を載せたところ、かなりの反響があったのが、本格的に廃線跡を歩き始めるきっかけになった。「子どもの頃に乗りました」「懐かしい！」といった多くのコメントがＳＮＳ上に次々とシェアされるのを見て、「ああ、鉄道廃線紀行というのは、割と需要があるジャンルなのだな」と気がつき、住まいのある神奈川県を中心に、首都圏の鉄道廃線跡をコツコツと取材し始めたのである（幸いにも、神奈川県内には旅客線のみならず、貨物線も含め、数多くの鉄道廃線跡が存在する）。

この鉄道廃線紀行というジャンルに関しては、紀行作家の故・宮脇俊三氏をはじめ、諸先輩方がすでに多くの書籍をまとめられており、「なにを今さら」という感がなくもない。だが、宮脇氏が亡くなってから、すでに20年以上が過ぎており、廃線跡の現状も様変わりしている。また、対象を神奈川県下の鉄道廃線中心にしぼり、より詳細に調査するのは意義のある仕事になるとの確信があった。そして、何よりも当時を知る関係者に話を聞くならば、なるべく早いうちに……という思いもあった。

その後、本書にも収録している横浜ドリームランドモノレールの記事をネットメディアに公開したところ、長い間、アクセス数上位にランキングし続けるなどし、高いモチベーションを維持しながら、このテーマに取り組むことができた。

数年が経ち、鉄道廃線関連の原稿がだいぶ貯まったので、書籍化したいと考えた。そこで前作『湘南モノレール50年の軌跡』の出版でお世話になった神奈川新聞社に相談してみることにした。同書は大船と湘南江の島間6・6キロを結ぶ湘南モノレールの全線開通50周年を記念して刊行したもので、沿線を中心に横浜や都内の書店でも思いのほか大きな反響があり、発売から1カ月を待たずに売り切れてしまい、あわてて増刷に動いたという経緯があった。

そのときの流通販売担当者のTさんに「本にしたい」と話したところ、「面白そう。まずは、連載してみてはどうか」との提案をいただき、2023（令和5）年秋から2024（令和6）年の年初にかけて、神奈川新聞電子版「カナロコ」で、神奈川県内の鉄道廃線10路線を紹介する企画として連載することになった。そして、そのタイトルを『かながわ鉄道廃線紀行』とした。

本書は、その連載を元に、内容を大幅にボリュームアップしたものである。路線数も連載時の10路線から11路線に増やし、章間にコラムや関係者へのインタビューなども差し挟んだ。また、せっかく神奈川新聞社から出版するのだから、当時の新聞記事やアーカイブ写真なども、ふんだんに使わせていただいた。さらに、路線図も見やすいものにしたので、読者の皆さんには、本書を片手に実際に廃線跡を散策してほしいと願う。

本書が完成するまでには、版元の神奈川新聞社や取材先をはじめ、本当に多くの方々のご助力やアドバイスをいただいた。あまりにも多くの方の顔が思い浮かぶので、ここでお1人お1人の名前を挙げることは残念ながら叶わないが、この場を借りて厚くお礼申し上げたい。

2024（令和6）年夏　海風が部屋を吹き抜ける湘南の自宅にて

森川　天喜

ブックデザイン　篠田　貴（神奈川新聞社）
路線図製作　SUNWOODS DESIGN（森　陽介）

本書は神奈川新聞ニュースサイト「カナロコ」に連載（2023年10月～2024年1月）したものに大幅に加筆した。第9章「南武線にかつて存在した多くの貨物支線」、各章のコラムは書き下ろし。

著者略歴

森川　天喜（もりかわ・あき）

横浜市生まれ。慶應義塾大学法学部卒業。IT関連企業勤務を経てフリージャーナリストに転身。現在、神奈川県観光協会理事、大磯町観光協会副会長、鎌倉ペンクラブ会員。旅行、鉄道、ホテル、都市開発など幅広いジャンルの取材記事を雑誌、オンライン問わず寄稿。メディア出演、連載多数。著書に小説『ホワイト・ライオン』（2020年、幻冬舎）、企画・制作を担当した『湘南モノレール全線開通50周年誌』（2021年、湘南モノレール株式会社）、『湘南モノレール50年の軌跡』（2023年、神奈川新聞社）などがある。

かながわ鉄道廃線紀行

2025年２月17日　初版第２刷

著　　者　　森川天喜

発　　行　　神奈川新聞社

〒231-8445　横浜市中区太田町2-23

電話045（227）0850　FAX045（227）0785

https://www.kanaloco.jp

印刷・製本　TOPPANクロレ株式会社

©Aki Morikawa, 2024 Printed in Japan　ISBN978-4-87645-685-7　C0026

定価はカバーに表示してあります。

乱丁・落丁本は上記にご連絡ください。送料弊社負担でお取り替えいたします。

本書のコピー、スキャン、デジタル化等の無断複製は著作権法上での例外を除き禁じられています。本書を代行業者等の第三者に依頼してスキャンやデジタル化することは、たとえ個人や家庭内での利用であっても一切認められておりません。